先进储能科学技术与工业应用丛书

Advanced Energy Storage Science Technology
and Industrial Applications Series

储能产业政策
与典型项目案例解析

◆ 中关村储能产业技术联盟　组织编著
◆ 岳 芬　陈海生　刘 为　等 编著

 化学工业出版社

·北京·

内 容 简 介

本书围绕近年来储能产业政策与典型项目案例展开，主要介绍了储能市场发展现状及趋势、储能技术发展现状、国内外储能支持政策和市场规则、储能技术应用及案例解析等内容，凝聚了作者近年来在储能产业市场与政策方面的洞察和观点。

全书共分8章，第1章介绍了储能市场发展现状及趋势，第2章分析了储能技术发展现状及成本现状，第3、4章分别分析了国内外储能支持政策和市场规则，第5章对储能技术的应用进行了概述，第6、7、8章分别对储能在电源侧、电网侧、用户侧等领域的案例进行了解析。

本书旨在从储能市场的现状出发，在对储能产业政策分析与项目解析的同时，也为政策与项目之间搭起桥梁。本书可供储能产业相关人员阅读和参考，也适合高等院校、科研院所储能科学与工程、新能源、电化学等相关专业师生阅读和参考。

图书在版编目（CIP）数据

储能产业政策与典型项目案例解析/中关村储能产业技术联盟组织编著；岳芬等编著. —北京：化学工业出版社，2023.4
（先进储能科学技术与工业应用丛书）
ISBN 978-7-122-42808-0

Ⅰ.①储… Ⅱ.①中… ②岳… Ⅲ.①储能-工业产业-产业政策-案例-世界 Ⅳ.①F416.2

中国国家版本馆 CIP 数据核字（2023）第 016340 号

责任编辑：卢萌萌　　　　　　　　　　　　文字编辑：王云霞
责任校对：宋　玮　　　　　　　　　　　　装帧设计：史利平

出版发行：化学工业出版社（北京市东城区青年湖南街 13 号　邮政编码 100011）
印　　装：中煤（北京）印务有限公司
787mm×1092mm　1/16　印张 15　彩插 6　字数 340 千字　2024 年 3 月北京第 1 版第 1 次印刷

购书咨询：010-64518888　　　　　　　　　售后服务：010-64518899
网　　址：http://www.cip.com.cn

凡购买本书，如有缺损质量问题，本社销售中心负责调换。

定　　价：98.00 元　　　　　　　　　　　　　　　　　　　　　版权所有　违者必究

《先进储能科学技术与工业应用丛书》

丛书主编：李 泓

《储能产业政策与典型项目案例解析》
编委会

主　　任：岳　芬　陈海生　刘　为

副 主 任：李　泓　俞振华

编委成员（按姓名拼音排序）：

　　陈海生　陈　静　李　泓　李　臻　刘　为

　　刘　鑫　宁　娜　宋　振　孙佳为　唐　亮

　　俞振华　岳　芬　张佳宁　张　兴

丛书序

随着全球能源格局正在发生由依赖传统化石能源向追求可再生能源的深刻转变，我国能源结构也正经历前所未有的深刻调整，能源安全和环境保护已经成为全球关注的焦点。全球能源需求呈现不断增长的态势。清洁能源的发展更是势头迅猛，已成为我国加快能源供给侧结构性改革的重要力量。

在能源领域，发展可再生能源、配套规模储能、发展电动汽车、发展智能电网是优化我国能源结构，保障能源安全，实现能源清洁、低碳、安全和高效发展的国家战略，是目前确定的发展以新能源为主体的新型电力系统的核心战略，也是实现 2030 年碳达峰、2060 年碳中和目标的主要技术路径。在这种情况下，先进储能技术的应用显得尤为重要。

储能技术对于电力和能源系统的发输配用各环节具有重要的支撑作用，有助于实现可再生能源发电的大规模接入，改善能源结构，是实现能源革命的支撑技术，对提高我国能源安全具有十分重要的意义。储能技术可提高可再生能源和清洁能源的发电比例，有效改善生态和人居环境，推动环境治理和生态文明的建设。另外，储能技术也是具有发展潜力的战略性新兴产业，可带动上下游产业，开拓电力系统发展的新增长点，对电力行业发展和经济社会发展的全局具有深远的影响。储能产业和储能技术作为新能源发展的核心支撑，覆盖电源侧、电网侧、用户侧、居民侧以及社会化功能性储能设施等多方面需求。储能技术可以帮助我们更有效地利用可再生能源，也可以在能源网络中平衡负载，提高能源利用效率，降低对传统能源的依赖，并减少对环境的负面影响。除了大规模储能，户用储能、户外移动储能、通信基站、数据中心、工商业储能、工业节能、绿色建筑、备用电源等中小规模的储能装备也发展迅速。此外，储能技术也在推动着交通电动化的发展，能源清洁化与交通电动化通过储能技术，在不断地深化融合协同发展。

当前，世界主要发达国家纷纷加快发展储能产业，大力规划建设储能项目，储能技术的创新突破将成为带动全球能源格局革命性、颠覆性调整的重要引领技术。储能技术作为重要的战略性新兴领域，需要增强基础性研究，增强成果转化和创新，破解共性和瓶颈技术，以推动我国储能产业向高质量方向发展。

2020年2月,教育部、国家发展改革委、国家能源局联合发布《储能技术专业学科发展行动计划(2020—2024年)》,以增强储能产业关键核心技术攻关能力和自主创新能力,以产教融合推动储能产业高质量发展。近几年,多所高等学校也都纷纷开设"储能科学与工程"专业。这些都说明了加强加大储能技术的知识普及、宣传传播力度的重要性和必要性。为了更好地推广储能技术的应用,我们需要深入了解储能科学技术与工业应用领域的最新技术进展和发展趋势。为了促进储能产业的发展和交流,培养储能专业人才,特组织策划了"先进储能科学技术与工业应用丛书"。

本丛书系统介绍储能领域的新技术、新理论和新方法,重点分享储能领域的技术难点和关注要点,涉及电化学储能、储能系统集成、储能电站、退役动力电池回收利用、储能产业政策、储能安全、电池先进测试表征与失效分析技术等多个方面,涵盖多种储能技术的工作原理、优缺点、应用范围和未来发展趋势等内容,还介绍了一些实际应用案例,以便读者更好地理解储能技术的实际应用和市场前景。丛书的编写坚持科学性、实用性、系统性、先进性和前瞻性的原则,力求做到全面、准确、专业。本丛书立足于服务国家重大能源战略,加强储能技术的传播和储能行业的交流。本丛书的出版,将为广大的科研工作者、工程师和企业家提供最新的技术资料和实用经验,为高等学校储能科学与工程、新能源等新兴专业提供实用性和指导性兼具的教学参考用书。我们殷切期望其能为推动储能技术的发展奠定坚实的基础,对储能科学技术的发展和应用起到积极的推动作用。同时,本丛书的出版还将促进储能科学技术与其他领域的交叉融合,为人类社会的可持续发展做出更大的贡献。

最后,感谢所有参与本丛书编写的专家学者和出版社的支持。希望本丛书的出版能够得到广大读者的关注和支持,也希望储能科学与技术能够在未来取得更加辉煌的成就!

李泓

中国科学院物理研究所

序

党的二十大报告指出，要积极稳妥推进碳达峰碳中和，深入推进能源革命，加快规划建设新型能源体系，确保能源安全。随着"双碳"目标下能源低碳转型和新型能源体系、新型电力系统建设的推进，发展储能产业的战略意义愈发凸显。

储能是构建新型电力系统的重要支撑技术，在提升可再生能源消纳水平、增强新型电力系统调节能力、综合效率和安全保障能力、改善负荷需求特性等方面起着重要作用。当前储能在整个电力系统的战略地位和重要作用正在得到进一步彰显，储能技术的创新和规模化布局与应用将对我国能源转型、电源结构、电网格局产生深远影响。

新型电力系统加快建设和储能产业蓬勃发展对于储能技术创新提出了更高的要求。储能与新能源协同发展要求坚持创新引领，持续增强技术竞争力与产业链安全。产业的健康可持续发展要求协同完善储能学科教育、科技创新相关的金融和人才支持政策，加大对储能装备制造业的支持力度，构建产学研用配套体系，推动新型储能技术研发和示范应用。本书对促进储能产业的发展与学术交流，培养储能专业人才具有一定的实际意义。

本书系统介绍了储能市场发展现状及趋势、储能技术发展现状、国内外储能支持政策和市场规则、储能技术应用，并对应用案例进行了解析。本书紧跟学术和产业前沿，兼具时代性、科学性、系统性与实用性，对储能领域的学生、学者、从业人员及相关政策制定者把握储能技术与产业发展现状和趋势有很高的参考价值。本书的出版将积极促进储能领域乃至能源领域技术、应用的进步，推动能源领域的政策出台与实施。

相信本书的出版会受到产业界和学术界的广泛关注，助力推动储能产业高质量发展！

中国能源研究会理事长

前 言

"碳达峰、碳中和"是一场深刻的能源和工业革命,将对经济、社会和生活带来深远影响,而储能是实现"双碳"目标和能源革命的重要手段,也是建设以可再生能源为主体的能源体系的关键支撑技术,在构建新型电力系统方面发挥着重要作用,发展储能产业具有重大战略意义。

目前,储能已成为世界上各主要国家重点发展的新兴产业,各个国家出台了涉及规划目标、市场机制、技术研发、补贴支持等方面的配套政策。随着我国可再生能源快速发展、电价政策不断完善、储能应用效果日益显现,储能完成了由示范应用向商业化初期过渡。根据中关村储能产业技术联盟(CNESA)储能项目数据的不完全统计,截至 2022 年底,全球已投运电力储能项目累计装机规模 237.2GW,年增长率 15%。中国已投运电力储能项目累计装机规模 59.8GW,占全球市场总规模的 25%,年增长率 38%。

"十四五"期间,储能成为我国重点谋划的未来产业之一。在政策制定上,储能受到了前所未有的关注,国家、地方与储能相关的直接政策、间接政策相继出台,涉及安全、管理、电价等各个方面。政策为储能产业的可持续发展提供了强劲动力,也为促进储能产业融合发展提供了新机遇。然而,储能参与市场的价格和机制还不够健全,储能在我国部分地区的电力调频辅助服务市场上虽具备经济性,但无法完全实现其作为商品的属性。这些问题也在一定程度上制约了储能的商业化进程。

在应用场景中,储能技术应用场景复杂、多样,发电、输电、配电、用电各个环节对储能技术的能量密度、功率特性、成本、寿命、启动及响应时间等特性要求各不相同。应用场景的多样性决定了单一储能技术无法满足电网对储能技术的多样需求,因此,需要针对各类特定需求场景开发、选用适合的储能技术。

储能产业相关政策的发展是保障技术有效发展的重要手段,目前我国关于储能的相关政策还不完善。本书将系统地总结国内外现有的储能政策,解析政策对于推动储能产业发展的意义和价值。在此基础上,对不同储能应用场景的项目案例进行逐一解析,细化项目投资及收益情况，探索可复制的推广模式，充分发挥项目的借鉴作用，共同促进储能产业有序、高效发展。

本书由中关村储能产业技术联盟的岳芬、陈海生、刘为等编著。本书的编写得益于联盟平台上很多专家学者和产业同仁的大力支持，参考了他们的许多研究成果，在此一并表示感谢。同时感谢全体编著委员会成员的辛勤付出和努力工作。

鉴于编著者水平、时间和掌握的资料有限，书中难免存在疏漏及论述不当之处，恳请广大读者批评指正。

编著者

目录

第 1 章
储能市场发展现状及趋势

- 1.1 全球储能市场发展现状及趋势 …………………………………………… 1
  - 1.1.1 全球储能市场发展规模 ………………………………………… 1
  - 1.1.2 全球储能市场发展特点 ………………………………………… 3
  - 1.1.3 全球储能市场发展趋势 ………………………………………… 15
- 1.2 中国储能市场发展现状及趋势 …………………………………………… 15
  - 1.2.1 中国储能市场发展规模 ………………………………………… 15
  - 1.2.2 中国储能市场发展特点 ………………………………………… 30
  - 1.2.3 中国储能市场发展趋势 ………………………………………… 32

第 2 章
储能技术发展现状及成本现状

- 2.1 储能技术发展现状 ……………………………………………………… 36
  - 2.1.1 储能技术特性对比 ……………………………………………… 36
  - 2.1.2 储能技术研发方向 ……………………………………………… 40
- 2.2 储能技术成本现状 ……………………………………………………… 43
  - 2.2.1 储能技术成本构成 ……………………………………………… 43
  - 2.2.2 储能技术成本趋势 ……………………………………………… 46

第3章

国内储能支持政策和市场规则

- 3.1 ▶ 宏观政策明确储能战略地位 ·· 48
  - 3.1.1 国家"十四五"规划布局未来产业 ························· 48
  - 3.1.2 地方"十四五"规划认可储能重要性 ······················· 50
- 3.2 ▶ 专项指导政策引导产业发展 ·· 53
  - 3.2.1 指导意见指明储能发展方向 ································· 53
  - 3.2.2 实施方案落实储能发展路径 ································· 57
  - 3.2.3 "源网荷储"探索储能应用新业态 ························· 59
- 3.3 ▶ 重点研发计划助推技术突破 ·· 60
- 3.4 ▶ 示范项目引导产业健康发展 ·· 61
- 3.5 ▶ 学科发展筑牢人才底基 ·· 62
- 3.6 ▶ 储能标准规范技术与行业发展 ···································· 63
- 3.7 ▶ 细化政策推动储能商业化应用 ···································· 64
  - 3.7.1 补贴补助政策 ·· 64
  - 3.7.2 可再生能源配套储能政策 ····································· 67
  - 3.7.3 产业布局政策 ·· 71
  - 3.7.4 并网接入政策 ·· 74
  - 3.7.5 调度运行政策 ·· 74
- 3.8 ▶ 电力市场规则构建储能商业运营环境 ························· 77
  - 3.8.1 价格政策 ··· 77
  - 3.8.2 电力需求响应政策 ··· 82
  - 3.8.3 辅助服务市场规则 ··· 85
  - 3.8.4 市场化交易规则 ··· 97

第4章

国外储能支持政策和市场规则

- 4.1 ▶ 美国政策 ··· 100
  - 4.1.1 联邦政府政策 ·· 100

4.1.2　州政府政策 106
　　4.1.3　电力市场规则 113
4.2 ▶ 英国政策 118
　　4.2.1　能源转型政策 118
　　4.2.2　储能技术创新支持政策 120
　　4.2.3　激励政策及制度改革 123
　　4.2.4　电力市场规则 125
4.3 ▶ 德国政策 128
　　4.3.1　能源转型政策 128
　　4.3.2　储能技术创新支持政策 129
　　4.3.3　激励政策及电价机制 131
　　4.3.4　电力市场规则 136
4.4 ▶ 澳大利亚政策 139
　　4.4.1　能源转型政策 139
　　4.4.2　储能技术研发及示范项目支持政策 140
　　4.4.3　激励政策及电价机制 143
　　4.4.4　电力市场规则 147
4.5 ▶ 日本储能政策 154
　　4.5.1　储能技术研发及应用计划 155
　　4.5.2　电力市场规则 157
4.6 ▶ 韩国储能政策 159
　　4.6.1　储能技术研发及应用计划 159
　　4.6.2　电力市场规则 160
4.7 ▶ 欧盟政策 164
　　4.7.1　能源结构及储能发展政策 164
　　4.7.2　资金支持政策 166
　　4.7.3　电力市场规则 167
　　4.7.4　其他政策及市场规划 167

第 5 章

储能技术应用概述

5.1 ▶ 储能技术的应用分类 171
5.2 ▶ 储能细分应用场景解析 172

5.2.1　集中式光伏配储能场景 …………………………………………… 172
　　5.2.2　AGC 调频辅助服务场景 …………………………………………… 175
　　5.2.3　工商业用户侧储能 …………………………………………………… 176
　　5.2.4　光储充一体化场景 …………………………………………………… 179
　　5.2.5　微电网储能场景 ……………………………………………………… 181
　　5.2.6　通信基站场景 ………………………………………………………… 184
　　5.2.7　数据中心场景 ………………………………………………………… 187

第 6 章　189

电源侧储能项目案例解析

6.1　英吉沙光伏储能项目 …………………………………………………… 189
　　6.1.1　项目背景及简介 ……………………………………………………… 189
　　6.1.2　项目运行及功能实现 ………………………………………………… 190
　　6.1.3　项目投资及收益情况 ………………………………………………… 190
　　6.1.4　项目经验启示 ………………………………………………………… 190
6.2　安徽蒙城风电储能项目 ………………………………………………… 190
　　6.2.1　项目背景及简介 ……………………………………………………… 190
　　6.2.2　项目运行及功能实现 ………………………………………………… 191
　　6.2.3　项目投资及收益情况 ………………………………………………… 192
　　6.2.4　项目经验启示 ………………………………………………………… 193
6.3　青海鲁能海西州多能互补项目 ………………………………………… 193
　　6.3.1　项目背景及简介 ……………………………………………………… 193
　　6.3.2　项目运行及功能实现 ………………………………………………… 194
　　6.3.3　项目投资及收益情况 ………………………………………………… 195
　　6.3.4　项目经验启示 ………………………………………………………… 195
6.4　山西老千山混合储能一次调频项目 …………………………………… 196
　　6.4.1　项目背景及简介 ……………………………………………………… 196
　　6.4.2　项目运行及功能实现 ………………………………………………… 197
　　6.4.3　项目投资及收益情况 ………………………………………………… 197
　　6.4.4　项目经验启示 ………………………………………………………… 197
6.5　北京石景山热电厂储能联合调频项目 ………………………………… 197
　　6.5.1　项目背景及简介 ……………………………………………………… 197

        6.5.2　项目运行及功能实现 198
        6.5.3　项目投资及收益情况 198
        6.5.4　项目经验启示 198
    6.6 ▶ 广东珠海重型燃机黑启动储能项目 199
        6.6.1　项目背景及简介 199
        6.6.2　项目运行及功能实现 200
        6.6.3　项目投资及收益情况 200
        6.6.4　项目经验启示 201

第 7 章

202

电网侧储能项目案例解析

    7.1 ▶ 镇江电网侧储能电站示范工程 202
        7.1.1　项目背景及简介 202
        7.1.2　项目运行及功能实现 203
        7.1.3　项目投资及收益情况 203
        7.1.4　项目经验启示 203
    7.2 ▶ 霍恩斯代尔电力备用项目 204
        7.2.1　项目背景及简介 204
        7.2.2　项目运行及功能实现 204
        7.2.3　项目投资及收益情况 205
        7.2.4　项目经验启示 206
    7.3 ▶ AI POWER 储能+虚拟变电站项目 206
        7.3.1　项目背景及简介 206
        7.3.2　项目运行及功能实现 206
        7.3.3　项目投资及收益情况 207
        7.3.4　项目经验启示 208
    7.4 ▶ 冬奥会延庆赛区 10kV 可靠性提升工程 208
        7.4.1　项目背景及简介 208
        7.4.2　项目运行及功能实现 209
        7.4.3　项目投资及收益情况 209
        7.4.4　项目经验启示 209
    7.5 ▶ 孟家共享储能电站示范工程 209
        7.5.1　项目背景及简介 209

	7.5.2 项目运行及功能实现	210
	7.5.3 项目投资及收益情况	210
	7.5.4 项目经验启示	210

第 8 章

用户侧储能项目案例解析

211

- 8.1 ▶ 无锡新加坡工业园区智能配网储能电站 211
  - 8.1.1 项目背景及简介 211
  - 8.1.2 项目运行及功能实现 212
  - 8.1.3 项目投资及收益情况 212
  - 8.1.4 项目经验启示 212
- 8.2 ▶ 北京某物流园光储项目 213
  - 8.2.1 项目背景及简介 213
  - 8.2.2 项目运行及功能实现 213
  - 8.2.3 项目投资及收益情况 213
  - 8.2.4 项目经验启示 214
- 8.3 ▶ 深圳某工业园区动力电池梯次利用储能电站项目 214
  - 8.3.1 项目背景及简介 214
  - 8.3.2 项目运行及功能实现 214
  - 8.3.3 项目投资及收益情况 215
  - 8.3.4 项目经验启示 215
- 8.4 ▶ 北京某商业区配套锂电池储能项目 215
  - 8.4.1 项目背景及简介 215
  - 8.4.2 项目运行及功能实现 216
  - 8.4.3 项目投资及收益情况 216
  - 8.4.4 项目经验启示 216
- 8.5 ▶ 酒泉肃州区新能源微电网示范项目 217
  - 8.5.1 项目背景及简介 217
  - 8.5.2 项目运行及功能实现 217
  - 8.5.3 项目投资及收益情况 217
  - 8.5.4 项目经验启示 217
- 8.6 ▶ 某公司园区"光储充"智慧能源综合利用项目 218
  - 8.6.1 项目背景及简介 218

		8.6.2	项目运行及功能实现	218

    8.6.3 项目投资及收益情况 …………………………………… 219
    8.6.4 项目经验启示 …………………………………………… 219
  8.7 ▶ 上海市某数据中心 UPS 储能项目 ………………………………… 219
    8.7.1 项目背景及简介 ………………………………………… 219
    8.7.2 项目运行及功能实现 …………………………………… 219
    8.7.3 项目投资及收益情况 …………………………………… 220
    8.7.4 项目经验启示 …………………………………………… 220
  8.8 ▶ 山东省某电信基站备用电源储能项目 …………………………… 221
    8.8.1 项目背景及简介 ………………………………………… 221
    8.8.2 项目运行及功能实现 …………………………………… 221
    8.8.3 项目投资及收益情况 …………………………………… 222
    8.8.4 项目经验启示 …………………………………………… 222

参考文献 ……………………………………………………………………… 223

第1章 储能市场发展现状及趋势

1.1 全球储能市场发展现状及趋势

1.1.1 全球储能市场发展规模

根据中国能源研究会储能专委会/中关村储能产业技术联盟（CNESA）全球储能数据库的不完全统计，截至2022年底，全球已投运电力储能项目累计装机规模237.2GW，同比增长15%。其中，抽水蓄能累计装机占比首次低于80%，比去年同期下降6.8个百分点；新型储能累计装机规模紧随其后，为45.7GW，同比增长80%。新型储能技术中，锂离子电池占据绝对主导地位，市场份额超过90%。全球电力储能市场累计装机规模（截至2022年底）见图1-1，全球新型储能市场累计装机规模（2011—2022）见图1-2。

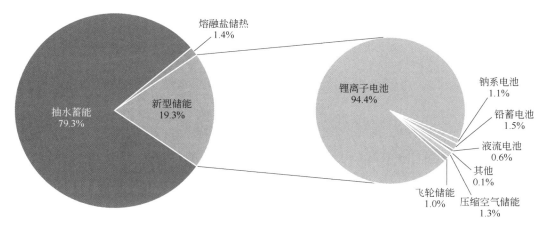

图1-1 全球电力储能市场累计装机规模（截至2022年底）

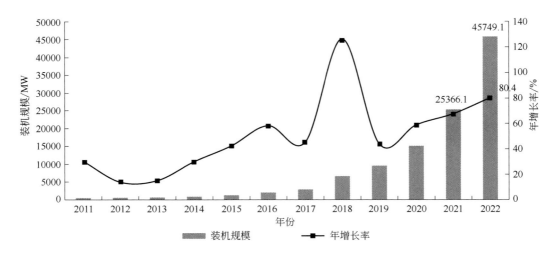

图 1-2　全球新型储能市场累计装机规模（2011—2022）

截至 2022 年底，全球已投运新型储能项目累计装机规模排在前十位的国家分别是中国、美国、德国、英国、韩国、澳大利亚、日本、意大利、爱尔兰和菲律宾。这十个国家的规模合计占全球累计总规模的 90%，其已投运新型储能项目累计装机规模见图 1-3。全球累计装机规模超过 1GW 的国家由 2020 年的 5 个增加到 2022 年的 8 个。

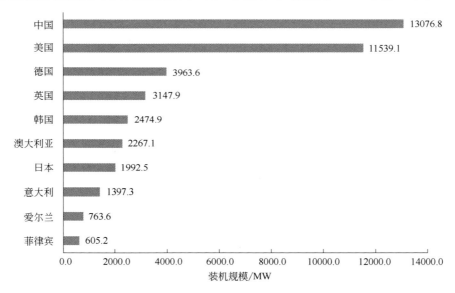

图 1-3　全球已投运新型储能项目累计装机规模排名前十的国家（截至 2022 年底）

储能正在成为当今许多国家用于推进碳中和目标进程的关键技术之一，即使面临新冠疫情和供应链短缺的双重压力，近三年全球新型储能市场依然保持着高速增长态势。2022 年，全球新增投运电力储能项目装机规模 30.7GW，同比增长 98%，其中，新型储能的新增投运规模最大，并且首次突破 20GW，达到 20.4GW，是 2021 年新增投运规模的 2 倍，同比增长 117%。美国、中国和欧洲依然引领全球储能市场的发展，三者合计占全球市场的 80%。2022 年全球已投运新型储能项目的地区分布见图 1-4。

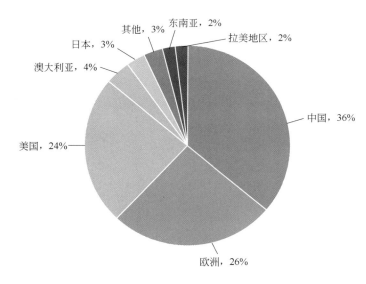

图 1-4 2022 年全球新增投运新型储能项目的地区分布

2022 年新增投运新型储能项目装机规模排名前十国家如表 1-1 所示，装机规模排名前十位的国家分别是：中国、美国、德国、意大利、澳大利亚、英国、日本、菲律宾、爱尔兰、奥地利。这十个国家的新增规模合计占 2022 年全球新增总规模的 89%，中国领跑新增装机规模榜单。

表 1-1 2022 年新增投运新型储能项目装机规模排名前十国家

排名	国家	装机规模/MW	2022 榜单对比 2021 榜单
1	中国	7347.1	↑1
2	美国	4875.3	↓1
3	德国	1772.0	持平
4	意大利	1159.5	↑6
5	澳大利亚	793.0	↓1
6	英国	611.5	↓1
7	日本	607.2	↓1
8	菲律宾	364.0	持平
9	爱尔兰	362.0	↓2
10	奥地利	219.0	新上榜

1.1.2 全球储能市场发展特点

1.1.2.1 美国

在面临电池供应链采购短缺和涨价等问题造成部分储能项目建设延迟的压力下，2022 年的美国储能市场发展仍然创造了历史纪录。一方面，新增储能项目规模首次突破 4GW，同比增长 39%；另一方面，单个项目装机规模也在不断刷新历史纪录，2021 年美国完成了全球最大的储能项目——佛罗里达电力和照明公司的 409MW/900MW·h 储能项目。2022 年，美国新增的储能项目中有 90%的装机份额来自大型表前应用（即电源侧和电网侧），并且以源侧光储项目、独立储能电站为主。从规模上，美国即将开启从百兆瓦级向吉瓦级项目推进的新时代。

（1）重视打造本土储能产业链

美国储能产业的发展重心正逐渐转变。2020 年 12 月，美国能源部发布《储能大挑战路线图》，提出"本土创新、本土制造和全球部署"三个基本原则，旨在加快下一代储能技术的开发、商业化和应用，并保持美国在储能领域的全球领导地位。在国内新能源税收抵免政策退坡、电池材料成本不断上涨、国际能源竞争加剧的局面下，能否加强创新，不断突破现有技术瓶颈，将会是美国储能产业所要解决的当务之急。

（2）长时储能替代新建传统调峰机组趋势显现

随着可再生能源渗透率的不断提高，电力系统对长时储能的需求逐渐显现。抽水蓄能、液流电池、压缩空气储能等长时储能技术受到美国相关部门的重视。2021 年 7 月，美国能源部启动"Long Duration Storage Shot（长时储能攻关）"计划，提出 10 年内将电网规模长时储能成本降低 90%的目标。该计划考虑所有类型的技术，无论是电化学储能、机械储能、储热、化学储能，还是有可能满足电网灵活性所需持续时间和成本目标的任意组合，都在该计划的支持范围内。

在应用层面，彭博社新能源财经（BNEF）的分析报告显示，在美国部分地区，持续放电两个小时的应用场景中，电池储能系统的运营成本已经低于天然气调峰电站，安装长时储能替代新建燃气调峰机组的趋势显现。由于 2020 年加利福尼亚州（简称"加州"）3GW 燃气机组达到退役年限，加州公用事业委员会批准了一项规模达 3.3GW 的系统级资源充裕度容量补充计划，并要求 2021 年 8 月上线 50%的容量，到 2022 年 8 月和 2023 年 8 月投运容量需分别达到 75%和 100%。为此，加州三大公用事业公司纷纷加速储能容量采购进程，利用储能确保服务区内的电网稳定和清洁能源的充分利用，而非新建燃气调峰机组。

（3）多因素驱动"新能源+储能"模式

从应用模式上看，"新能源+储能"项目发展势头强劲。美国劳伦斯伯克利国家实验室和美国电力研究院（EPRI）的研究表明，美国已经部署了 4.6GW 的电网规模"新能源+储能"项目，规划部署项目规模 69GW。其中，规划项目中约有 4%的风电项目和超过 4%的光伏项目计划配置储能。

"新能源+储能"中，储能与光伏项目共址建设已经成为美国储能发展的主要商业模式之一。美国光储项目的快速发展，主要得益于光伏和储能成本的不断下降以及联邦投资税收抵免（ITC）政策的激励。光伏的平准化度电成本（LCOE）在过去 10 年下降了近 90%，到 2018 年底达到 58.7 美元/（MW·h），预计到 2030 年将继续下降 58%。联邦投资税收抵免政策能够为光储项目提供高达 30%的投资税收抵免，刺激了光储项目的开发热情。

（4）电力供应安全问题促进用户侧储能发展

近年来，美国电力供应安全问题愈发突出。美国电网系统相对独立，不能跨区进行大规模调度,且超过 70%的电网基础设施已经建成 25 年以上,系统老化明显,出现了供电不稳定、高峰输电阻塞、难以抵抗极端天气等问题。保障供电可靠性已经成为美国发展储能的一项重要推动力,在一份美国户用储能收益调查中(见图 1-5),用户对供电可靠性的关注高居榜首。

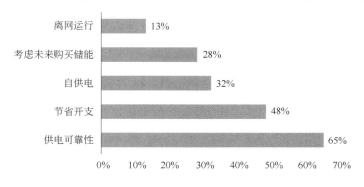

图 1-5 美国户用储能收益关注度调查

(5)虚拟电厂势头渐起

分布式能源及用户侧储能在摆脱对化石能源的依赖、提高电网弹性、增加供电可靠性(备用电源)等方面发挥了重要作用。尤其是 Order 841 法案提出,分布式能源可以参与电力批发市场,这进一步刺激了用户侧储能及分布式能源的发展。而将分布式光伏、用户侧储能及负荷聚合形成虚拟电厂,进而参与电力市场的模式开始崭露头角。虚拟电厂(virtual power plant,VPP)指利用大数据、移动互联、物联网和人工智能技术等,通过优化运行控制与市场交易,实现电源侧多能互补与负荷侧灵活互动。VPP 不仅能够为电网提供调峰调频等服务,还可通过需求响应(demand response,DR)发挥移峰填谷的作用,是能源电力领域迅速实现数字化、现代化的重要途径。如波特兰通用电气公司(Portland General Electric,PGE)推出了一个连接 525 户家庭的虚拟电厂;佛蒙特州公用事业公司 Green Mountain Power 将 2567 个特斯拉的 Powerwall 电池聚合构建了虚拟电厂,并推出一项永久有效的电价机制;SunRun 将虚拟电厂作为其战略重点,在纽约州、加州等地聚合几百户家庭已安装的储能装置,帮助客户实现弹性用电、减小高峰负荷等目的。

1.1.2.2 欧盟

从终端应用类型看,调频辅助服务以及配合家用光伏实现电力自发自用是欧洲主要的储能应用场景。

(1)调频辅助服务是表前储能的重要收益来源

对于参与电力市场交易的表前储能,目前的主要收入来源为参与欧洲统一的频率控制储备(frequency containment reserve,FCR)市场,即一次调频市场。欧盟统一的 FCR 市场由来自 8 个国家的 11 个输电网运营商(TSO)在欧盟输电系统运营商联盟(European Network of Transmission System Operators,ENTSO-E)的组织管理框架下运营,旨在欧盟范围内实现频率响应资源的优化共享。在任何一个 TSO 控制区域内,如果一次调频资源不足导致了电网频率偏差,则可以通过采购其他 TSO 区域的 FCR 容量来抵消频率偏差。如图 1-6 欧盟表前储能的主要收益来源所示，目前来自 FCR 市场的收入占所有表前储能收入来源的 48%左右。但随着储能大规模地进入 FCR 市场，其收益呈下降的趋势，目前欧盟也在逐渐开放更多的市场和服务类型让储能参与。

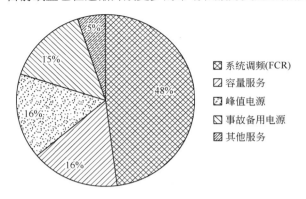

图 1-6　欧盟表前储能的主要收益来源

（2）欧盟家储市场保持高速增长

自 2014 年起，欧盟家用光储系统的安装量一直保持高速增长。如图 1-7 所示，欧盟在 2020 年首次达到吉瓦时级别。2021 年，欧盟新增家庭储能装机量超过 1GW·h，累计装机量达到了 2.3GW·h。

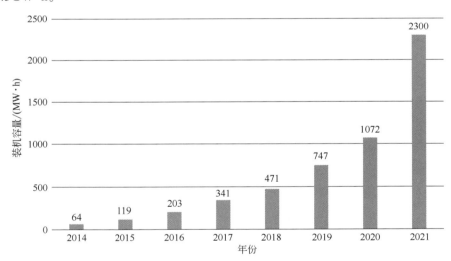

图 1-7　2014—2021 年新增家用光伏储能装机容量

数据来源：Solar Power Europe：European Market Outlook for Residential Battery Storage 2022—2026

欧盟家用储能快速发展的主要驱动力有两个。一是高企的居民电费。德国、意大利、瑞士等欧洲发达国家居民购电成本高昂，以德国为例，家庭平均购电成本在 2020 年为 0.38 美元/(kW·h)，且未来呈不断上升的趋势。二是"光伏+储能"系统的平准化度电成本（LCOE）不断下降。目前该成本低于 12.8 欧分/(kW·h)，如图 1-8 所示。此外，光伏发电上网电价补贴（feed-in-tariff，FIT）的逐年降低也促使用户配置储能来提升光伏发电自用率，某些国家或地方政府也对家庭光伏进行补贴，如德国复兴发展银行通过 KFW275 计划，为现有和新增光伏用户配套储能提供补贴，推动德国居民自发自用，降低用电成本。

图 1-8 德国终端电价与光伏 LCOE、光储 LCOE 对比

1.1.2.3 英国

（1）单个储能项目规模增大

从项目单体规模和技术路线来看，英国早期单个储能项目容量在 0.005~10MW 之间，主要采用锂离子电池储能技术。此后，在辅助服务市场需求的拉动下，储能项目单体规模增大，但由于 50MW 及以上规模的储能项目规划审批程序复杂，因此截止到目前，英国已投运的大部分项目规模在 49.9MW 及以下。

2020 年，单个储能项目容量上限取消后，大型储能项目规划增多，如 InterGen 公司计划在埃塞克斯泰晤士河口建设 320MW/640MW·h 锂离子电池储能系统，瓦锡兰集团与英国能源开发商 Pivot Power 公司计划联合部署两个总装机容量为 100MW 的电池储能系统。

（2）脱碳需求推动储能规模持续增长

电力系统运营商 National Grid ESO 发布的"未来能源情景（Future Energy Scenarios）报告预测，四种脱碳场景中，英国均需要更多的电力储能系统和更长时的储能系统来实现净零目标，见图 1-9。其中，在最理想场景——"一路领先"情景下，英国可提前两年，即 2048年实现净零目标，那么到 2050 年，累计投运储能规模需达到 40GW，而最保守的场景下，到 2050 年，累计投运规模储能需达到 20GW。

（3）无补贴光伏+储能项目投资热度增加

过去一年，无补贴光伏项目的部署持续增长，越来越多的投资者开始进入无补贴光储领域。项目投资规划方面，2020 年 7 月，投资商麦格理集团旗下的绿色投资集团（Green Investment Group，GIG）发布部署装机容量为 1GW 的无补贴太阳能+储能项目计划；英国可再生能源资产管理商阿姆斯特朗资本管理公司（Armstrong Capital Management）与丹麦可再生能源投资商欧洲能源（European Energy）签署协议，为英国一个装机容量 500MW 的太阳能+储能项目提供资金，并成为英国无补贴可再生能源项目的最新投资者。资产交易方面，2020 年 8 月，Anesco 公司将其无补贴的 Clayhill 太阳能发电厂（包含 10MW 太阳能光伏系统和 6MW 电池储能系统）出售给 GRIDSERVE 公司。

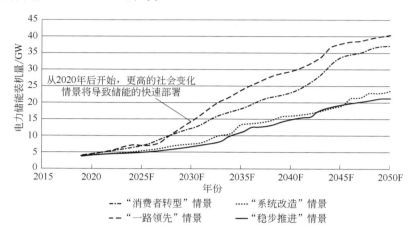

图 1-9　英国国家电网 FES 模型关于储能规模的预测

（F 代表 forecast，预测）

（4）容量市场复苏，提振储能产业发展

自储能因其时长不足，4h 以下储能遭遇容量可用性"降级"，并导致收益打折之后，时长少于 4h 的电池储能系统一直难以在英国容量市场中进行竞争。2018 年以来，80%参与容量市场拍卖的储能项目受到影响。在 2019 年的容量市场拍卖中，仅有 7 个电池储能系统获得了容量协议，总装机容量 30.1MW。

2020 年 2 月，许多电池储能资产作为需求响应资产在英国容量市场中成功拍卖，避开了储能容量可用性"降级"带来的影响，总装机容量为 533MW 的电池储能系统作为需求侧响应（DSR）资产成功达成容量协议，并以 6.44 英镑/(kW·a) 的价格成交，提振了储能投资者的信心。另外，容量市场能够向需求响应运营商授予最长 15 年的合同，对降低运营风险发挥了较大的作用。

中标此次容量协议的供应商中，意大利公用事业厂商 Enel 旗下新能源业务子公司 Enel X 公司获得了需求侧响应部分的最大市场份额，可部署 202MW 的储能系统。紧随其后的是 GridBeyond 公司，可部署 60.9MW 的储能系统，Shell/Limejump 公司可部署 43.3MW 的储能系统，Flexitricity 公司可部署 42MW 的储能系统。

（5）调频市场趋于饱和，商业模式快速变化

根据欧洲储能协会（EASE）和研究机构 Delta-EE 发布的调查报告，英国 90%的电网侧储能系统用于提供频率控制储备（FCR）服务。但由于英国调频市场正趋于饱和，且面临众

多挑战，其市场增长速度正在放缓。目前英国设置了新的辅助服务品种——"动态遏制"，短期内该辅助服务品种的储能资源装机量有望持续增大，但长期来看，由于价格的不稳定性，重点依赖于调频服务的储能项目将面临较大的收益风险。未来，预计不同市场之间，如能量市场、辅助服务市场、容量市场之间的互动将更加密切，储能系统运营商应关注不同市场之间的收益叠加机会和机会成本。

（6）用户侧储能发展不确定性高，虚拟电厂模式快速发展

英国住宅太阳能等小规模发电设备的上网电价补贴（FIT）的逐步取消，使得英国用户侧储能和住宅储能市场的发展面临不确定性。此外，由于英国光伏发电系统和储能系统的增值税大幅上涨，即从 2019 年 10 月 1 日起，其增值税从 5% 上涨至 20%，使得分布式光伏/分布式光储系统的部署率进一步降低。

目前，用户侧储能的发展高度依赖于是否拥有能够创造附加价值流的创新商业模式，其中包括分时电价和虚拟电厂模式。通过分时电价和虚拟电厂，用户不仅可以获得节约电费收益，还能获得辅助服务收益，进而实现多个收益的叠加。

目前英国市场中已经存在一定数量的虚拟电厂运营商，包括特斯拉（Tesla）、Kiwi Power、Limejump 等公司。其中特斯拉在英国推出了一项能源计划，将为拥有特斯拉电动车的车主，以及安装了光伏和 Powerwall 电池的用户提供优惠电价。目前英国电价在全球居高，而英国的碳排放税政策使英国家庭电费进一步上升，这给特斯拉推出的针对用户的优惠电价服务提供了商机。另外，特斯拉还开发了 Autobidder 软件，用于管理多个 Powerwall 家用电池聚合形成虚拟电厂，为电网提供辅助服务，给用户提供额外收益渠道。

1.1.2.4 澳大利亚

澳大利亚储能市场起步于 2016 年，在丰富的可再生能源资源、高企的终端用户电价、分布式光伏上网电价降低、可再生能源比例持续提升、多次大停电事故、森林大火等重大因素的推动之下，储能市场呈现快速发展态势。

（1）澳大利亚家储市场快速发展

目前澳大利亚国家电力市场范围内共安装了 30 万套光伏系统，用户屋顶光伏所发的多余电量可以销售给电力零售商，用户可以获得相应的 FIT。但一方面，目前 FIT 正逐步降低甚至取消，另一方面，2021 年 3 月澳大利亚能源市场监管机构兼市场规则制定者澳大利亚能源市场委员会（Australia Energy Market Commission，AEMC）发布规则草案允许电网公司在网络阻塞时对用户上网电量进行收费，这进一步激发了市场对家用储能的需求。2016—2021 年期间，家用储能年新增套数整体呈现上升趋势，如图 1-10 所示。

（2）更多大型储能项目接入澳大利亚国家电力市场

2017 年以来，多个大型储能项目接入澳大利亚国家电力市场，并对电力市场交易价格、电网供应安全等产生了一定的积极影响。2017 年以来接入国家电力市场的电网规模电池储能系统见表 1-2。

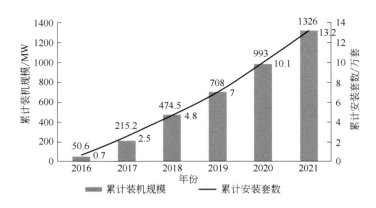

图 1-10　2016—2021 年期间澳大利亚家用储能累计装机容量和安装套数

表 1-2　2017 年以来接入国家电力市场的电网规模电池储能系统

项目	容量	项目地点与配置	投运时间
Hornsdale Power Reserve	100MW/129MW·h	和南澳 Hornsdale 风电场共址建设，但储能电站拥有自己的连接点	2017 年 12 月
Dalrymple ESCRI Battery	30MW/8MW·h	安装在南澳 Dalrymple 变电站，靠近 Wattle Point 风电场	2018 年 9 月
Ballarat Energy Storage System	30MW/30MW·h	位于维多利亚州 Ballarat 区域终端站的独立系统	2018 年 11 月
Gannawarra Energy Storage System	30MW/25MW·h	位于维多利亚州，与 Gannawarra 光伏电站共址	2019 年 3 月
Lake Bonney	25MW/52MW·h	位于南澳，与 Lake Bonney 风电场共址，并共享接入 Mayurra 变电站的连接点	2019 年 10 月

（3）各州布局储能的侧重点不同

从发展区域来看，维多利亚州、南澳等地储能发展势头强劲，并且各有特点。其中，维多利亚州以发展大型储能项目为主，既有与新能源场站共址的储能项目，又有大型电网侧独立储能项目。30MW/30MW·h 的 Ballarat 电池储能系统是澳大利亚第一个直接连接到输电网的网侧独立电池储能系统，主要通过辅助服务市场和能量市场获益。2020 年 11 月，维多利亚州政府联合 Neoen、特斯拉，共同建设 300MW/450MW·h 大型储能项目，用于提高维多利亚州-新南威尔士州联络线路之间的传输容量。由于可再生能源丰富，且出现多次大停电事故，南澳以大型储能电站和用户侧储能项目并重，从支持电网安全以及用户保障自身用电的角度全面布局储能的应用。霍恩斯代尔电池储能电站在多次电力紧急事件中的优异表现也为南澳布局更多储能项目树立信心，同时基于大量的用户侧储能项目，南澳还开展了虚拟电厂示范项目，在大型储能电站商业模式探索和分布式储能聚合参与市场交易方面处于澳大利亚的领先地位。

（4）家用储能以节约电费模式为主

针对家用储能（包括家庭储能聚合后的虚拟电厂储能），储能系统的主要收益来源是配合屋顶光伏自发自用带来电费节约收益，其他收益因各州的政策不同而有所差异。以南澳虚拟电厂储能（VPP）项目为例，可以获得的收益包括：光储系统销售给用户的电费收益、VPP参与电力市场的收益、南澳政府为每户家用电池提供的家用电池补贴计划（home battery scheme，HBS）的补贴收益、联邦政府为光伏提供的小规模技术证书（STC）收益等。在这些收益的支持下，南澳VPP项目的投资回收期通常在5年以内。

（5）规模化储能以辅助服务收益模式为主

针对参与电力市场交易的规模化储能，从2018—2020年电池储能在澳大利亚国家电力市场（national electricity market，NEM）中的收益来源（图1-11）来看，NEM中电池储能收益的最大来源是辅助服务市场（FCAS）。2020年第四季度电池储能净营收（即扣去能量成本之后）为970万美元，其中FCAS收益占总营收的79%。相比第三季度，2020年第四季度电池储能能量收益增加（40万美元），主要受南澳大利亚电池调度和容量加权平均后能量市场套利价值[从30美元/（MW·h）增加到39美元/（MW·h）]的推动。另外2020年南澳出现了突破历史记录的负电价，这意味着电池能够通过可观的价差获得套利收益。

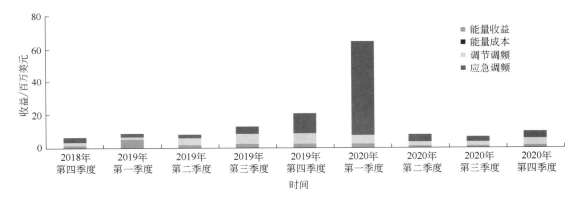

图1-11 电池储能在澳大利亚电力市场中的收益情况（2018—2020）

（6）未来澳大利亚需要不同时长的储能满足电力需求

根据澳大利亚能源市场运营机构（Australian Energy Market Operator，AEMO）发布的2020整体性系统规划（integrated system plan，ISP），如图1-12所示，未来需要不同类型储能技术满足日益增长的可再生能源接入电网的需求。ISP定义了三种不同深度的可调度储能资源：

① 短时储能，包括含有电池的虚拟电厂和2h大规模电池储能，这类储能更多地应用于功率型场景，如爬坡和FCAS。

② 中长时储能，包括4h电池储能、6h和12h的抽水蓄能，以及现有的抽水蓄能电站。这类储能的价值是用于光伏发电特性和负荷带来的日内能量时移。

③ 长时储能，包括24h和48h的抽蓄及澳大利亚现有的Snowy 2.0大型抽蓄电站。这类储能的价值是支持长期可再生能源发电低于预期的情况以及数周或数月的季节性能量转移。

根据ISP，短期内，澳大利亚电力系统需要1~2h的储能固化可再生能源间歇性的容量和日内能量时移。未来随着更多火电站退役，4~12h的中长时储能将在更大的时间尺度中扮演能量时移的角色。

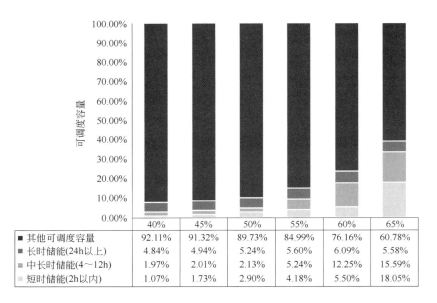

图 1-12 不同可再生能源比例下电力系统对可调度容量的需求

1.1.2.5 日本

(1) FIT 即将结束，光伏电能需要寻找新出口

2020 年是新型冠状病毒感染全球暴发的一年，受其影响，众多项目没能够如期完成补贴认证，日本原计划在 2020 年结束的光伏发电上网电价补贴 (FIT) 延期一年。在 2021 年的延长期间，FIT 继续沿用 2020 年度补贴标准 [即 10kW 以下：21 日元/(kW·h)；10～50kW：13 日元/(kW·h)（不含税）]。对于大型太阳能电站来说，FIT 政策趋于结束，各个大型电站都将积极完成 FIT 的认证。从日本经济产业省发布的数据资料来看，目前参与 FIT 的太阳能容量总计为 80GW。大量大型电站的申请导致 2021 年的 FIT 价格降低至 9 日元/(kW·h)，较低的光伏发电上网电价补贴减弱了太阳能电站售电的动力。

为应对这一问题，日本所倡导的《可再生能源特别措施法》增加了市场联动型的 FIP (feed-in-premium) 制度。部分欧洲发达国家已经将 FIT 转换为了 FIP。FIP 制度指的是在批发市场上以销售价格上加溢价的方法来买卖电力。由于光伏是一个政策敏感型产业，FIT 政策的结束和 FIP 政策的启用将导致光伏市场的持续波动。日本经济产业省对于 FIP 的制定和实施较谨慎，希望能够制定出符合从业者投资意愿和参与市场的双赢制度，以应对"后 FIT 时代"的光伏市场。

对于个人用户来说，尽管由于疫情原因导致了 FIT 政策延长一年，但是只是延缓了 FIT 政策的结束时间，如何寻找替代解决方案是需要考虑的问题。而 FIT 制度结束后，使用太阳能设备用于电力自给自足是最具性价比的方式，同时将引发日本民众对于储能的青睐。近年来，日本的储能蓄电池销量稳步提高，主要用作紧急用电的备用电源，但预计未来 FIT 结束后的 2～3 年，用于光伏电蓄电的需求将会显著增加。

(2) 日本加大 VPP 技术与政策支持力度

为了顺利实现碳中和，日本计划于 2030 年完成可再生能源占比达到 22%～24% 的目标，这给电网可靠性和电能质量带来挑战。根据日本信息产业省的测算，到 2030 年日本的 VPP（虚拟电厂）装机容量可达到 $3.77×10^7$ kW，发展潜力巨大。

在再兴战略的背景下，日本于 2015 年首次发布 VPP 相关政策。"新能源战略革命计划"要通过政府补助，于 2020 年完成 VPP 商业化的目标。2015～2020 年间，日本在 VPP 领域实现了诸多突破，包括：①验证了 50MW 以上虚拟电厂技术的可靠性，同时加快了能够缩短 DR 时间的技术研发；②VPP 的调控技术突飞猛进，2019 年东京电力公司在 59 台 EV/PHEV 上实现了电动汽车蓄电池群的充放电和电网融合技术，2020 年，日本开发了家用燃料电池热电联产系统等分布式电源的聚合优化调控技术；③基于 VPP 的混合系统示范取得一定成果，大阪燃气和东京燃气分别在 VPP 技术基础上融合建立了家用燃料电池热电联产系统和光伏-燃气-蓄电池。

在市场机制方面，2020 年，日本启动了容量市场，要求参与容量市场交易的资源必须满足最小单位为 1000kW、响应时间 3h、持续时间 3h、每年能够被调用 12 次的条件。2021 年，日本还进一步开启供需调节市场，建立了新的调节电源竞价平台。容量市场和供需调节市场为 VPP 提供了市场交易机会。

1.1.2.6 韩国

（1）储能安全事故频发，韩国总结事故原因

得益于韩国可再生能源配额和电费折扣等各项政策的激励，韩国储能市场在短短数年内进入了快速发展期。然而，近年韩国储能电站事故频发，从 2017 年下半年至 2021 年中期，共发生了 30 起储能电站起火事件，如表 1-3 所示。储能电站事故不仅产生了巨大的经济损失，更危及了普通民众的生命安全。因此，韩国政府开始将工作重心一部分转移至储能系统的安全性和稳定性方面。通过对现有事故的分析，韩国方面已经对储能火灾事故有了较为全面的认识，即事故原因主要在于电池保护系统欠缺、运营环境管理欠缺、安装不规范、综合保护管理体系欠缺和部分电池中发现有缺陷等因素。

表 1-3 近年韩国储能电站事故列表

事故时间	项目名称	项目地点	储能规模
2017-08-02	全北高敞储能项目	全北高敞	1.46MW·h
2018-05-02	庆北庆山储能项目	庆北庆山	8.6MW·h
2018-06-02	全南灵岩储能项目	全南灵岩	14MW·h
2018-06-15	全南群山储能项目	全南群山	18.965MW·h
2018-07-12	全南海南储能项目	全南海南	2.99MW·h
2018-07-21	庆南居昌储能项目	庆南居昌	9.7MW·h
2018-07-28	世宗储能项目	世宗	18MW·h
2018-09-01	忠北岭东储能项目	忠北岭东	5.989MW·h
2018-09-07	忠南泰安储能项目	忠南泰安	6MW·h
2018-09-14	济州储能项目	济州	0.18MW·h

续表

事故时间	项目名称	项目地点	储能规模
2018-10-18	京畿龙仁储能项目	京畿龙仁	17.7MW·h
2018-11-12	庆北荣州储能项目	庆北荣州	3.66MW·h
2018-11-12	忠南天安储能项目	忠南天安	1.22MW·h
2018-11-21	忠北闻庆储能项目	忠北闻庆	4.16MW·h
2018-11-21	庆南居昌储能项目	庆南居昌	1.331MW·h
2018-12-17	忠南堤川储能项目	忠南堤川	9.316MW·h
2018-12-22	江原三陟储能项目	江原三陟	2.662MW·h
2019-01-14	庆南阳山储能项目	庆南阳山	3.289MW·h
2019-01-14	金南莞岛储能项目	金南莞岛	5.22MW·h
2019-01-15	全北樟树储能项目	全北樟树	2.496MW·h
2019-01-21	蔚山储能项目	蔚山	46.757MW·h
2019-05-04	庆北漆谷储能项目	庆北漆谷	3.66MW·h
2019-05-26	全北樟树储能项目	全北樟树	1.027MW·h
2019-08-30	忠南野山郡太阳能储能电站	忠南野山郡	1.54MW·h
2019-09-24	江源平昌风电场储能电站	江源平昌	40MW/21.3MW·h
2019-09-29	庆北军威	庆北军威	1.36MW·h
2019-10-21	庆南河东	庆尚南道河东郡	1.33MW·h
2019-10-27	庆南金海	庆南金海	2.26MW·h
2020-05-27	海南光伏储能电站	全罗南道海南郡黄山面	—
2021-04-06	忠清南道光伏储能项目	忠清南道洪城郡广川邑加井里	10MW·h

资料来源：CNESA 收集整理。

（2）加强储能安全管理，升级各项标准

为了进一步应对火灾，韩国政府对各项不安全因素进行了全面分析和整改，提出了相对应的解决方案和标准。首先，在制造标准方面，韩国首次提出了储能系统安全交互标准，并对电池提出了认证要求；其次，在安装标准方面，韩国要求强制设置电保护设施，安装紧急状态下的急停和监测系统，设立储能系统工作守则等；最后，在操控管理方面，要求对温度、湿度和灰尘等有详尽和直接的记录，同时缩短规定的巡视时间，由原先的 4 年一次改变至现在的 1~2 年一次。另外，韩国还设立了专门的刑罚以惩戒违例者。最后，在消防标准方面，建立了专门面向储能系统的消防安全准则。安全标准的整体改革已经缓解了韩国社会对储能安全的担忧，同时也促使韩国储能在出口和内需上实现了增长。

（3）韩国储能政策随市场阶段调整

近五年，韩国经历了储能系统发展迅猛期、暂停期以及重启期，不同发展阶段要求韩国政府对储能政策进行相应调整。

一系列政策的出台推动了韩国储能行业步入发展迅猛期，这些政策包括：2016年，储能系统充放的电能够通过韩国电力交易所进行交易；2017年，所有电力合同需求量超过1000kW的公共建筑必须安装储能系统，所有电力合同需求量小于10000kW的公共建筑必须于2020年底前引入储能系统，并且储能系统的容量不得低于总容量的5%；2018年，政策提出安装储能系统可以获得相当于投资成本总额1%～6%的税收减免。2018年发生一系列储能火灾事件后，韩国内外对于储能系统安全性的担忧，推动韩国政府暂停国内可再生能源侧储能系统的使用。在制定一系列安全措施和标准体系后，韩国政府计划重启储能市场，制定了相应政策，包括延长支持计划的申请期限、重新调整税收优惠等。

1.1.3 全球储能市场发展趋势

多家机构对全球储能市场未来发展规模进行了预测。

彭博新能源财经（Bloomberg New Energy Finance，BNEF）在《2021年全球储能展望》中预测，2021～2030年全球将新增储能装机345GW/999GW·h，届时全球储能规模将达到358GW/1028GW·h，是2020年底的20倍以上。从地区分布上看，美国和中国将引领全球储能市场，两者合计占全球总装机量的一半以上，其他主要市场包括印度、澳大利亚、德国、英国和日本；从应用分布上看，约55%的储能装机将用于提供能量转移（例如，储存太阳能或风能发出的电量以供随后释放）。到2030年，居民家庭和企业侧的储能将占全球储能总装机的四分之一左右，其他应用（例如，使用储能延缓电网投资）在大多数市场中可能仍然处于边缘地位；从技术分布上看，磷酸铁锂将成为锂电池在储能领域主要的细分技术路线，这得益于其在中国的主导地位以及在海外市场市占率的不断提高。此外，钠离子电池技术、长时储能等技术也将与锂离子电池竞争发展，到2030年可能会发挥重要作用。

Wood Mackenzie预测，2021～2031年的10年间，全球储能市场新增规模将达460GW/1292GW·h。未来储能市场集中度高，90%以上的装机规模分布在少部分国家中。其中，中国和美国引领了全球储能市场的发展，两者规模合计占全球市场总规模的75%。

IHS Markit的预测相对保守，提出到2030年，全球储能市场新增规模超过30GW。其中，中国的装机量预计将是2020年的14倍。美国和欧洲的装机量将分别是各自2020年水平的3倍和4倍。

1.2 中国储能市场发展现状及趋势

1.2.1 中国储能市场发展规模

根据中国能源研究会储能专委会/中关村储能产业技术联盟（CNESA）全球储能数据库的不完全统计，截至2023年底,中国已投运电力储能项目累计装机规模86.5GW,同比增长45%。

如图1-13所示，抽水蓄能依然是电力储能技术中累计装机规模最大的，为51.3GW，同比增长11%，占比首次低于60%，新型储能占比同比增长18.2%，而电力市场总规模的市场增量则主要来自新型储能[1]，如图 1-14 所示，其累计装机规模达到 34.5GW，年增长率达 163.9%。

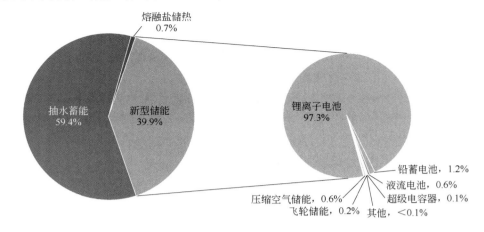

图 1-13　中国电力储能市场累计装机分布（截至 2023 年底）

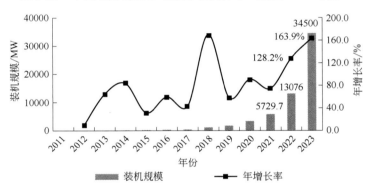

图 1-14　中国新型储能市场累计装机规模（截至 2023 年底）

1.2.1.1　储能技术规模分布

（1）抽水蓄能

抽水蓄能电站能够提供调峰、填谷、调频、调相、事故备用等服务，是构建以新能源为主体的新型电力系统的重要支撑。近 5 年我国新增投运的抽水蓄能电站装机规模如图 1-15 所示。可以看出 2022 年，我国抽水蓄能实现快速发展，新增投运 12 座抽水蓄能电站，规模合计 9.1GW，创历史新高，同比增长 75%。新增投运抽水蓄能电站主要包括：国网经营区域内的 10 座电站和南网经营区域内的 2 座电站。2023 年，新增装机规模 5.2GW，新增规模同比下降 43%，新增投运机组 16 台，包括文登抽水储能电站、丰宁抽水储能电站、天池抽水储能电站、重庆蟠龙抽水储能电站等。

2022 年新增投运抽水蓄能机组及电站基本信息如表 1-4 所示，其中：

① 阳江电站，是南方电网在广东省内投产的第六座抽蓄电站，主要服务于广东电网，实

---

[1] 根据国家能源局 2021 年 9 月 24 日印发的《新型储能项目管理规范（暂行）》中的定义，新型储能技术是指，除抽水蓄能外以输出电力为主要形式并对外提供服务的储能技术。

现了机组全国产化设计、制造和安装。此外，该电站也是目前国内核准建设的单机容量最大、净水头最高、埋深最大的抽蓄电站。

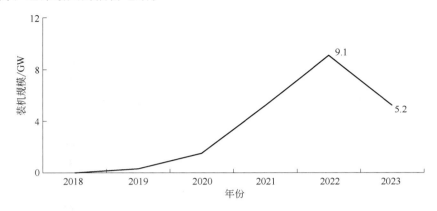

图 1-15　2018～2023 年我国新增投运抽水蓄能电站装机规模

② 敦化电站，是目前东北地区已投产装机最大的抽蓄电站，地处严寒地区，多年平均气温-3℃，冬季极端最低气温-44℃，工程区实测最大冻土深度近 2m，室外工程年有效施工期不足 6 个月。电站上、下水库首次在严寒地区采用沥青混凝土心墙堆石坝，施工过程中克服了诸多挑战。此外，电站在国内还首次实现了 700m 级超高水头高转速大容量抽蓄机组的完全自主研发、设计和制造。

③ 丰宁电站，无论在装机容量和储能能力方面，还是在地下厂房和地下洞室群规模方面均位居世界前列。另外，电站还实现了抽蓄电站接入柔性直流电网，支撑电网高可靠高效率运行；同时采用大型变速抽蓄机组技术，相比传统定速机组，具有水泵功率有效调节、运行效率更高、调度更灵活等优越性；系统性攻克了复杂地质条件下超大型地下洞室群建造关键技术，为今后大规模开发建设抽蓄电站提供了技术保障和工程示范。

④ 荒沟电站，是目前国内在建纬度最高的抽蓄电站，同时也是黑龙江省首个大型抽蓄电站工程，以及牡丹江市历史上投资额最大的水电工程。电站发电电动机定子绕组中首次采用 4 支路方式，有效降低了工程造价，提高了机组运行稳定性。

⑤ 周宁电站，是中国华电首座同时也是国内五大发电集团首座抽蓄电站。电站的下水库大坝高达 108m，是目前国内建成投运抽蓄电站的第一高坝。1、2 号机组先后并网的时间仅仅间隔 10 天，刷新了国内抽蓄电站前两台机组短时间内先后并网的纪录。

⑥ 梅州电站，是"十四五"开局之年南方电网服务区域内首台投产的抽蓄机组，也是广东省各抽蓄电站中水库容量最大的电站；此外，电站还创造了国内抽蓄电站最短建设工期纪录，其主体工程开工至首台机组投产仅用时 41 个月。

⑦ 长龙山电站，是目前国内唯一一个在同一厂房内布置两种不同额定转速抽蓄机组的电站，机组设计开发综合难度系数高。另外，电站的额定水头 710m，在已投产抽蓄电站中位居前列。其中有两台机组的转速会达到 600r/min，这也是 350MW 容量下世界最高额定转速机组。

⑧ 沂蒙电站，是目前山东省全面建成投运装机容量最大的抽蓄电站，为业内首例高转速大容量"零配重"抽蓄机组。另外，电站在沥青混凝土面板堆石坝施工中，采用片麻岩酸性

骨料沥青混凝土防渗面板,开创了水利水电行业应用酸性骨料沥青混凝土的先河,同时也开辟了水电行业沥青混凝土骨料选择的新路径。

⑨ 永泰电站,是福建省属企业自主建设、自主运营的首个抽水蓄能电站。该电站机组、主变等关键设备实现国产化,2022年,电站陆续实现了1、2和3号机组的投产发电。

⑩ 金寨电站,是全国人大帮扶金寨"5+1"项目之一,是新中国成立以来金寨县单体投资最大的工程建设项目。电站创新应用了高边坡开挖支护施工方法,有效降低了作业安全风险。

⑪ 文登电站,是山东省内装机规模最大、胶东地区首座抽水蓄能电站。电站应用了硬岩全断面隧道掘进机施工技术,速度较传统钻爆法提高4~6倍。

⑫ 春厂坝电站,是国网四川省电力公司牵头申报的国家级"分布式光伏与梯级小水电互补联合发电技术研究及应用示范"重点科研项目,也是全国首例梯级水光蓄互补联合发电科研项目。电站采用了国内首台变速恒频抽蓄机组,配套研发了梯级水光蓄互补电站联合运行控制与智能调度系统,解决了梯级水电站和分布式光伏联合供电及送出问题。

表1-4 2022年新增投运抽水蓄能机组及电站基本信息

电站名称	电站地点	单台机组容量/MW	规划容量/MW
阳江抽水蓄能电站一期(2、3号机组)	广东-江阳-阳江市	400	1200
敦化抽水蓄能电站(4号机组)	吉林-敦化	350	1400
丰宁抽水蓄能电站(2、3、4、8、9号机组)	河北-承德-丰宁	300	3600
荒沟抽水蓄能电站(3、4号机组)	黑龙江-牡丹江-海林市	300	1200
周宁抽水蓄能电站(3、4号机组)	福建-宁德-周宁县	300	1200
梅州(五华)抽水蓄能电站一期(2、3、4号机组)	广东-梅州-五华县	300	1200
长龙山抽水蓄能电站(4、5、6号机组)	浙江-湖州-安吉县	350	2100
沂蒙抽水蓄能电站(3、4号机组)	山东-临沂-费县	300	1200
永泰抽水蓄能电站(1、2、3号机组)	福建-福州-永泰县	300	1200
安徽金寨抽水蓄能电站(1、2、3、4号机组)	安徽-六安-金寨县	300	1200
文登抽水蓄能电站(1、2号机组)	山东-威海-文登区	300	1800
四川春厂坝抽水蓄能电站	四川-阿坝州-小金县	5	5

注:上述电站并未在2022年实现全部机组投产,部分机组于2023年实现投产。

总体来看,我国已经积累了丰富的抽蓄电站建设经验,掌握了较先进的机组制造技术,蓄能机组设备基本实现国产化,电站整体设计、制造和安装、调试技术也达到国际先进水平。

"双碳"目标下,新型电力系统建设的刚性需求以及政策保障,将会进一步加快抽蓄电站的规划建设进程,抽水蓄能即将迎来爆发期。2021年,国家发展改革委和国家能源局先后发布了《关于进一步完善抽水蓄能价格形成机制的意见》和《抽水蓄能中长期发展规划(2021—2035年)》,前者进一步理顺了抽水蓄能电价形成和疏导机制,提振了社会资本投资抽蓄的信心;后者明确了抽水蓄能2025年投产总规模62GW、2030年投产总规模120GW的发展目标。截至2021年底,我国抽水蓄能投产总规模为39.8GW,意味着未来9年,我国抽水蓄能的装机规模将实现 3 倍的增长。

（2）新型储能

2022 年，国内新型储能市场真正迈进规模化发展时代，2023 年中国新型储能市场继续高速发展。如图 1-16 所示，2023 年新增投运新型储能项目装机规模达到新高，超过 20GW，同比增长 193%。新增规划、在建新型储能项目规模 147.8GW，是新增投运规模的 6 倍多，并且大量项目都计划在未来 1～2 年内建成。

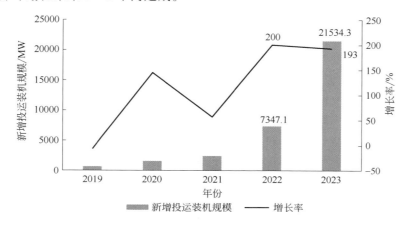

图 1-16　2019～2023 年新增投运新型储能项目装机规模

另外由图 1-17 可知，大规模项目的数量也在不断增多，特别是百兆瓦级项目数量，达到

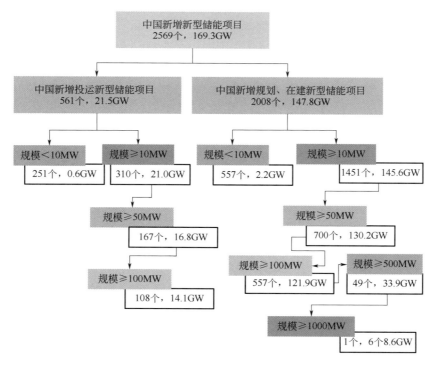

图 1-17　2023 年新增新型储能项目规模等级分布情况

665个，是2022年同期的1.6倍，规模合计136GW，占2023年新增新型储能项目（含规划、在建、投运）总规模的80.3%。这些百兆瓦级的项目以独立储能或共享储能为主，体量上具备了为电网发挥系统级作用的基础和条件。同时，以压缩空气储能和液流电池应用为主的长时储能开始进入装机规模快速增长的元年，百兆瓦长时储能项目频出，呈现出"多点开花"的局面。

① 锂离子电池　如图1-18所示，从新型储能的各类技术路线上看，无论是累计投运装机规模还是新增投运装机规模，锂离子电池仍然占据主导地位。相比于其他新型储能技术而言，锂离子电池继续保持高速增长态势，图1-19显示的是近5年中国已投运锂离子电池储能项目装机增速情况。截至2023年底，锂离子电池累计装机规模超过33GW，与2022年同期相比实现2倍以上的增长，所占比重达到97%。新增投运规模方面，锂离子电池首次突破20GW，同比增长199%，所占比重超过99%。

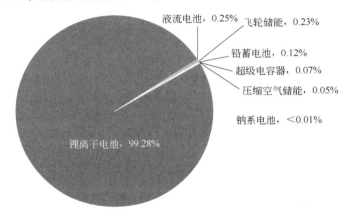

图1-18　2023年中国新增投运新型储能项目的技术分布

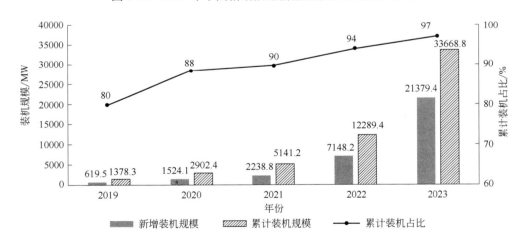

图1-19　2019~2023年中国已投运锂离子电池储能项目装机规模

② 压缩空气储能　从图1-20来看，近年来压缩空气储能技术取得了跨越式发展，首个百兆瓦级压缩空气储能项目于2021年底实现并网运行，新增投运压缩空气储能项目装机规模达到170MW。新增规划多个规模300MW以上，甚至是吉瓦级的项目，持续时长从4h、6h

增至 8h，用于满足不同的电力需求。

300MW 以上的压缩空气储能项目，包括：葛洲坝能源重工有限公司投资建设的江西九江 1GW/6GW·h 压缩空气调峰调频电站项目；中能建数字科技集团有限公司联合国网湖北综合能源服务有限公司共同投资建设的湖北应城 300MW 压缩空气储能电站示范工程；苏盐集团与中国科学院工程热物理研究所、中储国能公司签约的南京 400MW 盐穴压缩空气储能示范项目；等等。具体项目信息如表 1-5 所示。

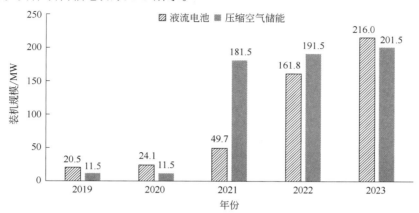

图 1-20　2019～2023 年中国已投运长时储能项目累计装机规模

表 1-5　中国典型压缩空气储能项目进程

项目名称	项目进程
基于百兆瓦压缩空气储能系统的综合能源应用示范项目	▶ 项目位于河北张北县庙滩云计算产业园区 ▶ 由巨人能源旗下张北巨人能源有限公司投资建设，技术提供方为中国科学院工程热物理研究所，设备提供方为中储国能（北京）技术有限公司，工程总承包单位为中国电建集团水电四局 ▶ 项目规模 100MW/400MW·h，系统设计效率为 70.4% ▶ 项目于 2018 年立项，2021 年 8 月完成电站主体土建施工，2021 年 12 月完成主要设备安装及系统集成，并于 2021 年 12 月 31 日顺利并网，10kV 母线低侧带电平稳运行 ▶ 项目可配合风电、光伏、区域电网、云计算中心等联合运行，形成大规模储能系统运行新模式
肥城盐穴先进压缩空气储能调峰电站	▶ 项目位于山东肥城经济开发区 ▶ 由中储国能（山东）电力能源有限公司投资建设，总体规划 310MW，总投资约 16 亿元，分两个阶段建设，第一阶段建设 10MW，第二阶段建设 300MW ▶ 项目于 2019 年 11 月 23 日正式开工建设，2021 年 9 月 23 日正式实现并网发电，标志着国际首个盐穴先进压缩空气储能电站进入正式商业运行 ▶ 项目充分利用肥城经济开发区地下丰富的盐穴资源，可实现电力系统调峰、调相、旋转备用、应急响应、黑启动等功能
金坛盐穴压缩空气储能国家试验示范项目	▶ 项目位于江苏金坛 ▶ 由中国华能、中盐集团和清华大学三方共同开发，由华能（江苏）公司承担项目建设、调试和运维 ▶ 项目规模 60MW/300MW·h，远期建设规模 1GW，总投资 15 亿元，依托清华大学非补燃压缩空气储能技术，电-电转换率达 58.2% ▶ 项目于 2017 年 7 月获得国家能源局立项批复，2020 年 8 月主体工程正式开工，2021 年 8 月 31 日送电成功，9 月 30 日正式并网发电 ▶ 项目将为江苏电网提供±60MW 调峰能力，每年增加调峰电量约 $1\times10^8 \text{kW·h}$

③ 液流电池储能 2023 年，新增投运液流电池装机规模 216MW，同比增长 33.5%。新增规划在建液流电池规模 3.8GW/15.1GW·h，其中以全钒液流电池为主。大连融科和北京普能世纪是目前国内该技术领域最具代表性的两家企业，双方均有百兆瓦级的项目正在推进中，分别是大连 100MW/400MW·h 储能调峰电站项目和 100MW/500MW·h 湖北绿动储能电站项目，前者已完成主体工程建设，开始进入单体模块调试阶段，后者已陆续开始对各个标段进行招标采购。具体项目进程详见表 1-6。

表 1-6 中国大规模全钒液流电池储能项目进程

项目名称	项目进程
200MW/800MW·h 大连液流电池储能调峰电站国家示范项目	▶ 项目位于辽宁大连沙河口区 ▶ 总体规模 200MW/800MW·h，分两期建设，每期规模 100MW/400MW·h，总投资约 38 亿元，国家开发银行、中国农业发展银行和邮储银行为一期项目提供了 15 亿元银团贷款 ▶ 项目由大连融科储能技术发展有限公司提供电池系统，大连恒流储能电站有限公司建设和运营，采用中国科学院大连化学物理研究所自主研发的全钒液流电池储能技术，是国家能源局批复的首个 100MW 级大型电化学储能国家示范项目 ▶ 项目于 2017 年 4 月获国家能源局批复，2022 年 2 月完成主体工程建设，进入单体模块调试阶段，计划 2022 年 6 月完成并网调试 ▶ 项目将对缓解大连市乃至辽宁省电网调峰压力、提高大连南部地区供电可靠性、加快新能源发展发挥重要作用
100MW/500MW·h 全钒液流电池储能电站	▶ 项目位于湖北襄阳高新区 ▶ 储能规模 100MW/500MW·h，投资 19 亿元 ▶ 项目业主为湖北绿动中钒新能源有限公司，资金来源为业主自筹 20%，银行贷款 80%。北京普能世纪科技有限公司为项目提供电池系统 ▶ 项目于 2021 年 3 月正式签约启动，2021 年 8 月开工，预计 2022 年底前正式投运 ▶ 项目建成后将直接接入电网，可满足湖北尤其是襄阳电网调峰需求，增加供电可靠性，保障电网安全经济运行

其他液流电池技术路线方面的突破主要以技术研发、产线建设和小型试点示范验证项目为主，例如：中国科学院大连化学物理研究所开发出了可用于分布式能源及家用储能领域的 30kW·h 锌溴液流电池系统；北京和瑞储能科技有限公司研发出第一代具有自主知识产权的"容和一号®"铁-铬液流电池堆产线投产，每条产线每年可生产 5000 台 30kW"容和一号®"电池堆，同时公司在内蒙古霍林河（霍林郭勒）启动了全球首个兆瓦级铁-铬液流电池储能示范项目建设；宿迁时代储能科技有限公司投资建设的国内首个水系有机液流电池项目在江苏宿迁高新区开工，总投资 10 亿元，分两期建设，一期年产 2GW·h，二期年产 5GW·h。

④ 重力储能 中国天楹股份有限公司与中国投资协会能源投资专业委员会、美国 STERA 能源公司、天空塔（北京）储能科技有限公司在 2021 年 12 月正式签订了国内首个 100MW·h 重力储能项目战略合作协议，计划在江苏如东推进该项目的落地，技术来自瑞士领先的重力储能技术开发商 Energy Vault，中国天楹股份有限公司控股子公司 Atlas Renewable

LLC 已获得 Energy Vault 的技术授权许可。

1.2.1.2 储能应用规模分布

CNESA 全球储能数据库按照以下三个维度对储能项目的应用进行划分。

按照项目接入位置，即新型储能项目的接入点与计量表的位置关系，分为电源侧、电网侧及用户侧。从图 1-21 可以看出，相比电网侧和用户侧，电源侧储能累计装机规模所占比重最大，超过 52%。截至 2023 年底，电源侧储能的累计装机规模超过 15GW，同比增长 145%，其中，新增投运规模超过 8.5GW，同比增长 151%。2019～2023 年中国已投运电源侧新型储能项目装机规模详见图 1-22。

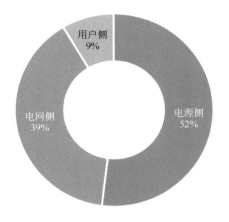

图 1-21 中国已投运新型储能项目的应用累计装机分布（截至 2023 年底）

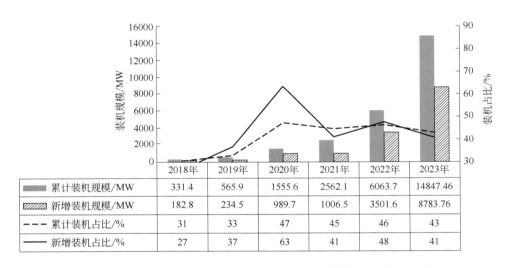

图 1-22 2019～2023 年中国已投运电源侧新型储能项目装机规模

按照储能项目应用场景，分为独立储能、风储、光储、工商业储能等 30 个场景。如图 1-23 所示，新能源配建的储能、独立储能和工商业储能的新增投运装机规模，分别占据了三侧储能规模的最大比重，均在 80% 以上。

按照储能项目提供服务类型，可划分为支持可再生能源并网、辅助服务、大容量能源服务（容量服务、能量时移）、输电基础设施服务、配电基础设施服务、用户能源管理服务六大类。如图 1-24 所示，电源侧和电网侧的项目主要以支持可再生能源并网和辅助服务为主，用户侧的项目则以提供用户能源管理服务为主。提供支持可再生能源并网服务的新型储能项目中，72.8% 的新增装机来自电源侧的新能源配储，其余通过电网侧的独立储能来满足并网条件；提供辅助服务的新型储能项目中，41.9% 的新增装机来自火储联合调频机组，其余主要是电网侧储能。

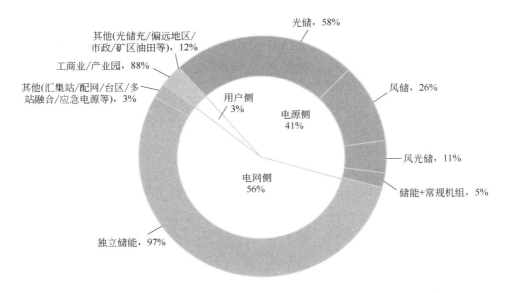

图 1-23　2023 年中国新增投运新型储能项目接入位置和应用场景分布

图 1-24　2022 年中国新增投运新型储能项目主要服务类型分布

未来，随着电力市场自由化程度的不断提高，市场机制的不断健全，储能提供的服务能够得到应有的价值回报，各个接入位置，特别是用户侧的储能项目可提供的服务将会更加多元化，真正发挥储能的多重功效。

（1）**电源侧储能**

在电源侧，新能源配储场景中的新型储能项目装机规模实现连续 5 年增长，如图 1-25 所示。2023 年新能源配储（含光储、风储和风光储）场景的累计投运规模达到 13GW，年增长率超 173%，新增投运规模超过 9GW，同比增长 139%。这类储能项目主要分布在新疆、内蒙古、河北、甘肃、云南、广西、山东、河南、湖北、宁夏等地区。2022 年部分新能源配储项目信息如表 1-7 所示。新疆、内蒙古、甘肃、宁夏、西藏 5 个地区 2023 年单年新增投运规模占国内新能源配储新增装机总规模的 48%。技术路线上，除了占主导地位的锂电池以外，还包括液流电池这类长时储能技术，以及飞轮、超级电容等功率型储能技术的应用。

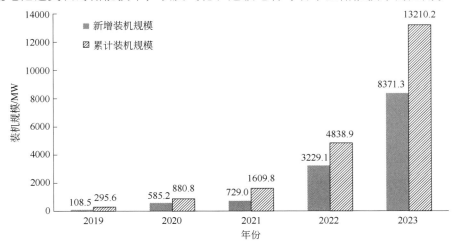

图 1-25　2019～2023 年中国已投运新型储能项目在新能源配储场景中的装机规模

表 1-7　2022 年新增新能源配储场景中典型新型储能项目信息

项目名称	项目地点	储能规模	储能技术
京能国际达茂旗傲都 100MW 光伏发电项目	内蒙古-包头	20MW/40MW·h	磷酸铁锂电池
乌兰察布市兴和县 500MW 风电项目	内蒙古-乌兰察布	150MW/300MW·h	磷酸铁锂电池
"宁湘直流"配套新能源基地中卫 3000MW 光伏复合项目（一期 1000MW·h）	宁夏-中卫	100MW/200MW·h	磷酸铁锂电池
新华水电莎车县 200MW 配套储能和 800MW·h 市场化并网光伏发电项目	新疆-喀什	200MW/800MW·h	磷酸铁锂电池
华润巴里坤县三塘湖 1000MW 风电项目	新疆-哈密	250MW/1000MW·h	磷酸铁锂电池
西藏开发投资集团岗巴光伏电站储能配建工程	西藏-日喀则	4MW/20MW·h	磷酸铁锂电池
三峡西藏昌都市天晶八宿县益庆乡新建 10MW 天晶光伏电站配储项目	西藏-昌都	2.5MW/10MW·h	磷酸铁锂电池
三峡新能源阳西沙扒 300MW 海上风电场（一期）储能电站项目	广东-阳江	30MW/30MW·h	磷酸铁锂电池
大唐文昌翁田集中式光伏基地 100MW 农光互补+储能示范项目	海南-文昌	25MW/50MW·h	磷酸铁锂电池
三峡能源安徽阜阳南部风光储基地项目一期	安徽-阜阳	270MW/540MW·h	磷酸铁锂电池
		30MW/60MW·h	钠离子电池
北京国能思达广西天堂顶风储调频项目	广西-玉林	200kW	飞轮储能

（2）电网侧储能

从图 1-26 所示的近 5 年中国已投运电网侧新型储能项目装机规模发展态势来看，在经历

2018年的爆发、2019年的沉寂、2020年的回暖、2021年的起势之后，2022年继续以超过200%的增速在发展。2023年国内新增投运规模达到12.1GW，是2022年累计投运规模的3倍以上。其中，超过90%的新增装机来自独立储能场景，该场景中绝大部分项目是共享储能模式，以山东首批新型储能示范项目中调峰类项目为代表。

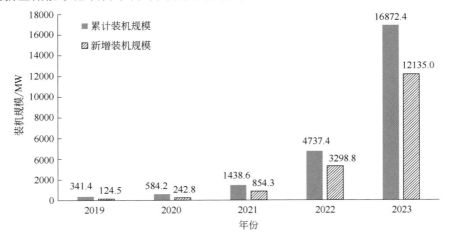

图1-26　2019～2023年中国已投运电网侧新型储能项目装机规模

另外，近两年，多站融合场景的项目呈现不断增长的趋势，一般是通过改造现有变电站，或是新建变电站的形式，再根据实际情况融入储能站、数据中心、通信站、电动汽车充电站、新能源电源站等，形成多站合一，既可以提高现有变电站的利用率，也可以拓展新兴业务，实现能源流、业务流和数据流的融合，以及各利益相关方的共赢。2021～2022年新增多站融合场景中典型新型储能项目详细信息见表1-8。

表1-8　2021～2022年新增多站融合场景中典型新型储能项目详细信息

项目名称	业主	项目地点	储能规模	储能技术
滨州供电公司八站合一智慧能源综合示范项目	滨州供电公司	山东-滨州	—	磷酸铁锂电池
江苏连云港220kV深港变多站融合项目	江苏东港能源投资有限公司	江苏-连云港	—	磷酸铁锂电池
聊城供电公司八站合一光储电站项目	山东聊城供电公司	山东-聊城	150kW/300kW·h	磷酸铁锂电池
镇江首座多站融合示范项目	国网镇江供电公司	江苏-镇江	100kW/200kW·h	磷酸铁锂电池
合肥供电公司滨湖智慧能源服务站储能项目	合肥供电公司综合能源分公司	安徽-合肥	5.3MW/10.6MW·h	磷酸铁锂电池
浙江嘉兴多站融合试点示范应急电源工程项目	国网浙江综合能源服务有限公司	浙江-嘉兴	9.2MW·h	磷酸铁锂电池

（3）用户侧储能

截至2023年底，用户侧新型储能的累计装机规模为2.89GW，年增长率27%，如图1-27所示，在2019年以前，用户侧新型储能市场累计装机占比一直占据国内市场最大比重，基本在50%

以上。由于单个用户侧项目本身装机规模不大,易被规模体量大的电源侧和电网侧应用所赶超。近 2 年,随着新能源配储和独立储能的规模化发展,用户侧储能的市场份额逐年递减,降幅显著,已经低至 2023 年底的 9%。

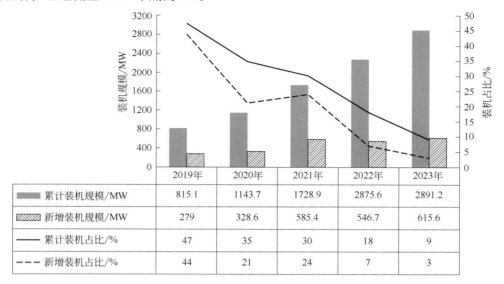

图 1-27　2019～2023 年中国已投运用户侧新型储能项目装机规模

2022 年,用户侧新增投运新型储能项目装机规模 546.7MW,同比下降 7%,主要分布在工商业、产业园、EV 充电站和港口岸电等场景。

从地区分布上看,无论是累计规模还是新增规模,江苏和广东都是用户侧大省,二者的市场份额基本保持在 20%～30%;技术路线上,早期由于锂电的成本和寿命优势不明显,主导技术为铅蓄电池,近几年,随着电动汽车快速发展带动了锂电池成本快速下降,以及循环寿命、能量密度等性能参数大幅提升,锂电池逐渐在国内用户侧储能市场中占据主导地位,累计装机占比接近 75%。另外,2021～2022 年,百兆瓦级压缩空气储能项目首次在产业园区中投入应用,保障了园区高耗能用户的供电质量和稳定性。2021～2022 年新增典型用户侧新型储能项目详细信息见表 1-9。

表 1-9　2021～2022 年新增典型用户侧新型储能项目详细信息

项目名称	项目地点	储能规模	储能技术	应用场景
三峡电能中天钢铁储能项目	江苏-常州	10MW/39MW·h	磷酸铁锂电池	工业
盐城智汇德龙储能项目	江苏-盐城	10MW/40MW·h	磷酸铁锂电池	工业
佛山群志光电公司用户侧储能项目	广东-佛山	9.5MW/19.14MW·h	磷酸铁锂电池	工业
世纪互联新一代荷储 IDC 项目	广东-佛山	1MW/2MW·h	磷酸铁锂电池	数据中心
基于百兆瓦压缩空气储能系统的综合能源应用示范项目	河北-张家口	100MW/400MW·h	压缩空气	产业园
华阳集团混合储能示范项目	山西-太原	700kW/1000kW·h	钠离子电池、飞轮	产业园

续表

项目名称	项目地点	储能规模	储能技术	应用场景
湖南省首个"风光储充换"一体站示范项目	湖南-张家界	180kW/360kW·h	磷酸铁锂电池	EV充电站
连云港港口35kV庙岭变岸电储能项目	江苏-连云港	5MW/4MW·h	磷酸铁锂电池、超级电容	港口岸电

1.2.1.3 储能市场区域分布

截至2023年底,中国已投运的新型储能项目,主要分布在33个省(自治区、直辖市)(含港、澳、台地区)中,累计装机规模达到百兆瓦级以上的省(自治区、直辖市)数量达到28个。如图1-28所示,排在前十位的省(自治区、直辖市)分别是内蒙古、新疆、山东、宁夏、湖南、甘肃、广东、贵州、江苏和安徽,累计装机规模合计26.1GW,占国内市场总规模的76%。其中,排在前五位的省(自治区、直辖市),累计装机规模均在2.5GW以上。

(1)江苏省

截至2023年底,江苏累计装机规模超过1.7GW,占国内新型储能市场总规模的5%,是国内首个累计装机规模达到吉瓦级的省份,2021年以前连续五年居全国之首。江苏省的新型储能项目以用户侧和电网侧的应用为主,分别占江苏省新型储能项目累计装机总规模的55%和41%。2021年,江苏在电源侧中的应用实现突破,不仅投运了江苏省首个火储联合调频项目,还开启了海上风电场配置储能的应用,江苏省部分典型电源侧新型储能项目见表1-10。

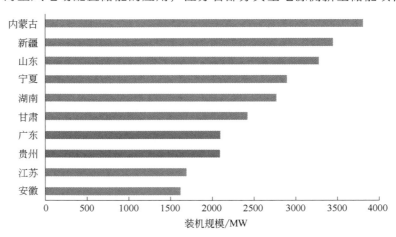

图1-28 中国已投运新型储能项目累计装机排名前十省
(自治区、直辖市)(截至2023年底)

表1-10 江苏省部分典型电源侧新型储能项目

项目名称	业主	项目地点	储能规模	储能技术	应用
华润智慧能源中东部地区火电厂储能调频项目	华润智慧能源有限公司	苏州-常熟	24MW/24MW·h	磷酸铁锂电池	电源侧——辅助服务

续表

项目名称	业主	项目地点	储能规模	储能技术	应用
华能淮阴第二发电厂储能辅助AGC调频工程	华能淮阴第二发电有限公司	淮安	10MW/5MW·h	磷酸铁锂电池	电源侧——辅助服务
太仓港协鑫发电有限公司3(4)号机组电化学储能辅助调频项目	太仓港协鑫发电有限公司	苏州-太仓	10MW/5MW·h	磷酸铁锂电池	电源侧——辅助服务
国电投协鑫滨海电厂储能辅助调频项目	国家电投集团协鑫滨海发电有限公司	盐城-滨海县	18MW/9MW·h	磷酸铁锂电池	电源侧——辅助服务
国家电投常熟发电2×1000MW机组储能调频项目	中国电力国际发展有限公司	苏州-常熟	30MW/30MW·h	磷酸铁锂电池	电源侧——辅助服务
国华东台竹根沙H1#海上风电场储能项目	国家能源集团	盐城	10MW/20MW·h	磷酸铁锂电池	电源侧海上风电配储——支持可再生能源并网
明华泗洪100MW光伏电站5MW/10MWh分散式储能项目	中广核	宿迁-泗洪县	5MW/10MW·h	磷酸铁锂电池	电源侧光储——支持可再生能源并网

(2) 山东省

2021年,山东发布了本省第一批新型储能示范项目名单,也是国内第一个发布省级新型储能示范项目的省份,具体包括5个调峰类项目和2个调频类项目,储能规模共计520MW/1041MW·h,贡献了山东绝大部分的新增装机规模。2022年,山东超越江苏,累计装机规模全国第一,达1.4GW,年增长率101%,占国内新型储能市场总规模的11%。2023年,山东累计装机32.8GW,位居全国第3位,占国内新型储能总规模的9.5%。技术路线方面除了主流的锂电池以外,还有压缩空气储能和液流电池等长时储能技术的探索应用。山东省2021~2022年新增典型新型储能项目见表1-11。

表1-11 山东省2021~2022年新增典型新型储能项目

项目名称	项目地点	储能规模	储能技术	应用
国家电投海阳储能电站项目	烟台-海阳市	101MW/202MW·h	磷酸铁锂电池、铁铬液流电池	电网侧
山东华电滕州电化学储能项目	枣庄-滕州市	101MW/202MW·h	磷酸铁锂电池、全钒液流电池	电网侧
华能济南黄台发电有限公司储能电站项目	济南-历城区	100MW/200MW·h	磷酸铁锂电池	电网侧
三峡新能源庆云储能电站示范项目	德州-庆云县	100MW/200MW·h	磷酸铁锂电池	电网侧
莱芜孟家储能电站项目	济南-莱芜区	100MW/200MW·h	磷酸铁锂电池	电网侧
莱城发电厂储能联合机组调频项目	济南-莱芜区	9MW/4.5MW·h	磷酸铁锂电池	电源侧——辅助服务

续表

项目名称	项目地点	储能规模	储能技术	应用
大唐临清热电有限公司联合火电机组调频项目	聊城-临清市	9MW/4.5MW·h	磷酸铁锂电池	电源侧——辅助服务
盐穴压缩空气储能调峰电站项目	泰安-肥城	10MW/60MW·h	压缩空气储能	电网侧
国电投山东半岛南3号海上风电场配套储能项目	烟台-海阳市	15MW/30MW·h	磷酸铁锂电池	电源侧海上风电配储——支持可再生能源并网
山东沾化永盛60MW平价上网光伏储能项目一期	滨州-滨海镇	3MW/6MW·h	磷酸铁锂电池	电源侧光储——支持可再生能源并网

1.2.2 中国储能市场发展特点

1.2.2.1 国家和地方政策调高储能产业化发展基调

进入"十四五"发展新阶段，经济社会发展对能源安全、高效、清洁利用提出新要求，而储能成为促进新能源跨越式发展的重要技术支撑，也作为战略性新兴产业中的新经济增长点被重点打造。储能现已融入国家能源发展"十四五"规划和各类能源发展政策，地方政策直指储能产业引进和技术应用，学科体系建设也成为推动储能产业化发展的动力。储能作为我国能源发展战略布局中的重要一环，其战略地位逐步提高，储能推动能源系统变革的意义和价值逐渐显现，其不可替代性也将逐步突出。而推动储能全面商业化发展，建立国际储能市场主导地位，将成为"十四五"储能发展重点方向。

1.2.2.2 储能融合发展趋势显现

储能与新能源融合发展大势所趋。在高比例可再生能源消纳压力下，二十余个省的地方政府提出集中式新能源+储能配套发展鼓励政策，各方对储能技术于新能源规模化开发和利用的价值已达成共识，但仍缺少配套政策和市场机制予以扶持，储能准入门槛和商业模式并不清晰。但整体来看，还需合理规划储能布局，确保项目应用质量，并通过市场进行成本疏导或价值补偿。

"一体化"综合能源项目规模化示范推广。2020年，国家能源局提出"两个一体化"发展思路，面对我国既有能源结构形态，"一体化"综合发展成为兼顾各主体利益的首选，综合效益最优成为"一体化"项目的应用目标。在大型发电企业的推动下，内蒙古西部、山西等多地已开展"一体化"示范项目部署，多家央企与地方政府签署"一体化"示范项目协议，储能灵活调节能力将在综合能源项目中发挥重要作用。短期内，"一体化"项目成本尚难在市场中形成竞争优势，但在考虑综合效益的情况下，可引导相关投资成本向末端进行疏导，全社会共同推动能源安全高效、绿色低碳发展目标实现。

新业态储能应用价值突出。一线城市和高精尖电力用户对电力安全稳定供应要求高，储能在提升发电侧黑启动和重要电力用户应急备用能力方面已经开启探索与应用，电力储能对柴油发电设备的替代也是环保意识的体现，部分储能冗余配置还可实现削峰填谷以及为电力系统提供服务，多重价值充分显现。随着 5G 通信、数据中心、新能源汽车充电站等新基础设施建设加速，各地利用价格政策和财政支持政策引导"综合能源站"建设，储能在用户侧的应用形式得到延展。

1.2.2.3 储能商业化应用期盼市场长效机制

各区域电力市场规则基本解决了储能参与辅助服务市场的身份问题，初步削弱了参与市场交易的阻力，明确了第三方主体和用户侧资源参与辅助服务的基本条件，提出了辅助服务成本逐步向用户传导的长效发展思路。与此同时，在现有分摊机制下，也一定程度上存在辅助服务领域投资储能项目的风险。各地政策在探索中推进，存在政策不稳定性，如广东、内蒙古西部、青海、山西、湖南等地市场规则及补偿标准不断调整。整体来看，电力市场长效机制的建立才是储能商业化应用的关键，一方面储能参与市场的阻力正在逐步扫除，反映灵活性资源调节价值的市场机制正在建立，另一方面"受益即付费"和"肇事即付费"的价值传导机制也要得到普及。

1.2.2.4 创新商业模式崭露头角

随着独立储能电站市场主体地位的逐步确立，储能摆脱了依附于用户主体和发电主体的形态，开始在各侧实现"共享公用"。青海省曾率先推出共享储能模式，这类储能电站可与多个新能源场站开展双边协商交易和集中竞价交易，冗余调节资源还可接受电网调度并为电力系统提供服务，"一站多用"的商业模式也随之形成。目前，多个省正在推行"独立储能电站"模式，以挖掘多重收益来源。在这种模式下，其收益来源包括容量租赁、调峰、现货市场套利、调频等。新能源场站可自主投资建设储能电站，也可租赁第三方投建的储能系统设备，以满足并网所需的储能"配额"指标。

此外，各地在筹备和建设现货市场的过程中，第三方主体逐步出现，原有配售电公司、负荷集成商、能源服务商成为了新的辅助服务提供商，可以集成储能资源响应电力系统服务，减轻了调度交易系统的负担，同时发挥了下级资源整合和调度监控的作用，储能应用的新增价值点也随之出现。

1.2.2.5 储能技术不断突破

过去 10 年，多种储能技术在本体性能上取得突破。

电化学储能技术方面，锂离子电池继续向着大容量、长寿命方向发展，例如，宁德时代利用全寿命周期阳极补锂技术开发完成满足 12000 次循环的储能专用磷酸铁锂电池；比亚迪推出"刀片"电池进一步提升单体电池的容量，且已推出超过 $300A \cdot h$ 储能用单体锂离子电池。一些新型化学体系的电池技术也取得较大突破。以中科海钠为代表的钠离子电池寿命取得较大进展，并走出了实验室，率先在电动两轮车得到应用，同时也在积极推进钠离子电池在电力储能领域的应用。中国科学院大连化学物理研究所、国家能源集团低碳研究院在全钒液流电池方面取得较大突破，新一代全钒液流电池电堆具有更高的功率，前者首次采用了可焊接多孔离子传导膜，精简了电堆组装工艺并降低了电堆制造成本。

物理储能技术方面，以中国科学院工程热物理研究所和中国科学院电工研究所等为代表的科研院所在储热材料、压缩空气储能技术、飞轮储能技术等方面取得突破。其中，中国科学院工程热物理研究所完成了国际首台 100MW 先进压缩空气储能系统膨胀机的集成测试与 100MW 项目落地。

储能系统集成技术方面，主要朝着三个方向发展：

① 更加注重实际应用效果及安全性。在火电联合储能调频领域，化学体系由镍-钴-锰三元材料全面转向更为安全的磷酸铁锂材料体系，同时电池由高倍率向低倍率转变。以比亚迪为例，海外调频项目主推 1C 磷酸铁锂储能系统；在新能源场站调频领域，通过能量型储能技术与功率型储能器件结合，解决新能源一次调频任务，最大限度减少锂离子电池的充放电次数，延长整体系统使用寿命，降低事故（着火、爆炸）发生概率。

② 锂离子电池储能系统向高电压方向发展。阳光电源将其在海外主推的 1500V 储能技术向国内移植，2020 年下半年以来国内高压储能系统解决方案层出不穷，头部储能系统集成商以及 PCS 供应商纷纷推出相关产品及解决方案。

③ 储能用电池热管理液冷技术逐步推广。受韩国大规模储能电站着火事件的影响，国内系统集成商更加注重产品的安全性能，加大了高安全储能系统产品的研发。国内储能厂商纷纷推出液冷储能系统解决方案。目前国内外系统集成商所采用的液冷方案主要有两种，一种是"全浸没"式液冷系统方案，另外一种则是沿用的车载电源液冷系统解决方案。

1.2.2.6 资本市场持续加码储能产业投资

近两年，二级市场对储能产业投资热度不减，如：高瓴资本以百亿规模参与宁德时代定增；百川股份完成对海基新能源的投资，成为海基新能源实际控制人；多家储能厂商开启首次公开募股（IPO），并登陆国内资本市场，为扩大相关业务规模进行募集资金，典型的如派能科技、天能股份等。另外，一级市场储能系统关键部件供应商及系统集成商也纷纷完成资金募集，典型的如以钠离子电池研发制造为主要业务的中科海钠完成 Pre-A 融资，专注于压缩空气储能技术开发的完成 A 轮融资，以双电层超级电容研发制造为主营业务的宁波中车新能源开始增资。

1.2.2.7 储能产业正与其他产业深度融合

目前，储能技术产业正在加速与矿产、能源及电力等其他产业进行深度融合，以进行优势互补，合作共赢，包括：电池龙头企业宁德时代参股投资了以电力工程、设计等为主营业务的福建永福股份，除此之外还加强了与国内电力央企的合作，如与国家电网综合能源服务公司开展深度合作等；比亚迪与阿特斯、金风科技、华润、正泰等"合纵连横"深度合作布局国内外储能市场；国外布什维尔德矿产资源企业主导 RedT 和 Avalon Battery 合并，并开展液流电池资产证券化业务；国内赣峰锂业、华友钴业布局储能技术；国家电力投资集团布局氢能、液流电池，国家能源集团布局全钒液流电池储能技术以及大力支持氢能技术等。

1.2.3 中国储能市场发展趋势

未来储能的发展除了受本身技术性能、投资成本影响外，还受新能源建设速度、电力系统调节需求、电力市场等多个外部因素影响。这些因素相互影响、相互作用，具有系统性、复杂性和动态性的特征。

首先，各省"十四五"新型储能发展规划直接影响着未来储能市场的发展。截至2022年底，国内已有24个省（自治区、直辖市）相继发布了"十四五"期间储能建设规模，总规模64.85GW左右（表1-12）。各省（自治区、直辖市）基本瞄准各自设定的规划目标推进储能项目备案和配套政策，但现阶段也存在因政策激励程度不足，而出现"备案多，建设少"的情况，进而影响各水平年的投运规模。

表1-12 已明确"十四五"储能建设规模的省（自治区、直辖市）（截至2022年底）

省(自治区、直辖市)	文件名称	规划规模说明
北京	《北京市碳达峰实施方案》	到2025年，新型储能装机容量达到700MW
天津	《天津市碳达峰实施方案》	力争新型储能装机规模达到500MW
河北	《河北省"十四五"新型储能发展规划》	到2025年，全省布局建设新型储能规模4000MW以上
山西	《"十四五"新型储能发展实施方案》	到2025年，新型储能规划容量6000MW
内蒙古	《关于加快推动新型储能发展的实施意见》	建成并网新型储能装机规模达到5000MW以上
辽宁	《辽宁省"十四五"能源发展规划》	到2025年，抽水蓄能、新型储能规模分别达到3000MW、1000MW
吉林	《吉林省碳达峰实施方案》	到2025年，新型储能装机容量达到250MW以上
江苏	《江苏省"十四五"新型储能发展实施方案》	到2025年，全省新型储能装机规模到2600MW左右
浙江	《浙江省"十四五"新型储能发展规划》	"十四五"期间，建成新型储能装机规模3000MW左右
安徽	《安徽省新型储能发展规划（2022—2025年）》	到2025年，全省新型储能装机规模达到3000MW以上
福建	《福建省推进绿色经济发展行动计划（2022—2025年）》	到2025年，新型储能装机容量达到600MW以上
江西	《江西省碳达峰实施方案》	到2025年，新型储能装机容量达到1000MW
山东	《山东省新型储能工程发展行动方案》	到2023年底，全省新型储能规模达到2000MW以上；2024年，达到4000MW；2025年，达到5000MW左右
河南	《河南省"十四五"新型储能实施方案》	力争新型储能装机规模达到2200MW
湖北	《湖北省应对气候变化"十四五"规划》	新型储能装机规模达到2000MW
湖南	《湖南省电力支撑能力提升行动方案（2022—2025年）》	到2025年，新型储能规模达到2000MW左右
广东	《广东省能源发展"十四五"规划》	建设发电侧、变电侧、用户侧及独立调频储能项目2000MW以上
广西	《广西能源发展"十四五"规划》	"十四五"期间，全区新增集中式新型储能并网装机2000MW以上
四川	《四川省电源电网发展规划（2022—2025年）》	到2025年，力争全省新型储能规模达2000MW以上
贵州	《贵州省碳达峰实施方案》	到2025年新型储能装机容量不低于1000MW，到2030年新型储能装机容量提高到4000MW左右，抽水蓄能电站装机规模达到5000MW
云南	《云南省应对气候变化规划（2021—2025年）》	到2025年，力争建设新型储能规模2000MW左右

续表

省(自治区、直辖市)	文件名称	规划规模说明
甘肃	《甘肃"十四五"能源发展规划》	预计到 2025 年，全省储能装机规模达到 6000MW
青海	《青海打造国家清洁能源产业高地行动方案（2021—2030 年）》《青海省"十四五"能源发展规划》	到 2025 年，力争建成电化学等新型储能 6000MW
宁夏	《宁夏回族自治区可再生能源发展"十四五"规划》	到 2025 年，力争建成 5000MW 储能设施

数据来源：CNESA 全球储能数据库。

其次，新能源与储能之间的协同发展关系，也将影响目标年的储能规模。这种协同影响关系遵循系统动力学。系统动力学（system dynamics，SD）是一门分析研究信息反馈系统的学科，也是一门认识系统问题和解决系统问题的交叉性、综合性学科。系统动力学认为，系统的行为模式与特性主要取决于其内部的动态结构与反馈机制，系统在内外动力和制约因素的作用下按一定的规律发展演化。如图 1-29 所示，新能源与储能协同发展的系统动力学模型主要有 5 条反馈回路。

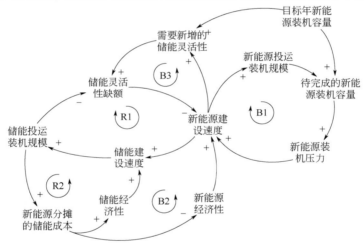

图 1-29　新能源与共享储能协同发展的系统动力学因果关系反馈图

负反馈回路 B1：新能源建设速度加快→提升新能源投运装机规模→减少待完成的新能源装机容量→减轻新能源装机压力→新能源建设速度变缓。

负反馈回路 B2：新能源建设速度加快→储能建设速度加快→储能投运装机规模增加→需要新能源分摊的储能成本增加→新能源经济性降低→新能源减少速度变缓。

负反馈回路 B3：新能源建设速度加快→需要新增的储能灵活性增加→储能灵活性缺额增加→新能源减少速度变缓。

正反馈回路 R1：新能源建设速度加快→储能建设速度加快→储能投运装机规模增加→储能灵活性缺额减少→新能源建设速度加快。

正反馈回路 R2：储能建设速度加快→储能投运装机规模增加→需要新能源分摊的储能成本增加→储能经济性增加→储能建设速度加快。

由以上反馈回路可知，合理制定新能源电站配储比例、配储时长、分摊储能成本比例，对实现新能源和储能的协同共生发展具有重要意义。

通过采用定性预测与定量预测相结合的方法，以中关村储能产业技术联盟持续建设完善12年的全球储能项目库的数据为定量研究的基础，同时参考各省"十四五"新型储能、新能源等发展规划，综合采用系统动力学、灰色预测❶等方法评估预测新型储能未来5年装机规模。

基于保守场景和理想场景分别对2023—2027年新型储能的市场规模进行预测。其中，保守场景为政策执行、成本下降、技术改进等因素未达预期的情形，理想场景为储能规划目标顺利实现的情形。其中：

保守场景下，预计2027年新型储能累计规模将达到97GW，2023—2027年复合年均增长率（CAGR）为49.3%，市场将呈现稳步、快速增长的趋势。

理想场景下，随着电力市场的逐渐完善，储能供应链配套、商业模式的日臻成熟，新型储能凭借建设周期短、环境影响小、选址要求低等优势，有望在竞争中脱颖而出。预计2027年新型储能累计规模将达到138.4GW，2023—2027年复合年均增长率（CAGR）为60.3%。两种场景下的规模预测情况，详见图1-30。从2023年实际投运数据来看，新型储能的发展轨迹在朝着理想场景的路径发展。

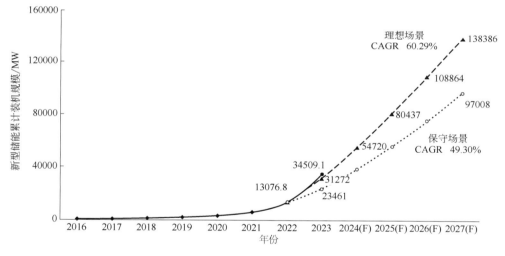

图1-30　中国新型储能累计投运规模预测

（F代表forecast，预测）

"十四五"是加快构建以新能源为主体的新型电力系统，推动实现碳达峰目标的关键时期，《关于完整准确全面贯彻新发展理念做好碳达峰碳中和工作的意见》提出了加快形成以储能和调峰能力为基础支撑的新增电力装机发展机制。新能源的大规模并网带来不同时间尺度的电力供需平衡问题，新型储能不仅可促进新能源大规模、高质量发展，助力实现"双碳"目标，作为能源革命核心技术和战略必争高地，有望形成一个技术含量高、增长潜力大的全新产业，成为新的经济增长点。

---

❶ 灰色预测法：通过鉴别系统因素之间发展趋势的相异程度，进行关联分析，对原始数据进行生成处理来寻找系统变动的规律，生成有较强规律性的数据序列，之后建立微分方程模型对未来规模进行预测。

第 2 章 储能技术发展现状及成本现状

2.1 储能技术发展现状

2.1.1 储能技术特性对比

2.1.1.1 定义与分类

储能是通过某种介质或设备,将一种形式能量以同一种或另一种形式能量储存,在需要时以特定形式能量释放出来的循环过程。广义的储能包括储电、储热(冷)、储氢等,本书讨论的储能技术范围为储电,即电力储能。

电力储能技术主要分为物理储能和化学储能两大类。物理储能技术主要包括抽水蓄能、压缩空气储能、飞轮储能和超导储能等技术;化学储能主要包括铅蓄电池、锂离子电池、液流电池、钠硫电池、燃料电池和超级电容器等技术。

2.1.1.2 各类技术优劣势分析

目前主流储能技术的主要性能对比如表 2-1 所示,可以看出,各类储能技术均有各自不同的技术优势。

锂离子电池因兼具高能量密度和高功率密度的技术特性,已成为近年国内新增储能项目主要应用技术之一,但成本降低趋势仍然不及预期,在一定程度上限制了其大规模应用。

铅炭电池作为新一代铅酸电池是目前单位投资成本相对较低的化学储能技术,但与锂离子电池相比其劣势也较为突出,体现为寿命短、充电速度慢、过充电时容易析出气体,在一定程度上影响其应用。

在化学储能技术中,全钒液流电池的循环寿命最长,运行安全性较高,且电解液可完全回收,功率和能量可单独设计,但其单位初投资成本仍较高,占地面积大,对应用场景有所限制。

表 2-1 主流储能技术的主要性能对比

类别		容量应用规模	功率应用规模	能量密度	功率密度	响应时间	循环次数/次	寿命/a	充放电效率/%	当前单位造价/[元/(kW·h)]	预计2025年单位造价/[元/(kW·h)]	优势	劣势	主要应用场景
物理储能	抽水蓄能	百万千瓦时级	百万千瓦级	0.5~2W·h/L	0.1~0.3W/L	分钟级	>20000	40~60	71~80	500~800	900	容量规模大、寿命长	站址条件要求高，有一定生态环境影响	日负荷调节、频率控制、系统备用
	飞轮储能	千千瓦时级	万千瓦级	20~80W·h/kg	>4000W/kg	毫秒级	百万以上	>20	85~95	约10000	6000~8000	功率密度高、寿命长	成本高、自放电严重	电网调频、爬坡、UPS、电能质量调节、输配电系统稳定性
	压缩空气储能	百万千瓦时级	百万千瓦级	3~6W·h/L	0.5~2.0W/L	分钟级	>20000	30	60~70	800~1500	600~1000	容量规模大、寿命长、清洁无污染	效率略低、能量密度不高	削峰填谷、调相、频率控制、备用电源、黑启动
	超导储能	—	10~100MJ	1.1W·h/kg	5000W/kg	毫秒级	—	30	>95	90000	90000	响应快、效率高	成本高、能量密度低	UPS、电能质量调节、输配电系统稳定性
化学储能	铅酸电池（铅碳电池）	十万千瓦时级	十万千瓦级	40~80W·h/kg	150~500W/kg	毫秒级	1000~3000	5~8	70~90	800~1300	800	成本低、回收性好、安全性好、响应快	能量密度低、寿命短	电能质量调节、频率控制、备用电源、黑启动、UPS
	磷酸铁锂电池	百万千瓦时级	百万千瓦级	110~170W·h/kg	1500~2500W/kg	毫秒级	6000~10000	10	>90	1500~2000	1000~1500	效率高、能量密度高	三元锂电池安全性较差	电能质量调节、频率调节、备用电

续表

类别		容量应用规模	功率应用规模	能量密度	功率密度	响应时间	循环次数/次	寿命/a	充放电效率/%	当前单位造价/[元/(kW·h)]	预计2025年单位造价/[元/(kW·h)]	优势	劣势	主要应用场景
化学储能	钛酸锂电池	百万千瓦时级	百万千瓦级	60~100W·h/kg	>3000W/kg	毫秒级	>10000	10	>90	约4500	约4000	响应快	三元锂电池安全性较差	电能质量调节、备用电源、削峰填谷、可再生能源消纳
	三元锂电池		万千瓦级	150~300W·h/kg	3000W/kg	毫秒级	3000		>90	2000	1400			
	钠硫电池	十万千瓦时级	万千瓦级	150~300W·h/kg	2200W/kg	毫秒级	4500	7	75~90	>2500	>2000	效率高,能量密度高,响应快	需要高温器件,安全性较差	电能质量调节、备用电源、削峰填谷、可再生能源消纳
	全钒液流电池	百万千瓦时级	百万千瓦级	12~40W·h/kg	50~100W/kg	毫秒级	>15000	>20	75~85	2500~3000	1500~1800	循环寿命长,安全性能好	能量密度低,效率低	电能质量调节、备用电源、削峰填谷、可再生能源消纳
	铁铬液流电池	十万千瓦时级	万千瓦级	10~15W·h/kg	20W/L	毫秒级	>10000	>15	75~85	>3500	>2500	循环寿命长,安全性能好	能量密度低	电能质量调节、备用电源、削峰填谷、可再生能源消纳
	钠离子电池	百万千瓦时级	万千瓦级	100~160W·h/kg	—	毫秒级	4500	7	>90	>1800	约1000	效率高,功率密度高,响应快	电池能量密度较低	电能质量调节、备用电源、削峰填谷、可再生能源消纳
	超级电容器	千千瓦时级	万千瓦级	2.5~15W·h/kg	1000~10000W/kg	毫秒级	百万	15	>90	9500~13500	7600~10000	功率密度高,响应快,寿命长,安全性高	成本高,能量密度低	电能质量调节、备用电源、削峰填谷、可再生能源消纳、输电系统稳定性(与FACTS结合)

注：UPS—不间断电源；FACTS—柔性交流输电系统。

钠硫电池虽具备较高的能量密度，但其需在高温环境下工作，与锂离子电池等相比效率略差，另外初期投资成本较高且技术仍需进一步提升，限制在国内的大规模应用。

超级电容器技术较为成熟，受限于能量密度，主要用于轨道交通、交通工具等能量制动回收场景，在电力系统中应用较少。

相比化学储能技术，物理储能技术中的传统压缩空气储能技术和抽水蓄能技术是最为成熟且应用广泛的大规模储能技术。抽水蓄能和压缩空气储能具有容量大、运行寿命长等优势，但其在建设过程中，受地理环境制约和影响较大，更适宜于在电力系统中的规模化应用。

压缩空气技术是可以实现吉瓦级大规模电力储能的技术，在规模上可以媲美抽水蓄能，未来还需通过进一步降低成本，提高系统集成水平和系统效率。

飞轮储能寿命长，瞬时功率大，适于功率型应用，但存在较高的自放电现象，不适合长时间储能场景应用。另外，飞轮储能的能量密度较低，在应用时需配套能量型储能装置。

超导储能目前技术尚不成熟，缺乏大规模商业化应用实践。

2.1.1.3 各类技术综合对比分析

综合对比各类储能技术的技术特性，可以从以下维度进行总结。

（1）**能量密度**

能量密度高的代表性储能技术有锂离子电池、钠硫电池。

（2）**响应速度**

从响应速度来看，锂离子电池、钠硫电池、超级电容器、飞轮储能和超导储能的响应时间均可达到毫秒级。

（3）**使用寿命（循环次数）**

超级电容器、飞轮储能和超导储能的寿命均比较长。其中，超导储能理论上寿命可以是无限次，但目前该技术尚缺乏验证。

（4）**技术成熟度**

抽水蓄能是目前成熟且应用最广泛的大规模储能技术，与其他储能技术相比，抽水蓄能具有容量大、运行寿命长、单位投资成本低等明显优势，适用于大规模电力系统的"削峰填谷"、清洁能源消纳、调频和事故备用，现已建成的抽水蓄能电站多为电网提供上述服务。但另一方面，和化学储能技术相比，抽水蓄能电站的建设受地理环境制约影响大，其在选址时需要考虑的因素包括地理位置（是否靠近供电电源和负荷中心）、地形条件（上下水库落差、距离等）、地质条件（岩体强度、渗透特性等）、水源条件（同水源距离等）和环境影响（淹没损失、生态修复等）等，大型水库的建设可能会造成生态破坏，并对人们生活产生严重影响。

（5）**技术成本**

目前抽水蓄能电站的成本为 500～800 元/(kW·h)，而锂离子电池的成本为 1500～2000

元/(kW·h)，铅炭电池的成本为 800～1300 元/(kW·h)。从各类技术成本下降的驱动力来看，得益于国内新能源汽车行业快速发展引发动力电池的投资扩产热潮，一方面锂离子电池性能快速提升，另一方面产能快速释放带动规模效应出现，这也进一步助推了锂离子电池成本的快速降低。铅炭电池由于能量密度提升空间有限，其单位成本虽受铅金属价格影响较大，但完善的回收体系有助于其降低生产成本。未来，随着储能系统在电力系统中的规模化应用，以及电动汽车领域的规模化需求，储能电池成本预计将会进一步下降，成本更低且适于灵活性布置的电池储能系统将发挥更大优势，未来将具有较强的竞争力。

2.1.1.4 适用场景

在化学储能以及物理储能的各类技术中，由于每个技术的技术特性不同，在实际应用中会有各自较适用的场景。

根据能量存储和释放的外部特征划分，超级电容器、飞轮储能、超导储能因其功率密度大、响应速度快，而类属功率型储能技术。这类储能技术可应用于短时间内对功率需求较高的场景，如改善电能质量、提供快速功率支撑等。

压缩空气储能、抽水蓄能、电池储能的能量密度大，属于能量型储能技术，则适用于对能量需求较高、需要储能设备提供较长时间电能支撑的场景。

2.1.2 储能技术研发方向

2.1.2.1 锂离子电池

目前锂离子电池发展仍受成本、循环寿命、技术安全等问题的制约。以磷酸铁锂为例，储能系统造价中，电池成本占比约60%，功率转换系统（power conversion system，PCS）占比约15%，电池管理系统（battery management system，BMS）约占比5%，能量管理系统（energy management system，EMS）占比5%～10%，其他配件占比10%～15%。虽然过去十年锂离子电池成本已经实现了显著下降，但由于循环寿命等原因，度电成本仍高居不下。另外，锂电池系统目前尚无法实现本质可控的安全设计，一旦某个电池出现热失控，可能会导致储能系统整体失控，造成重大事故。

目前行业内主要针对提高电池能量密度、提高电池系统安全性、延长寿命开展工作。

（1）关键技术方面

正负极材料、半固态电池技术等是当前技术研发的重点。在正极材料方面，从短期发展来看，高镍主流材料为 NCM811，随着对能量密度要求的进一步提升，Ni88、Ni90、Ni92 等正极材料已实现量产，Ni96 等超高镍产品正在研发中。高镍/超高镍搭配硅碳新型负极，电芯的质量能量密度能够达到 350～400Wh/kg。在负极材料方面，采用纳米硅碳负极材料，电芯具有高首效、长寿命、低膨胀特性。在半固态电池研发方面，北京卫蓝新能源与浙江锋锂联合开发的混合固液电解质锂离子储能电池则实现了 10000 次循环，并完成了 100kW·h 的小型储能系统的示范。

（2）系统集成方面

无模组技术（cell to pack，CTP）与比亚迪刀片电池的推广，使得磷酸铁锂系统能量密度提升到 150Wh/kg 以上，并兼顾了电池安全性。宁德时代（CATL）在晋江建设的 36MW/108MW·h 基于锂补偿技术的磷酸铁锂储能电池寿命达到 1 万次，在福建省调频和调峰应用方面取得了较好的应用效果。此外，宁德时代推出了将锂离子电池和钠离子电池集成到同一系统中的解决方案。蔚来汽车发布了三元正极与磷酸铁锂电芯混合排布的新电池包（75kW·h），构成双体系电池系统，可实现低温续航损失降低 25%，未来也有望用于规模储能系统。

另外，除了高度集成、具有广泛环境适应性的高效率集成技术，结合云技术、大数据技术、区块链等技术的智能管理系统以及智能传感、智能预测预警和安防技术也是未来需要突破的方向。

2.1.2.2 液流电池

液流电池各类技术路线中，全钒液流电池在集中式可再生能源并网等大容量储能应用场景中已经率先得到应用，并且正在向用户侧拓展，是各类液流电池技术中相对成熟的技术路线。因此，本节选用全钒液流电池，分析液流电池储能系统技术情况。

经过多年的研究，全钒液流电池电堆结构设计技术取得了较大进步，电堆的功率密度显著提高。电堆的工作电流密度由 $60\sim80\text{mA/cm}^2$ 提高到目前的 $200\sim250\text{mA/cm}^2$（直流侧能效 $\geqslant 80\%$），即电堆的功率能量密度提高了 2 倍以上，大大提升了全钒液流电池储能系统的性能。

从全球范围来看，全钒液流电池已经实现了商业化应用，总体而言，技术相对成熟，电池在常温下运行安全，性能可靠。随着大连融科 100MW/400MW·h 全钒液流电池的并网调试，以及北京普能、上海电气相继布局百兆瓦全钒液流电池储能项目，全钒液流电池储能在国内处于大规模应用前期。在产业化方面，仍有许多需要解决的技术性关键问题，材料的研究开发是决定因素，质子交换膜、电极和双极板等电堆关键材料技术有待进一步突破。

江苏科润新材料的全氟磺酸膜已经批量供货，中国科学院大连化学物理研究所正从事多孔膜材料的开发研究工作，并取得了一定的研究进展。全钒液流电池中双极板主要有石墨板和导电塑料板。从制作工艺路线上来看，国内的石墨双极板大多采用机械加工的方式，制作工艺复杂，加工周期过长，从而导致成本较高。石墨双极板在技术层面及商业化层面都相对成熟，如若继续采用机械加工的方式，石墨双极板的成本费用实难降低，且不易实现大批量生产。

全钒液流电池技术发展趋势是关键材料的优化和创新，包括高稳定性电解液、高选择性低成本质子交换膜、高反应活性电极等。

2.1.2.3 抽水蓄能

我国大型抽水蓄能电站工程建设技术取得了长足进步。大型抽水蓄能电站地下洞室群、水力系统快速机械化施工技术成熟应用，国产盾构机在 2020 年首次实现在抽水蓄能电站成功应用后，到 2021 年底已在 8 个抽水蓄能项目推广应用。

抽水蓄能技术相对成熟，在高水头、大容量定速抽水蓄能技术领域，我国在水泵水轮机长短叶片设计制造技术、抽蓄机组压力脉动水力优化技术、发电电动机分数极路比绕组技术、转子磁轭采用整体锻件制造技术、浮动式转子磁轭制造技术、机组冷却技术等方面取得了突破。在海水抽水蓄能技术研究方面，突破了可变速抽水蓄能机组技术瓶颈，研发并验证了

10MW 的可变速抽水蓄能机组设计、控制、制造及联合新能源应用关键技术，加速了大型可变速抽水蓄能国产化进程。

技术研发主要集中于以下几方面：高抗拉强度和焊接特性的新材料的开发及运用；高水头、高转速、大容量抽水蓄能机组以及分档或连续变速抽水蓄能机组，水轮机数值仿真与优化设计技术的应用、结构和流体的一体化设计；抽水蓄能电站无人化管理以及集中式管理控制技术。抽水蓄能设计方面的关键技术是选点规划技术、水能计算技术、特征水位选择技术、枢纽总布置技术、施工总布置技术、地下洞室群地质勘察与布置及计算分析技术、库盆防渗技术。另外，利用洞穴作为下水库的地下抽水蓄能电站，利用海洋作为下水库的海水抽水蓄能电站也是重要的研究方向。

2.1.2.4 压缩空气储能

压缩空气储能是一种具有推广应用前景的大规模储能技术。最早在 1978 年德国汉特福压缩空气储能电站投运，1991 年美国阿拉巴马储能电站投运。目前世界上有多座压缩空气储能示范项目正在建设之中。截至 2022 年底，中国已投运的压缩空气储能的装机规模为 181.5MW。近两年，已有多个盐穴压缩空气储能和超临界压缩空气储能项目在进行选址、建设和应用。全国首个盐穴压缩空气储能国家示范项目在江苏金坛已投产运行；葛洲坝山东肥城 1.25GW/7.5GW·h 盐穴压缩空气储能电站一期 10MW 已经投入运行，顺利并网，张家口下花园区 100MW/400MW·h 储能项目 2021 年建成并网。

美国和德国已投运的压缩空气储能均采用补燃的方式，国内近期压缩空气储能的主流研究方向和示范电站多采用回收压缩热的非补燃式技术路线。非补燃式压缩空气储能不仅消除了对燃料的依赖，实现了有害气体零排放，同时还可以利用压缩热和透平的低温排气对外供暖和供冷，进而实现冷热电三联供，实现能量的综合利用，系统综合效率较高。非补燃式压缩空气储能系统具有储能容量大、环境友好、综合效率高等特点，在电网调峰、消纳新能源等方面具有广阔的应用前景，有望成为未来大规模储能技术的解决方案之一。液态空气具有密度大且易于储存的特点，液态空气储能技术也是一个重要的研发方向，在英国曼彻斯特地区将建造一个 50MW/250MW·h 的液态空气储能项目。同时，英国计划进一步开发四个液态压缩空气储能项目，储能容量总计超过 1GW·h。

不依赖化石燃料、不受地理条件限制、提高效率是压缩空气储能的技术发展方向。国内压缩空气储能的主要发展目标是：2025 年前，完全攻克先进压缩空气储能系统的关键技术，1～10MW 级先进压缩空气储能系统实现商业化，100～300MW 级先进压缩空气储能系统实现示范验证，初步建立先进压缩空气储能系统的共性技术标准化体系；压缩空气储能系统效率提升至 70%～75%，系统容量成本降至 600～1000 元/(kW·h)。2050 年前，实现 1～300MW 级先进压缩空气储能系统产业化、系列化和推广使用；建立完备的先进压缩空气储能系统产业链、完善的共性技术标准化体系；先进压缩空气储能系统的效率进一步提升，达 75%及以上，系统成本降至 400～600 元/(kW·h)。

2.1.2.5 飞轮储能

飞轮储能的概念起源于 20 世纪 70 年代，是一种机电能量转换的储能装置，通过电动/

发电互逆式双向电机，完成电能与高速运转飞轮的机械能之间的相互转换与储存，用物理方法实现储能。飞轮储能系统具有效率高、瞬时功率大、响应速度快、使用寿命长和安装地点不受地理环境限制等优点，是具有发展前景的储能技术之一。飞轮储能的缺点是能量密度比较低、投资费用高。

美国、德国、日本等国家对飞轮储能技术的开发和应用比较多。法国国家科研中心、德国物理技术研究所、意大利 SISE 正在开展高温超导磁悬浮轴承的飞轮储能系统研究，将其应用在车辆能量回收、轨道牵引能量回收、微电网调压及并网、超低温余热回收利用、应急不间断电源、高速离心风机等方面。近两年，飞轮技术在我国发展迅速，在飞轮储能关键技术研发、生产制造和推广应用等方面都已取得突破性进展，应用场景也拓展到城市轨道交通能量回收、微电网、新能源配套、辅助调频、电力动态增容等方面。

国内外已将飞轮引入发电系统进行电网调频和电能质量保障。例如，将飞轮引入风力发电系统，用于平抑波动，跟踪发电曲线，移峰填谷，飞轮机组的发电功率可达到 300kW。另外，国内兆瓦级飞轮储能技术应用方面实现突破，北京地铁房山线广阳城站 GTR1 兆瓦飞轮储能实现商用，填补了国内应用飞轮储能装置解决城市轨道交通再生制动能量回收的空白。

飞轮储能的主要研究方向是提高能量密度的复合材料技术和超导磁悬浮技术。其中超导磁悬浮是降低损耗的主要方法，而复合材料能够提高储能密度，降低系统体积和重量。

2.1.2.6 超级电容器

超级电容器是一种新型储能装置，具有高充放电效率、高能量密度、使用寿命长、适用于多种环境等特点。可广泛应用于辅助调节峰值功率、备用电源等场景，在国防军工、轨道交通、城市公交、发电与智能电网、消费电子等领域具有较大的应用价值。

超级电容器已发展了三十多年，美国、日本、俄罗斯、瑞士、韩国、法国等国家起步较早，美国的 Maxwell，日本的 NEC、松下和俄罗斯的 Econd 公司等，占据全球大部分市场。

超级电容器在实际应用中面临着成本高、技术难度大的问题，在储能方面与电池仍有一定的差距。但随着超级电容器在汽车、轨道交通、智能仪表等领域的应用推广，其成本有望实现持续降低。同时，超级电容器在技术上一旦取得突破，将对新能源产业的发展产生一定的推动力。

超级电容器主要研究方向是通过制造工艺和技术的改进提高储能能力，提高系统稳定性和可靠性，降低制造成本。

2.2 储能技术成本现状

2.2.1 储能技术成本构成

本节将对目前主流的三种储能技术路线——铅炭电池、锂离子电池及液流电池的成本构成进行分析，并结合市场和技术因素对未来成本变化趋势进行简单预测。

2.2.1.1 铅蓄电池（铅炭电池）

铅蓄电池主要由正极活性物质、负极活性物质、正负极板栅、电解液及其他材料组成。

铅蓄电池的主要成本来自正负极的铅材料，铅资源拥有成熟的定价机制及交易体系，铅炭电池生产企业一般也都采取套期保值等措施，或是打造能够拥有自己的再生铅生产企业或者铅矿，形成产业链闭环，维持稳定成本。目前国际铅价 16000 元/t 左右，电芯成本 0.7～0.8 元/W·h，初始投资成本为 800～1300 元/(kW·h)。铅炭电池的循环寿命可达 1000～3000 次，平准化度电成本约 0.6～0.8 元/(kW·h)。

2.2.1.2 锂离子电池

锂离子电池，一般包括正极、负极、隔膜、电解质、正极引线、负极引线、隔圈、盖板、安全阀、正温系数热敏电阻（PTC）和电池壳。

正极主要由正极活性材料、集流体（微米级厚度的铝箔）、少量的导电剂及黏结剂组成，其中正极活性物质为关键材料。目前市场上的锂离子电池正极活性材料主要是钴酸锂（$LiCoO_2$）、锰酸锂（$LiMn_2O_4$）、磷酸铁锂（$LiFePO_4$）、三元材料（$LiNi_xMn_yCo_{1-x-y}O_2$）以及二元/三元混合物。

负极主要由负极活性材料、集流体（微米级厚度的铜箔）、少量的黏结剂组成，其中负极活性物质为关键部分。目前，锂离子电池所采用的负极活性材料一般都是可以嵌入-脱嵌锂离子的碳素材料，其中又以石墨为主。

隔膜在锂离子电池中具有两个作用：一是将电池的正负极分隔开，防止两电极接触而短路；二是使电解质离子通过。由于锂离子电池的电解质多为有机溶剂体系，因而需要耐有机溶剂的隔膜材料，一般采用高强度的聚烯烃多孔膜，如聚丙烯（PP）和聚乙烯（PE）。

电解质在电池正负极之间起着输送和传导电流的作用，是连接正负极材料的桥梁。目前使用和研究的电解质包括液态电解质、凝胶型聚合物电解质和全固态电解质。

其他材料和部件包括正极引线、负极引线、隔圈、盖板、PTC 和电池壳等。正极引线，将正极集流体的电流引出；负极引线，将负极集流体的电流引出；隔圈，防止正负极短路；盖板，连接正负电极以及密封；安全阀，电池内压过高可以泄压，提高电池的安全性；PTC，电池过温保护装置，以提高电池的安全性；电池壳，密封电池和提高电池的机械强度。

磷酸铁锂电芯的各部分成本构成如图 2-1 所示。国内市场中，材料成本占电池总成本的 64% 左右，其中正极材料占比最大，占总材料成本的 51%。

总的来看，上述各部分中，成本占比最高的是正极材料。

锂作为最关键的原材料，其价格受资源供应和市场需求的影响较大。近年来，随着电动汽车产业在全球尤其是中国的快速发展，动力电池产能快速提升，

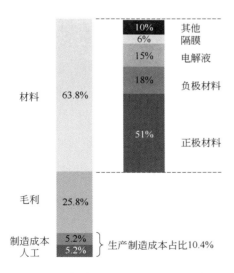

图 2-1 锂离子电池主要成本构成
（以磷酸铁锂为例）

并激发了金属原材料的市场需求，使得相关的锂、钴、镍等关键正极材料的市场价格也随着需求的增加而上涨。2020年末，碳酸锂价格约为5万元/t，而随着2021年新能源车销量大涨，碳酸锂一度在2022年3月突破50万元/t。锂离子电池主要材料价格变动曲线如图2-2所示。氢氧化锂价格也从2020年末的4.8万元/t，在一年半不到的时间上涨近10倍，到2022年达到49.15万元/t。

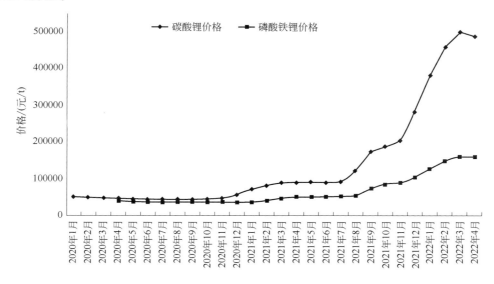

图2-2 锂离子电池主要材料价格变动曲线

在资源储备及供应方面，根据美国地质调查局2017年发布的数据，全球已探明的锂资源储量约为3978万吨，玻利维亚的锂资源最多，为900万吨，第2~5位依次为智利（>750万吨）、阿根廷（650万吨）、美国（550万吨）和中国（540万吨）。我国是锂资源较为丰富的国家，约占全球总探明储量的13%，其中盐湖锂资源约占全国总储量的85%，矿石锂资源约占15%。

锂材料价格上涨将促使上游矿产企业不断扩大产能来满足电池生产的需要。随着澳大利亚部分矿山的扩产（包括Talison、Mt Marion、Allkem）以及智利和阿根廷的盐湖提锂产能增加，全球范围内锂矿的供应在2022年和2023年大幅放量。全球锂资源供应增加是必然的趋势，将进一步压低锂价格和行业利润水平。总体来看，锂资源在未来中短期内应该不会成为锂离子电池成本下降的阻碍。但长期来看，若全球电动汽车的规模以现在的增长率持续扩张，那么在未来可能会造成锂资源的短缺。

在现有化学体系基础上，电池中各材料成本占比发生较大变化的可能性较小。国内目前锂电池产业链已经完善，材料价格变化将日趋稳定，产业规模继续扩大，制造技术不断进步，将带动材料、生产制造等不同环节成本的下降，锂离子电池总成本进一步下降仍在预期内。

2.2.1.3 全钒液流电池

与锂离子电池和铅蓄电池（铅炭电池）不同，液流电池活性物质分别溶解于装在正负储液罐的溶液中，利用泵推动溶液流经液流电池堆中隔膜的两侧。因此，液流电池储能系统的成本主要集中在电解液部分。对于 5h 的全钒液流电池系统，其电池系统成本约为 2500 元/(kW·h)，其中电解液成本约为 1800 元/(kW·h)。

以某光储微网液流电池储能项目为例，分析全钒液流电池储能项目的成本状况。项目规模为 250kW/1MW·h，系统价格为 380 万元。全钒液流电池主要成本构成如图 2-3 所示，其中电解液部分占系统成本的 73.6%，电堆占系统成本的 26.4%。后者又主要包括三大部分，即电极材料、质子交换膜和双极板（电堆的流道结构等）。其中，质子交换膜占电堆成本的 47%。

钒电解液作为系统总成本中最重要的部分，占比超过 70%。从资源层面讲，中国是全球钒储量最丰富的国家。钒资源价格走势如图 2-4 所示，钒资源的市场价格在 2018 年由于钢铁行业需求的增加而快速上涨，并在 2019 年开始下降，进入 2022 年，随着大宗商品的涨价，钒价已经上涨到 15 万元/t 以上。为了避免钒价格的大幅波动对成本的影响，国内钒液流电池企业都在积极寻求和钒资源企业签订长期战略协议，以确保钒的低价稳定供应。

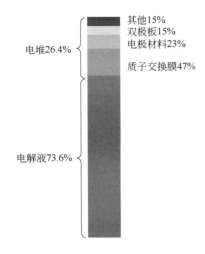

图 2-3 全钒液流电池主要成本构成

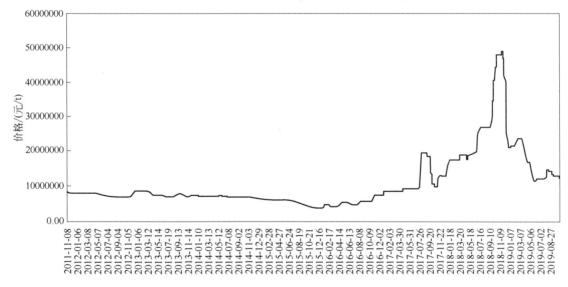

图 2-4 钒资源价格走势

2.2.2 储能技术成本趋势

随着储能技术进步和应用规模逐步扩大，储能技术的价格在过去 10 年已经快速下降。未来，锂离子电池、铅炭电池、全钒液流电池这三类主流化学储能技术仍有不同程度的成本下降空间。

从电芯成本的角度看，相对 2018 年，2019 年的锂离子电池电芯价格下降了 5%～8%，随着 2020 年、2021 年电动汽车销量迎来爆发式增长以及受政策的影响，电化学储能装机规模大幅提升，需求上涨导致上游原料端的供应短缺，刺激了锂离子电池价格的上涨，2021 年锂离子电池平均价格上涨 20%～30%。根据对主要锂电厂家的调研，磷酸铁锂电池 BOM 成本在 0.6～0.7 元/(W·h)，加上人工、设备折旧等成本 0.1 元/(W·h)，以及 25%左右的毛利，电芯的售价大约在 1.0～1.1 元/(W·h)。而铅炭电池电芯成本，目前基本在 0.6～0.8 元/(W·h) 之间，由于铅价基本稳定，未来铅炭电芯成本下降空间非常有限。

　　从电池系统层面看，锂离子电芯级到储能系统级，成本增加 0.5～0.6 元/(W·h)，成本下降趋势与电芯一致。铅炭电池由于 BMS 和支架功能已经相对稳定和成熟，系统层面的成本下降趋势不大。从液流电池系统成本来看，目前成本水平还相对较高，未来随着全钒液流电池的规模量产以及钒价的下降，全钒液流电池的系统成本有望降低到 1.5 元/(W·h) 以下。

第3章 国内储能支持政策和市场规则

3.1 宏观政策明确储能战略地位

3.1.1 国家"十四五"规划布局未来产业

无论从创新产业发展角度看,还是从储能技术应用价值角度看,储能于我国经济社会发展和能源结构调整的价值都不容忽视。国家对储能产业化发展进程高度关注,通过将储能纳入各项"十四五"规划的重点工作和任务,支持储能产业发展和技术应用。

"十四五"规划储能支持政策如表 3-1 所示。

表 3-1 "十四五"规划储能支持政策

序号	政策名称	发布机构	发布时间
1	国民经济和社会发展第十四个五年规划和 2035 年远景目标纲要	中共中央	2021 年 3 月
2	"十四五"现代能源体系规划	国家发展和改革委员会、国家能源局	2022 年 3 月
3	"十四五"能源领域科技创新规划	国家能源局、科学技术部	2022 年 4 月

3.1.1.1 国民经济和社会发展第十四个五年规划和 2035 年远景目标纲要

2021 年 3 月,中共中央正式发布《国民经济和社会发展第十四个五年规划和 2035 年远景目标纲要》(以下简称"十四五"规划)。"十四五"规划对以下内容进行了明确,且与储能息息相关。

（1）产业布局

"十四五"规划提出，在氢能与储能等前沿科技和产业变革领域，组织实施未来产业孵化与加速计划，谋划布局一批未来产业。

（2）基础设施升级

"十四五"规划提出，加快电网基础设施智能化改造和智能微电网建设，提高电力系统互补互济和智能调节能力，加强源网荷储衔接，提升清洁能源消纳和存储能力，提升向边远地区输配电能力，推进煤电灵活性改造，加快抽水蓄能电站建设和新型储能技术规模化应用。

（3）示范项目

"十四五"规划提出，建设桐城、磐安、泰安二期、浑源、庄河、安化、贵阳、南宁等抽水蓄能电站，实施电化学储能、压缩空气储能、飞轮储能等储能示范项目，开展黄河梯级电站大型储能项目研究。

（4）大型清洁能源基地布局

"十四五"规划提出，建设雅鲁藏布江下游水电基地；建设金沙江上下游、雅砻江流域、黄河上游和几字湾、河西走廊、新疆、冀北、松辽等清洁能源基地；建设广东、福建、浙江、江苏、山东等海上风电基地。"十四五"规划现代能源体系建设工程如表3-2所示。

表3-2 "十四五"规划现代能源体系建设工程

序号	现代能源体系建设工程
1	大型清洁能源基地 建设雅鲁藏布江下游水电基地；建设金沙江上下游、雅砻江流域、黄河上游和几字湾、河西走廊、新疆、冀北、松辽等清洁能源基地；建设广东、福建、浙江、江苏、山东等海上风电基地
2	沿海核电 建成华龙一号、国和一号、高温气冷堆示范工程，积极有序推进沿海三代核电建设。推动模块式小型堆、60万千瓦级商用高温气冷堆、海上浮动式核动力平台等先进堆型示范。建设核电站中低放废物处置场，建设乏燃料后处理厂。开展山东海阳等核能综合利用示范。核电运行装机容量达到7000万千瓦
3	电力外送通道 建设白鹤滩至华东、金沙江上游外送等特高压输电通道，实施闽粤联网、川渝特高压交流工程。研究论证陇东至山东、哈密至重庆等特高压输电通道
4	电力系统调节 建设桐城、磐安、泰安二期、浑源、庄河、安化、贵阳、南宁等抽水蓄能电站，实施电化学、压缩空气、飞轮等储能示范项目。开展黄河梯级电站大型储能项目研究
5	油气储运能力 新建中俄东线境内段、川气东送二线等油气管道。建设石油储备重大工程。加快中原文23、辽河储气库群等地下储气库建设

（5）营造良好数字生态

"十四五"规划提出，推广智慧能源数字化应用场景，推动煤矿、油气田、电厂等智能化升级，开展用能信息广泛采集、能效在线分析，实现源网荷储互动、多能协同互补、用能需求智能调控。

（6）教育提质扩容工程

"十四五"规划提出，建设产教融合平台，围绕集成电路、人工智能、工业互联网、储能等重点领域，布局建设一批国家产教融合创新平台和研究生联合培养基地，建设100个高水平、专业化、开放型产教融合实训基地。

总之，"十四五"规划从基础教育与研发、发挥系统调节能力的储能应用、未来产业布局等角度提出了储能发展新方向。

3.1.1.2 "十四五"现代能源体系规划

2022年3月，中华人民共和国国家发展和改革委员会（简称"国家发展改革委"）和国家能源局印发《"十四五"现代能源体系规划》。该规划提出：

① 到2025年抽水蓄能装机容量达到6200万千瓦以上、在建装机容量达到6000万千瓦左右。加快新型储能技术规模化应用，大力推进电源侧储能发展，合理配置储能规模，支持分布式新能源合理配置储能系统。优化布局电网侧储能，增强电网稳定性和应急供电等多重作用。积极支持用户侧储能多元化发展，提高用户供电可靠性，鼓励电动汽车、不间断电源等用户侧储能参与系统调峰调频。

② 拓宽储能应用场景。推动电化学储能、梯级电站储能、压缩空气储能、飞轮储能等技术多元化应用，探索储能聚合利用、共享利用等新模式新业态。

3.1.1.3 "十四五"能源领域科技创新规划

"十四五"以来，能源科技创新进入持续高度活跃期，可再生能源、非常规油气、核能、储能、氢能、智慧能源等一大批新兴能源技术正以前所未有的速度加快迭代，成为全球能源向绿色低碳转型的核心驱动力，推动能源产业从资源、资本主导向技术主导转变，给世界地缘政治格局和经济社会发展带来重大而深远的影响。

2022年4月，国家能源局、科学技术部印发《"十四五"能源领域科技创新规划》的通知。该规划提到储能技术领域重点任务包括：能量型/容量型储能技术装备及系统集成技术、功率型/备用型储能技术装备与系统集成技术、储能电池共性关键技术、分布式储能与分布式电源协同聚合技术、大型变速抽水蓄能及海水抽水蓄能关键技术。另外还包括储能技术的集中攻关、示范试验和应用推广。

3.1.2 地方"十四五"规划认可储能重要性

目前，已有二十余个省市区在其"十四五"规划中提及支持储能发展。推动储能技术进步、引导相关产业落地、推动储能在各领域的融合应用是各省市区"十四五"规划中对储能关注的重点。各地"十四五"重点规划中储能相关要点如表 3-3 所示。

表 3-3　各地"十四五"重点规划中储能相关要点

序号	政策名称	发布机构	发布时间	政策要点
1	山西省国民经济和社会发展第十四个五年规划和二〇三五年远景目标纲要	山西省政府	2021年4月	探索大容量、高参数先进煤电项目与风电、光伏、储能项目一体化布局，实施多能互补和深度调峰；加快推进"新能源+储能"试点，推动储能在可再生能源消纳、分布式发电、能源互联网等领域示范应用
2	湖北省国民经济和社会发展第十四个五年规划和二〇三五年远景目标纲要	湖北省政府	2021年4月	加强储能技术装备等研发与应用，实施一批风光水火储一体化、源网荷储一体化示范项目；发展智慧能源，构建能源生产、输送、使用和储能协调互补的智慧能源系统
3	海南省国民经济和社会发展第十四个五年规划和二〇三五年远景目标纲要（公开版）	海南省发展改革委	2021年3月	依托海南新能源发电项目，发展风电、光伏、电力储能、智能电网等相关配套产业；积极发展储能设施
4	甘肃省国民经济和社会发展第十四个五年规划和二〇三五年远景目标纲要	甘肃省政府	2021年3月	开工建设玉门昌马等抽水蓄能电站，谋划实施黄河、白龙江干流甘肃段抽水蓄能电站项目。开展风储、光储、分布式微电网储能和大电网储能等储用一体化商业应用试点示范。大力发展半导体材料、氢能、电池、储能等新兴产业
5	浙江省能源发展"十四五"规划（征求意见稿）	浙江省政府	2021年2月	试点建设先进压缩空气储能、氢储能和蓄冷蓄热储能等新型储能项目，建成一批电化学储能示范项目。创建若干个新增非水可再生能源装机超百万千瓦、投资超百亿的"风光水储一体化"基地。推进储能多元化应用支撑能源互联网应用示范，实现"源网荷储"的智能化调度与交易。研发电、热、冷、氢等多能流运行的区域能源管理系统，开展智慧综合能源服务示范。集中攻关高性能燃料电池、超级电容器等化学储能技术，开展分布式储能系统协同聚合研究，研发多点布局储能系统聚合调峰、调频及应急控制系列理论与成套技术
6	云南省国民经济和社会发展第十四个五年规划和二〇三五年远景目标纲要	云南省政府	2021年2月	以金沙江下游、澜沧江中下游大型水电站基地以及送出线路为依托，建设"风光水储一体化"国家示范基地。力推进数字化绿色智能电网建设，加快"源网荷储一体化"发展
7	内蒙古自治区国民经济和社会发展第十四个五年规划和二〇三五年远景目标纲要	内蒙古自治区政府	2021年2月	推进柔性直流输电、智能局域电网和微电网等技术应用，以及各类储能规模化示范。推进"源网荷储一体化""风光火储一体化"综合应用示范
8	西藏自治区国民经济和社会发展第十四个五年规划和二〇三五年远景目标纲要	西藏自治区政府	2021年3月	加快推进"光伏+储能"研究和试点，大力推动"水风光互补"，构建能源生产、输送、使用和储能体系协调发展、集成互补的能源互联网
9	河南省国民经济和社会发展第十四个五年规划和二〇三五年远景目标纲要	河南省政府	2021年4月	推动"风光水火储一体化"和"源网荷储一体化"发展，支持大数据中心等用电大户配套建设储能设施，促进可再生能源灵活消纳，建设多能互补清洁能源基地和储能产业基地

续表

序号	政策名称	发布机构	发布时间	政策要点
10	青海省国民经济和社会发展第十四个五年规划和二〇三五年远景目标纲要	青海省政府	2021年2月	支持建立储能电池等综合利用和无害化处置系统；支持在盐湖资源综合利用、先进储能技术等重点领域打造一批国家级创新平台；打造国家级太阳能发电实证基地和储能实证基地；创建先进储能技术国家重点实验室；开展储能实证基地等新型技术研发，开展"风光水储、风光热储、风光气储"等多能互补和三江源清洁供暖研究及示范
11	广西壮族自治区国民经济和社会发展第十四个五年规划和二〇三五年远景目标纲要	广西壮族自治区政府	2021年4月	谋划布局生物工程、量子信息、氢能与储能等未来产业；加快抽水蓄能电站建设，开展"新能源+储能"示范应用，探索"风光水火储""源网荷储"一体化发展模式，提升消纳能力
12	安徽省国民经济和社会发展第十四个五年规划和二〇三五年远景目标纲要	安徽省政府	2021年2月	加快发展光伏、风电、储能等新能源产业；完善抽水蓄能电站价格形成机制，发挥抽水蓄能资源优势，推进长三角千万千瓦级绿色储能基地建设。提升电力系统调节能力，探索推动电化学等储能应用。加快先进储能、高性能燃料电池等核心技术攻关
13	江苏省"十四五"可再生能源发展专项规划（征求意见稿）	江苏省能源局	2021年1月	探索在可再生能源场站侧合理配置储能设备，探索和完善可再生能源场站侧储能市场化商业模式。推进以可再生能源为主、分布式电源多元互补、与储能深入融合的新能源做电网应用示范工程、多能互补、"源网荷储一体化"等能源新业态
14	《山东省能源发展"十四五"规划（征求意见稿）》	山东省能源局	2021年5月	优先发展大容量、高效率、长时间储能设施，推广退役电池储能模式。鼓励新建集中式风电、光伏项目按照一定比例配建或租赁储能设施。鼓励实施盐穴储能项目。支持建设运营共享储能设施，鼓励风电、光伏项目优先租赁共享储能设施。建立健全储能配套政策，完善储能市场化交易机制和价格形成机制，支持储能设施参与辅助服务市场和电力现货市场
15	山西省"十四五"新业态规划	山西省政府	2021年5月	开展"新能源+储能"试点示范。利用存量常规电源，合理配置储能。结合电网调峰需求，组织实施一批不同类型的储能示范项目，开展"风电+光伏+储能""分布式+微网+储能""大电网+储能"等发储用一体化的商业模式
16	关于进一步加快新能源汽车推广应用和产业高质量发展推动"电动福建"建设三年行动计划（2020—2022年）	福建省工信厅等十部门	2020年7月	储能和新能源装备方面，支持省内电池生产龙头企业提升储能电池研发和制造能力，鼓励风力、光伏电站等配备储能设备；推进一批风光储一体化、光储充一体化和储能电站项目建设，大力推动储能商业化应用
17	内蒙古自治区能源局关于报送分布式新能源项目建设三年行动计划（2021—2023年）的通知	内蒙古自治区能源局	2021年2月	积极推动分布式光伏与储能、微电网等融合发展，加快分布式光伏发电的推广和应用

续表

序号	政策名称	发布机构	发布时间	政策要点
18	江西省新能源产业高质量跨越式发展行动方案（2020—2023年）	江西省工信厅	2020年1月	重点推进具有自主知识产权的全钒液流电池等一批先进储能技术产业化及产品推广应用；充分发挥我省全钒液流电池及其储能系统产业基础，建设培育新能源领域储能市场；支持锂电池、钒电池等二次电池在新能源发电配建储能、电网调峰调频、通信基站储能等的推广应用
19	南通市打造风电产业之都三年行动方案（2020—2022年）	南通市政府	2020年5月	培育海上风电储能项目，依托现有储能电池产业基础，开展"海上风电+储能"试点项目建设，推动海上风电储能产业化应用
20	广东省培育新能源战略性新兴产业集群行动计划（2021—2025年）	广东省发展改革委	2020年9月	加快培育氢能、储能、智慧能源等新兴产业，储能规模约200万千瓦，研发推广液流电池、钠离子电池等化学储能技术，适合南方的低温蓄冷实用技术，以及锂离子动力电池梯次利用、飞轮储能及混合储能技术等；加强储能系统集成、试验检测、监控运维、梯次利用技术研发应用；推动电网侧储能布局，推进电源侧火电联合储能和"可再生能源+储能"发电系统建设，鼓励用户侧储能电站和智慧楼宇建设；推进先进储能中的充放电、通信装置、系统管理等关键技术和设备研发制造
21	自治区清洁能源产业高质量发展科技支撑行动方案	宁夏回族自治区科技厅	2021年3月	在储能应用方面，开展高密度大容量新型储能电池制造技术研发，开展电化学储能、抽水蓄能等技术的集成应用；开展大容量混合储能技术、智能配电网与微网技术等智能电网技术的研发与集成应用

3.2 专项指导政策引导产业发展

3.2.1 指导意见指明储能发展方向

产业指导意见是国家层面对产业发展的总体指导性政策。2017年10月以来，国家共发布两项储能发展指导意见，以及一项为落实指导意见而发布的行动计划和实施方案，如表3-4所示。

表3-4 国家级储能指导意见类政策

序号	政策名称	发布机构	发布时间
1	关于促进储能技术与产业发展的指导意见	国家发展改革委 财政部 科学技术部 工业和信息化部 国家能源局	2017年10月

续表

序号	政策名称	发布机构	发布时间
2	贯彻落实《关于促进储能技术与产业发展的指导意见》2019—2020年行动计划	国家发展改革委 科学技术部 工业和信息化部 国家能源局	2019年7月
3	关于加快推动新型储能发展的指导意见	国家发展改革委 国家能源局	2021年7月

3.2.1.1 关于促进储能技术与产业发展指导意见

2017年10月，国家发展改革委、财政部、科学技术部、工业和信息化部、国家能源局等五部委联合印发《关于促进储能技术与产业发展的指导意见》（以下简称"指导意见"）。作为中国储能产业第一个指导性政策，"指导意见"对储能在推动能源革命中的重要意义、对储能产业的发展形势及储能在不同场景中的应用价值给予了官方认可和明确，表明国家相关部门对于发展储能产业的支持态度，有助于推动各级地方政府、电网公司制定并完善储能市场机制和管理规则。

"指导意见"瞄准我国储能技术与产业发展过程中存在的政策支持不足、研发示范不足、技术标准不足、统筹规划不足等问题，提出未来10年中国储能产业的发展目标。其中，"十三五"时期，我国储能产业发展进入商业化初期；"十四五"时期，将实现规模化发展。为实现上述目标，"指导意见"从技术和应用两方面共部署五大重点任务，并从技术创新、应用示范、市场发展、行业管理等四个方面对我国储能产业发展进行了明确部署。四大方面的具体内容如下：

(1) 加大储能研发示范力度，构建技术标准体系

在储能技术方面，"指导意见"部署了推进储能技术装备研发示范的重点任务。结合技术和装备的发展阶段与行业需求，分别安排了集中攻关一批、试验示范一批和应用推广一批的任务。"指导意见"提出重点研发方向，对于技术路线不做选择。

(2) 通过示范工程和模式创新，提升储能应用水平

在储能应用方面，"指导意见"以储能应用场景和实际应用效果为核心，明确将"储能提升可再生能源利用水平""储能提升电力系统灵活性稳定性""储能提升用能智能化水平""储能多元化应用支撑能源互联网发展"列为未来中国储能示范应用的重点任务，布局一批具有引领作用的重大试点示范工程，大力提升储能在整个能源体系中的应用水平和效果。

(3) 通过构建电力市场机制，推动储能商业化发展

在储能市场方面，"指导意见"明确提出加强电力体制改革与储能发展市场机制的协同对

接,加快电力市场建设,建立储能等灵活性资源市场化交易机制和价格形成机制,激发市场活力,推动中国储能商业化发展。

(4)加强管理,确保产业健康可持续发展

在行业管理方面,"指导意见"针对目前我国储能产业规模化发展过程中,在项目管理制度、电网接入标准、安全环保规范等方面暴露出来的制度欠缺,提出了解决思路。

在储能项目管理方面,"指导意见"提出,对于独立储能项目,除《政府核准的投资项目目录》已有规定的储能项目,一律实行备案制,按照属地原则备案,备案机关及其权限由省、自治区、直辖市和计划单列市人民政府规定;在储能系统回收方面,落实生产者责任延伸制度,建立储能系统制造商承担回收利用主体责任的回收利用管理体系;在产品标准和检测认证方面,建立与国际接轨且涵盖储能规划设计、设备及试验、施工及验收、并网及检测、运行与维护等各应用环节的标准体系,实施全寿命周期监管和召回制度。

3.2.1.2 贯彻落实《关于促进储能技术与产业发展的指导意见》2019—2020年行动计划

为解决产业发展面临的关键问题,落实"指导意见"精神,在"十三五"时期后两年,国家发展改革委、科学技术部、工业和信息化部、国家能源局联合发布《贯彻落实〈关于促进储能技术与产业发展的指导意见〉2019—2020年行动计划》(发改办能源〔2019〕725号)(以下简称"行动计划"),提出从技术研发和智能制造、落实技术与产业发展政策、推进抽水蓄能发展、推进示范应用、推进动力电池储能化应用、推进储能标准化建设等方面落实相关工作。

"行动计划"有望推动地方层面解决储能技术应用中的建设备案难点,使储能系统应用合规化;推动储能参与电力市场,并获得合理补偿收益;引导并规范电网侧储能发展,"输配电价对储能成本费用未予认定"的局面有望得到改变;积极推动储能应用示范,适应可再生能源规模化发展和电力系统安全稳定运行的需要,并对先进技术进行示范验证;逐步完善标准体系建设,推动储能技术创新与标准化协同发展。

"行动计划"是"指导意见"的具体工作落实文件,各参与主体在行动计划下推动"十三五"储能产业发展目标实现。

3.2.1.3 关于加快推动新型储能发展的指导意见

2021年4月,国家发展改革委、国家能源局发布了《关于加快推动新型储能发展的指导意见(征求意见稿)》。2021年7月,国家发展改革委、国家能源局正式发布《关于加快推动新型储能发展的指导意见》(以下简称"新型储能指导意见")。

与征求意见稿相比,正式文件整体改动不大,强调了应严守储能安全底线,以及通过"揭榜挂帅"的方式,整合产业链上下游的优势,推动产学研用融合发展,集中力量攻关产业规模化发展的关键难题,促进储能多元化发展,确保储能成为实现"双碳"目标的有力支撑。此外,在健全"新能源+储能"项目激励机制中,明确"共享模式"是优化区域可再生能源与储能协同发展的有效方式,有利于促进形成多种储能商业模式。

"新型储能指导意见"对储能产业发展具有重要的现实意义,包括:

（1）明确 30GW 储能发展目标，助推储能实现跨越式发展

截至 2020 年底，国内已投运的新型电力储能（包含电化学储能、压缩空气储能、飞轮储能、超级电容储能等）累计装机规模达到 3.28GW。从 2020 年底的 3.28GW 到 2025 年的 30GW，五年之间，新型储能市场规模要扩大 10 倍，每年的年均复合增长率超过 55%。我国新型储能装机规模目标的明确，将为社会以及资本释放积极的政策信号，引导社会资本流入技术及产业，助推储能万亿市场的快速到来。

（2）强调规划引导，深化各应用领域储能布局

针对电源侧储能，"新型储能指导意见"强调了布局系统友好型新能源电站项目，规划建设跨区输送的大型清洁能源基地，以及探索利用退役火电机组的既有厂址和输变电设施建设储能或风光储设施。这些任务一方面契合目前可再生能源发展对储能的需求，同时与之前发布的《关于推进电力源网荷储一体化和多能互补发展的指导意见》《关于 2021 年风电、光伏发电开发建设有关事项的通知》相关政策相互呼应，使其落地有支撑，政策有保障。

针对电网侧储能，"新型储能指导意见"强调了新型储能对提升电网灵活调节能力和安全稳定水平所发挥的作用，强调了电网应急供电保障能力、延缓输变电升级改造对储能的需求。

针对用户侧储能，"新型储能指导意见"提出，随着新基建、新业态的发展，用户侧储能愈发呈现出"储能+"的发展态势，随着电力市场的不断深化，用户侧储能领域将是储能商业模式创新的主力军。

（3）健全新型储能价格机制，推动储能商业模式建立

该政策首次提出建立电网侧独立储能电站容量电价机制，并研究探索将电网替代性储能设施成本收益纳入输配电价回收，完善峰谷电价政策，为用户侧储能发展创造更大空间。结合《关于进一步完善抽水蓄能价格形成机制的意见》《关于"十四五"时期深化价格机制改革行动方案》两份文件来看，国家层面明确提出要建立新型储能价格机制，新型储能应以市场竞争的方式形成电量电价，发挥电网替代作用的储能设施将通过输配电价进行回收。新型储能可以参与中长期、现货及辅助服务市场等获得收益。

（4）瞄准新能源配置储能痛点，指明后继政策着力点

国内已经有 20 余个省市出台了新能源配置储能的政策，配置储能之后，储能如何调度运行、如何参与市场、成本如何疏导成为困扰新能源企业和投资方的首要问题。针对当下各省市新能源配置储能的痛点问题，文件也进一步明确储能与新能源的协同发展，通过在竞争性配置、项目核准（备案）、并网时序、系统调度运行安排、保障利用时间、电力辅助服务补偿考核等方面给予适当倾斜，为新能源配置储能实现合理化成本疏导指明了方向，在电力市场改革的过渡阶段，可以进一步探索新能源配置储能在提升"绿电交易"权重的可行性。

3.2.2 实施方案落实储能发展路径

2022 年 2 月，国家发展改革委、国家能源局联合发布《"十四五"新型储能发展实施方案》（以下简称"实施方案"）。"实施方案"明确了我国新型储能规模化发展的实施路径，即推动新型储能规模化、产业化、市场化发展。同时考虑储能产业发展日新月异，"实施方案"对新型储能"十四五"时期的发展规模不再设定具体目标，充分发挥市场在资源配置中的决定性作用，以市场需求为导向，通过进一步完善市场机制建设，为储能发展营造良好的市场环境，推动储能有序发展。

此外，"实施方案"还提出到 2025 年我国储能产业体系日趋完备，其中电化学储能技术性能进一步提升，系统成本降低 30%以上，并对不同技术类型、不同时长尺度的储能技术发展予以部署。

"实施方案"共包含八大项主要内容，设置了五个重点方向，主要内容解读如下：

（1）构建储能创新体系，试点示范推动储能产业化进程

在新型储能核心技术装备方面，"实施方案"共部署了三个重点攻关方向。

① 坚持储能技术"百花齐放"的原则，切合系统应用需求，重点发展大规模、长寿命、高安全、低成本的储能技术，如百兆瓦压缩空气储能、百兆瓦液流电池、钠离子电池、固态锂离子电池、兆瓦级超级电容器等，同时对液态金属电池、金属空气电池等前沿技术，氢储能、热储能等不同类型的长时储能技术也进行布局与支持。结合我国电源结构及系统需求，"实施方案"布局了不同技术类型、多种时间尺度的新型储能技术示范，并首次提出了火电抽汽蓄能、核电抽汽蓄能的示范应用。

② 布局"全过程安全技术""智慧调控技术"两个储能系统应用的关键技术方向。其中"全过程安全技术"方向中基本涵盖了储能在生产、应用、应急救援、退役等全过程涉及安全方面的关键技术，体现了以技术进步推动安全应用的思路。

③ 在"智慧调控技术"方向，依托大数据、云计算、人工智能、区块链等技术，重点推动规模化储能系统集群协同控制技术，以及分布式储能协同聚合技术，涉及储能不同场景及交易结算等方面的应用。

（2）鼓励建设新型储能区域示范

"实施方案"提出将在青海省国家储能发展先行示范区、张家口可再生能源先行示范区对不同类型的新型储能进行示范验证，以及政策和市场机制的先行先试，支持在山东、河北、山西、吉林、内蒙古、宁夏等地区开展试点示范。

（3）持续优化布局，推动各侧储能规模化发展

"实施方案"提出：

① 针对源侧储能，在推动系统友好型新能源电站建设、支撑高比例可再生能源基地外送、促进沙漠戈壁荒漠大型基地开发消纳与海上风电消纳、提升常规能源调节能力等方

面进行部署，充分发挥储能与新能源、常规电源协同运行的优势，提高系统调节能力和容量支撑能力。

② 在电网侧储能方面，重点在提高电网安全稳定运行水平、增强电网薄弱区域供电保障能力、延缓和替代输配电设施投资、提升应急保障能力等方面进行部署，并提出建设一批移动式或固定式新型储能作为应急电源，极端情况下可以考虑将电动汽车也作为储能设施进行调用。"实施方案"明确了电网侧储能的功能定位，通过合理布局电网侧储能，着力提升电力安全保障水平和系统综合效率。

③ 在用户侧储能方面，支持灵活多样的发展形式，探索储能与数据中心、5G 基站、工业园区、公路服务等不同终端用户进行融合，拓展储能为金融、交通、工业、互联网等不同行业的用户提供定制化、高品质的用能服务，提高用户的综合用电效益。

此外，随着源网荷储一体化发展，将进一步优化储能在发、输、配、用各个环节的应用及协同，并与国家新型基础设施、智慧城市、乡村振兴、智慧交通等领域的发展深度融合，同时结合不同区域的能源需求，将形成不同技术类型、不同时间尺度的储能技术整合应用，创新更多应用和商业模式。

（4）完善机制营造良好市场环境，疏导成本加快储能市场化进程

一直以来储能无法形成商业模式的主要原因是缺乏合理的市场机制，"实施方案"中明确要求加快推进新型储能作为独立主体参与各类电力市场的进程，研究制定新型储能参与市场的准入条件、交易机制、调度、结算细则以及技术标准等。

在合理疏导储能成本方面，要加大"新能源+储能"的支持力度，积极引导新能源场站以市场化的方式配置储能，在竞争性配置、项目核准、并网时序、保障利用时间、补偿考核等方面给予优先考虑；在电网侧储能方面，明确要求以支撑电网安全稳定高效运行为原则，合理确定电网侧储能的发展规模。建立电网侧独立储能电站容量机制，对新型储能输变电设施替代效益进行科学合理评估，探索将相应成本纳入输配电价回收；在用户侧储能方面，要进一步落实分时电价政策，建立尖峰电价机制，拉大峰谷价差，引导市场价格向用户传导，通过价格机制发挥储能的调节作用，为用户侧储能营造合理收益空间。

（5）创新商业模式

随着体制机制的不断完善，在构建新型电力系统的背景下，共享储能、云储能、聚合储能等不同的商业模式、运营模式将不断涌现和实施。

（6）健全管理体系，保障储能高质量发展

2021 年国家能源局发布了《新型储能项目管理规范（暂行）》，对新型储能建立全生命周期、全流程的管理体系。"实施方案"中进一步强调各地在推进储能发展的过程中要落实项目管理规范，明确项目备案管理职能，加快建立新型储能的项目管理机制，规范行业管理，强化安全风险防范。

（7）健全标准体系

按照国家能源局、应急管理部、市场监督管理总局联合印发的《关于加强储能标准化工作的实施方案》要求，建立涵盖新型储能基础通用、规划设计、设备试验、施工验收、并网运行、检测监测、运行维护、安全应急等专业领域的标准体系，要加快制定新型储能安全相关标准以及多元化应用技术标准等。

（8）强调通过首台（套）政策、绿色技术创新体系等现有政策加大对新型储能的技术研发及产业化应用的支持

各地应根据实际需求对新型储能的投资建设、并网调度、运行考核等方面给予政策倾斜，将新型储能纳入绿色金融体系，充分调动现有政策及社会资金推动新型储能的高质量发展。

在贯彻落实"双碳"目标、全球储能产业高速发展的背景下，"十四五"时期是我国新型储能发展的关键时期，"实施方案"对我国新型储能从技术研发、示范应用、产业化发展等方面进行了全面部署，并从市场机制、政策保障、标准建设、金融投资等方面进行了全方位推进，为我国新型储能高质量、规模化发展勾画出实施路径。

3.2.3 "源网荷储"探索储能应用新业态

近年来，各类电源系统互补不足的深层次矛盾愈发凸显，北方清洁能源外送比例低；送端基地各类电源缺乏统筹规划，能源资源的综合利用存在壁垒；新能源未配备调峰机组和储能装置，消纳困难，系统运行效率也较低。在此背景下，2020年3月，国家发展改革委、国家能源局印发《关于开展"风光水火储一体化""源网荷储一体化"的指导意见（征求意见稿）》，提出"风光水火储一体化"和"源网荷储一体化"两个一体化建设，以提升能源电力利用效率和发展质量。

该政策要求以新能源为主体，通过适度配置储能和利用火电、水电调峰的方式，优先发展、利用清洁能源，挖掘新能源的消纳能力，合理优化存量和增量规模，力争各类可再生能源利用率在95%以上，增量基地输电通道配套新能源年输送电量比例不低于40%。鼓励存量煤电机组通过灵活性改造提升调节能力，明确就近打捆新能源电力，严控中小水电建设规模，以西南水电基地为基础，优先汇集近区新能源电力源电力，优化配套储能规模，充分发挥配套储能设施的调峰、调频作用，最小化风光储综合发电成本，提升价格竞争力。

2021年2月，国家发展改革委、能源局正式印发的《关于推进电力源网荷储一体化和多能互补发展的指导意见》相较前"两个一体化"指导意见（征求意见稿）有所变化。"风光水火储一体化"调整为"多能互补发展"，拟利用存量常规电源合理配置储能，积极实施存量"风光水火储一体化"提升，稳妥推进增量"风光水（储）一体化"，探索增量"风光储一体化"，严控增量"风光火（储）一体化"。"适度、科学、合理"的思路贯穿其中。

该文件的实施将推进发电企业经营由传统提供电量向提供电量和辅助服务并重转型，促进水电、火电等各类电源调节能力的充分释放，实现电力系统调节资源共享。同时还刺激了各类储能、灵活性改造等辅助服务相关企业加大新技术研发和产业的投入。未来，具备接受

电网调度并为电力系统提供服务的储能系统，无论是在发电侧、电网侧和用户侧部署，还是以联合或独立的形式运营，都将成为"一体化"综合能源项目中不可或缺的一环。

3.3 重点研发计划助推技术突破

为落实"十四五"期间国家科技创新有关部署安排，2021年5月，科学技术部发布了《"十四五"重点专项2021年度项目申报指南》（以下简称"指南"），其中包括"储能与智能电网技术"重点专项。

"储能与智能电网技术"重点专项总体目标是：通过储能与智能电网基础科学和共性关键技术研究的布局，推动具有重大影响的原始创新科技成果的产生，着力突破共性关键技术，增强创新能力建设，促进科技成果转化和产业化，从而保证未来高比例可再生能源发电格局下电力供应的安全可靠性、环境友好性、经济性和可持续发展能力，推动我国能源转型，为实现"碳达峰""碳中和"战略目标提供坚实的技术支撑。

"指南"部署坚持问题导向、分步实施、重点突出的原则，围绕中长时间尺度储能技术、短时高频储能技术、高比例可再生能源主动支撑技术、特大型交直流混联电网安全高效运行技术、多元用户供需互动与能效提升技术、基础支撑技术等6个技术方向，按照基础前沿技术、共性关键技术，拟启动20项指南任务，拟安排国拨经费6.67亿元。

"储能与智能电网技术"重点专项2021年度项目申报指南重点任务如表3-5所示。

表3-5 "储能与智能电网技术"重点专项2021年度项目申报指南重点任务

序号	技术方向	任务名称	任务类型
1	中长时间尺度储能技术	吉瓦时级锂离子电池储能系统技术	共性关键
2		兆瓦时级本质安全固态锂离子储能电池技术	共性关键
3		金属硫基储能电池	基础研究
4	短时高频储能技术	低成本混合型超级电容器关键技术	共性关键
5	高比例可再生能源主动支撑技术	光伏/风电场站暂态频率电压主动快速支撑技术	共性关键
6		柔性直流海上换流平台轻型化关键技术	共性关键
7		规模化储能系统集群智能协同控制关键技术研究及应用	共性关键
8	特大型交直流混联电网安全高效运行技术	响应驱动的大电网稳定性智能增强分析与控制技术	共性关键
9		多馈入高压直流输电系统换相失败防御技术	共性关键
10		±800千伏换流变压器有载调压分接开关技术及装备	共性关键
11		基于自主芯片的变电站高可靠性保护与监控技术	共性关键
12		柔性低频输电关键技术	共性关键
13	多元用户供需互动与能效提升技术	规模化灵活资源虚拟电厂聚合互动调控关键技术	共性关键
14		配电网业务资源协同及互操作关键技术	共性关键

续表

序号	技术方向	任务名称	任务类型
15	基础支撑技术	新型环保绝缘气体研发与应用	基础研究
16		干式直流电容器用电介质薄膜材料	基础研究
17		高压大功率可关断器件驱动芯片关键技术	共性关键
18		高压电力装备多物理场计算方法及软件	基础研究
19		储能电池加速老化分析和寿命预测技术	共性关键
20		储能锂离子电池智能传感技术	基础研究
21		锂离子电池储能系统全寿命周期应用安全技术	共性关键

3.4 示范项目引导产业健康发展

示范推广是储能新技术、新产品商业化发展的必经之路，也是降低储能技术应用安全风险的重要环节。通过示范项目征集工作，能够分析总结各类储能项目的成功经验和存在问题，促进各类先进储能技术装备与系统集成创新，建立健全相关技术标准与工程规范，培育具有市场竞争力的商业模式，推动支持储能发展的相关政策出台；通过总结示范项目的运行经验，能够对电化学储能安全问题进行深入分析研究，促进储能标准体系进一步完善，保障储能安全可靠运行。

自 2017 年《关于促进储能技术与产业发展的指导意见》（以下简称"指导意见"）发布以来，我国储能产业发展迅速，储能项目层出不穷，逐步具备筛选一批具有典型示范意义的示范项目的基础。国家能源局经过 2 年多的酝酿及筹划，于 2020 年 7 月 17 日正式公开征集我国首批储能示范项目，如表 3-6 所示。

表 3-6 科技创新（储能）试点示范项目政策

序号	政策名称	发布机构	发布时间
1	关于组织申报科技创新（储能）试点示范项目的通知	国家能源局	2020 年 7 月
2	关于首批科技创新（储能）试点示范项目的公示	国家能源局	2020 年 11 月

2020 年 11 月 10 日，国家能源局公示了首批科技创新（储能）试点示范项目名单（见表 3-7），其中包含可再生能源发电侧、用户侧、电网侧、配合常规火电参与辅助服务各有 2 个项目，共 8 个项目入选。

表 3-7 首批科技创新（储能）试点示范项目名单

序号	项目地区	项目名称	应用场景
1	青海省	青海黄河上游水电开发有限责任公司国家光伏发电试验测试基地配套 20MW 储能电站项目	可再生能源发电侧

续表

序号	项目地区	项目名称	应用场景
2	河北省	国家风光储输示范工程二期储能扩建工程	可再生能源发电侧
3	福建省	宁德时代储能微网项目	用户侧
4	江苏省	张家港海螺水泥厂32MW·h储能电站项目	用户侧
5	江苏省	苏州昆山110.88MW/193.6MW·h储能电站项目	电网侧
6	福建省	福建晋江100MW·h级储能电站试点示范项目	电网侧
7	广东省	科陆-华润电力（海丰小漠电厂）30MW储能辅助调频项目	配合常规火电参与辅助服务
8	广东省	佛山市顺德德胜电厂储能调频项目	配合常规火电参与辅助服务

此次公示的示范项目主要来自青海、河北、福建、江苏、广东五个省份，包括国电投黄河水电、国网江苏省电力公司、国网冀北电力公司、平高集团、南瑞继保、宁德时代、阳光电源、智光储能、索英电气、科陆电子、中天科技、华润电力、南都电源、科华恒盛、百能汇通、上能电气、中航锂电等企业参与了项目投资建设。

国家和地方行业管理部门将对示范项目做好全过程管理，通过组织筛选储能示范项目，有利于培育一批技术先进且具有自主知识产权的先进储能技术和装备；有利于发现一批优秀的技术标准、工程规范和管理体系；有利于发掘一批具有市场竞争力的商业模式；有利于健全完善储能参与的电力市场交易机制；有利于研究推动在市场化改革中出台支持储能的相关政策机制，从而构建促进储能技术创新和产业发展的良好政策和市场环境。这对未来储能高质量健康发展具有重要意义。

3.5 学科发展筑牢人才底基

创新人才引进和培养机制，引进一批领军人才，培育一批专业人才，形成支持储能产业的智力保障体系，是"指导意见"提出的储能产业发展保障措施之一。表3-8归纳了近期国家发布的有关储能学科发展与人才培养的重要政策。

表3-8 近期发布的国家级储能学科发展与人才培养政策

序号	政策名称	发布机构	发布时间
1	储能技术专业学科发展行动计划（2020—2024年）	教育部 国家发展改革委 国家能源局	2020年1月
2	关于加快新时代研究生教育改革发展的意见	教育部 国家发展改革委财政部	2020年9月
3	"十四五"时期教育强国推进工程实施方案	国家发展改革委 教育部 人力资源社会保障部	2021年5月

2020年1月，教育部、国家发展改革委、国家能源局印发了《储能技术专业学科发展行动计划（2020—2024年)》（以下简称"行动计划"）。"行动计划"提出拟经过5年左右努力，增设若干储能技术本科专业、二级学科和交叉学科，储能技术人才培养专业学科体系日趋完备，本硕博人才培养结构规模和空间布局科学合理，推动建设若干储能技术学院（研究院），建设一批储能技术产教融合创新平台，推动储能技术关键环节研究达到国际领先水平，形成一批重点技术规范和标准，有效推动能源革命和能源互联网发展。自文件下发以来，西安交通大学、华北电力大学、天津大学等高校积极开展储能学科建设，陆续设立储能专业学科，弥补了储能领域核心专业人才的不足，强化了未来储能产业化发展的信心。

2020年9月，教育部、国家发展改革委、财政部印发《关于加快新时代研究生教育改革发展的意见》，提出科学规划布局建设集成电路、人工智能、储能技术等国家产教融合创新平台，实施关键领域核心技术紧缺博士人才自主培养专项。

2021年5月，国家发展改革委、教育部、人力资源社会保障部发布关于印发《"十四五"时期教育强国推进工程实施方案》的通知。其中提出加快"双一流"建设，大力加强急需领域学科专业建设，在中央高校"双一流"建设中，在集成电路、储能技术等关键领域，布局建设一批国家产教融合创新平台。在遴选标准的具体项目谋划和安排上，优先考虑和重点支持人工智能、储能技术、数字经济（含区块链）等相关学科专业教学和科研设施建设。

储能专业学科体系需要综合性专业设计。储能专业本身涉及储能技术、储能装备、储能应用等环节，其广泛应用于电力系统发输配用环节的特点，决定了其要考虑跨专业经济性评价、电网调度交易策略、电力市场规则、政策保障等领域知识。现阶段学科搭建将为未来储能产业良性发展打下良好的根基。

3.6 储能标准规范技术与行业发展

2018年10月，国家能源局发布《关于加强储能技术标准化工作的实施方案（征求意见稿）》，目标是："十三五"期间，调整补充完善现有标准化技术组织，加强标准化管理机构及技术组织之间协同合作，初步建立储能技术标准体系，并形成一批重点技术规范和标准；"十四五"期间，形成较为科学、完善的储能技术标准体系，积极参与储能标准化国际活动，提高国际影响力，提升国际话语权。

2020年1月，国家能源局、应急管理部、国家市场监督管理总局正式联合印发了《关于加强储能标准化工作的实施方案》（以下简称"实施方案"），并提出了到2021年，形成政府引导、多方参与的储能标准化工作机制，推进建立较为系统的储能标准体系，加强储能关键技术标准制修订和储能标准国际化的工作目标，并确定了建立储能标准化协调工作机制、建设储能标准体系、推动储能标准化示范、推进储能标准国际化等四项重点任务。

同时，"实施方案"提到，要建立储能标准化协调工作机制，跟踪储能技术与产业发展，针对储能设施在能源系统的应用，建立涵盖储能系统与设备及其应用，相互支撑、协同发展的标准体系。积极推进关键储能标准制定，鼓励新兴储能技术和应用的标准研究工作。

未来国家政府主管部门将会协同研究解决储能领域标准的重大问题，统筹部署储能领域标准化工作计划，形成政府引导、多方参与的储能标准化工作机制，推进建立较为系统的储能标准体系。

3.7 细化政策推动储能商业化应用

3.7.1 补贴补助政策

自 2017 年国家发布《关于促进储能技术与产业发展的指导意见》之后，十余个省（自治区、直辖市）为扶持本地储能产业，出台了多项地方补贴政策。其中，山东、浙江、宁夏、青海等地给予独立储能直接补贴政策，支持内容包括"调峰补贴、装机补贴、奖励发电量和运营补贴"；苏州、义乌、肇庆、佛山等地主要对用户侧储能进行补贴，支持内容包括"运营补贴、装机补贴、需求响应、用电指标"等。

以浙江为例，2021 年 11 月发布的《关于浙江省加快新型储能示范应用的实施意见》明确提出，过渡期间，年利用时间不低于 600h 的调峰项目给予 3 年容量补贴 [200 元/(kW·a)、180 元/(kW·a)、170 元/(kW·a)]；联合火电机组调频的示范项目，$K_{pd}>0.9$ 的按储能容量每月给予 20×10^5 kW·h/MW 调频奖励一定用煤量指标。若按照一座 100MW/200MW·h 规模的储能电站，投资建设成本以 1800 元/(kW·h) 进行测算，综合容量补贴及调峰收益，尚难实现收支平衡。根据浙江最新出台的辅助服务市场交易规则，储能电站参与调频将能获取较好收益。因此在浙江现有政策的支持下，独立储能电站若想获得较好经济性，还需要综合考虑调峰和调频市场的收益，才能获得良好的经济回报。

2021 年 10 月，在广东省用电紧张的背景下，广东肇庆发布了《肇庆高新区节约用电支持制造业发展的若干措施》，对区内企业建设储能、冰蓄冷项目的，建成使用后给予 150 元/kW 补贴，每个区内企业最高补贴 100 万元，错峰用电时期，储能负荷可以冲抵错峰用电的负荷指标。结合广东 1.28 元/(kW·h) 的最大峰谷价差，以及需求响应政策，若按照建设一座 10MW/40MW·h 的储能电站，系统成本 1800 元/(kW·h)，每天两充两放来进行测算，其内部收益较好。同时，工业园区配置储能，还可以冲抵错峰用电指标，以助力用户获得更多用电时间。

近期发布的地方储能补贴政策如表 3-9 所示。

表 3-9 近期发布的地方储能补贴政策

序号	地区	政策名称	发布机构	发布时间	政策要点
1	陕西省	西安市 2022 年工业（中小企业）发展专项资金申报指南的通知	西安市工业和信息化局 西安市财政局	2022 年 3 月	对 2021 年 1 月 1 日至 2023 年 12 月 31 日期间，企业法人建成运行的光伏储能系统，光伏电站装机规模不低于 1MW，储能系统不低于 1MW 时，按照储能设备实际投资额的 20%给予投资企业补助，最高不超过 50 万元

续表

序号	地区	政策名称	发布机构	发布时间	政策要点
2	安徽省	关于加快光伏发电推广应用的实施意见	芜湖市人民政府	2022年3月	自项目投运次月起对储能系统按实际放电量给予储能电站运营主体 0.3 元/(kW·h) 补贴，同一项目年度最高补贴 100 万元。补贴项目为自发文之日至 2023 年 12 月 31 日期间投产的项目，单个项目补贴年限为 5 年
3	江苏省	苏州工业园区进一步推进分布式光伏发展的若干措施	苏州工业园区管理委员会	2022年3月	支持光伏项目配置储能设施，2022 年 1 月 1 日后并网且接入园区碳达峰平台的储能项目，对项目投资方按项目放电量补贴 0.3 元/(kW·h)，补贴 3 年。对 2021 年 12 月 31 日前并网运行并已接入园区碳达峰平台的光伏和储能项目，财政补贴按原标准补贴至 3 年期满
4	四川省	关于申报 2022 年生态文明建设储能领域市级预算内基本建设投资项目的通知	成都市发展改革委	2022年2月	对入选的用户侧、电网侧、电源侧、虚拟电厂储能项目，年利用时间不低于 600h，按照储能设施规模给予每千瓦每年 230 元且单个项目最高不超过 100 万元的市级预算内资金补助，补助周期为连续 3 年
5	四川省	成都市能源结构调整十条政策措施、成都市能源结构调整行动方案（2021—2025年）	成都市经济和信息化局	2022年1月	按储能设施规模 200 元/kW 给予补助，推进储能电池全生命周期管理平台建设运营，给予最高 100 万元补助。电池回收利用体系，按电池容量给予 20 元/(kW·h) 补助
6	江苏省	苏州市吴江区分布式光伏规模化开发实施方案	苏州市吴江区人民政府	2021年11月	对 2021 年 7 月至 2023 年底期间并网发电的实际投运的储能项目，按照实际放电量给予运营主体补贴 0.9 元/(kW·h)，补贴 2 年放电量
7	宁夏回族自治区	关于开展新型储能项目试点工作的通知（征求意见稿）	宁夏回族自治区发展改革委	2021年11月	每个地区试点项目数量不超过 3 个，每个地区项目总规模不超过 300MW/600MW·h，2022 年、2023 年度，给予储能试点项目 0.8 元/(kW·h) 调峰补偿，每年调用完全充放电不低于 300 次
8	浙江省	关于加快推动新型储能发展的实施意见（征求意见稿）	海宁市发展改革委	2021年12月	过渡期间，对于接受统一调度的调峰项目（年利用时间不低于 600h）给予容量补偿，补偿标准逐年退坡，补贴期暂定 3 年 [按 200 元/(kW·a)、180 元/(kW·a)、170 元/(kW·a) 退坡]，已享受省级补偿的项目不再重复补偿
9	浙江省	关于浙江省加快新型储能示范应用的实施意见	浙江省发展改革委 浙江省能源局	2021年11月	调峰项目（年利用时间不低于 600h）给予容量补偿，补偿标准逐年退坡，补贴期暂定 3 年 [按 200 元/(kW·a)、180 元/(kW·a)、170 元/(kW·a)、退坡]。联合火电机组调频的示范项目，$K_{pd}>0.9$ 的按储能容量每月给予 $2\times10^5 kW·h/MW$ 调频奖励一定用煤量指标

续表

序号	地区	政策名称	发布机构	发布时间	政策要点
10	浙江省	关于推动源网荷储协调发展和加快区域光伏产业发展的实施细则	义乌市人民政府	2022年1月	根据峰段实际放电量给予储能运营主体0.25元/(kW·h)的补贴,补贴2年,补贴资金在"十四五"期间以500万元为上限,已享受实际放电量补贴的储能系统不得参与储能置换交易
11	浙江省	关于推动源网荷储协调发展和加快区域光伏产业发展的实施细则（征求意见稿）	义乌市发展改革局	2021年9月	接受电网统筹调度的储能系统按照峰段实际放电量给予储能运营主体0.25元/(kW·h)的补贴,补贴2年
12	浙江省	温州市制造业千企节能改造行动方案（2021—2023）（征求意见稿）	温州市经济和信息化局	2021年9月	储能系统优先参与需求侧响应,按照实际放电量给予储能运营主体0.8元/(kW·h)的补贴
13	广东省	肇庆高新区节约用电支持制造业发展的若干措施	肇庆高新区管委会	2021年9月	对区内企业建设储能、冰蓄冷项目的,建成使用后给予150元/kW补贴,每个区内企业最高补贴100万元。在错峰用电时期,储能负荷可以冲抵错峰用电的负荷指标
14	广东省	广州市虚拟电厂实施细则（征求意见稿）	广州市工业和信息化局	2021年2月	需求响应分为邀约、实时两种类型,补贴费用=有效响应电量×补贴标准×响应系数,削峰补贴最高5元/(kW·h),填谷补贴最高2元/(kW·h)。削峰能力原则上不得超过其最高用电负荷的20%,响应持续时间不低于30min。大工业电力用户的响应能力不低于500kW,一般工商业电力用户的响应能力不低于200kW
15	江苏省	南京市2020年度充电设施建设运营财政补贴办法	南京市财政局	2021年5月	给予具备"光储充放"功能、储能电量达到500kW·h（及以上）且光伏装机容量达到100kW（及以上）的社会公共充电设施运营补贴0.2元/(kW·h)
16	青海省	关于印发支持储能产业发展若干措施（试行）的通知	青海省发展改革委	2021年1月	对"新能源+储能""水电+新能源+储能"项目中自发自储设施所发售的省内电网电量,给予0.10元/(kW·h)运营补贴。使用本省产储能电池60%以上的项目再增加补贴0.05元/(kW·h)
17	广东省	促进绿色低碳发展办法（修改）（征求意见稿）	广州市黄埔区发展改革局 广州市开发区发展改革局	2020年12月	以终端一体化集成用能系统或风光水火储多能互补系统等模式实施的多能互补集成优化项目,按照项目实际投资总额的20%给予项目实施单位补助
18	新疆维吾尔自治区	新疆电网发电侧储能管理暂行规则	新疆维吾尔自治区发展改革委	2020年6月	电储能设施根据电力调度机构指令进入充电状态的,对其充电电量进行补偿,具体补偿标准为0.55元/(kW·h)

续表

序号	地区	政策名称	发布机构	发布时间	政策要点
19	云南省	昆明市加快推进电动汽车充电基础设施建设实施意见	昆明市发展改革委	2020年5月	对于集光伏发电、储能、充电于一体的示范站,给予50万元/座的一次性补贴(市、县各承担50%)
20	浙江省	浙江省发展与改革专项资金管理办法	浙江省财政厅 浙江省发展改革委	2020年4月	储能等促进可再生能源开发应用的新技术、新模式、新产业等获专项资金支持
21	江苏省	苏州工业园区绿色发展专项引导资金管理办法	苏州工业园区管委会	2019年3月	针对在园区备案已并网投运的储能项目,按发电量(放电量)补贴业主0.3元/(kW·h),补贴3年
22	天津市	关于组织申报2018年天津市供热机组"热电解耦"改造补贴备选项目的通知	天津市工业和信息化委 天津市财政局	2018年10月	对增设蓄热、储能设施等技术方案实现供热调峰能力的改造项目进行补贴,单个项目补贴资金不超过600万元且不超过项目总投资的30%
23	安徽省	关于进一步促进光伏产业持续健康发展的意见	合肥市人民政府	2018年9月	自项目投运月起对储能系统按实际充电量给予投资人1元/(kW·h)补贴,同一项目年度补贴最高100万元
24	北京市	朝阳区节能减碳专项资金管理办法	北京市朝阳区人民政府	2018年1月	将储能技术项目纳入节能减碳专项资金,给予20%初投资补助

3.7.2 可再生能源配套储能政策

尽管我国对可再生能源消纳问题高度重视并取得了显著成效,但从弃水、弃风、弃光的总量来看,规模超过 2×10^{10} kW·h,总量仍达到某些国家近一年的用电量。2017年发布的《关于促进储能技术与产业发展的指导意见》鼓励可再生能源场站合理配置储能系统,推动储能系统与可再生能源协调运行,研究建立可再生能源场站侧储能补偿机制,支持应用多种储能促进可再生能源消纳。随着《关于推进电力源网荷储一体化和多能互补发展的指导意见》的发布,让储能与电源深度融合,"可再生能源+储能"这一应用模式也获得了加速发展。

3.7.2.1 国家政策

可再生能源配套储能国家政策见表3-10。

表3-10 可再生能源配套储能国家政策

序号	政策名称	发布机构	发布时间
1	关于做好可再生能源发展"十四五"规划编制有关事项的通知	国家能源局	2020年4月
2	关于2021年风电、光伏发电开发建设有关事项的通知	国家能源局	2021年5月

（1）关于做好可再生能源发展"十四五"规划编制有关事项的通知

2021年4月，国家能源局发布《关于做好可再生能源发展"十四五"规划编制有关事项的通知》，提出：优先开发当地分散式和分布式可再生能源资源，大力推进分布式可再生电力、热力、燃气等在用户侧直接就近利用，结合储能、氢能等新技术，提升可再生能源在区域能源供应中的比重；在电源侧研究水电扩机改造、抽水蓄能等储能设施建设、火电灵活性改造等措施，提升系统调峰能力。

将储能纳入"十四五"可再生能源发展规划，提出利用储能技术提升可再生能源占比，使得储能再次明确成为推动可再生能源规模化开发和利用的重要技术支撑。

（2）关于2021年风电、光伏发电开发建设有关事项的通知

2021年5月，国家能源局发布《关于2021年风电、光伏发电开发建设有关事项的通知》，提出：建立保障性并网、市场化并网等并网多元保障机制，对于保障性并网范围以外仍有意愿并网的项目，可通过自建、合建共享或购买服务等市场化方式落实并网条件后，由电网企业予以并网。并网条件主要包括配套新增的抽水蓄能、储热型光热发电、火电调峰、新型储能、可调节负荷等灵活调节能力。并且在确保安全前提下，鼓励有条件的户用光伏项目配备储能，户用光伏发电项目由电网企业保障并网消纳。

在各地要求新增新能源项目配置储能的大背景下，储能系统被视作新能源项目的新增附加成本，储能的商业化发展前景并不明朗。而该项政策的发布，使得自建、共建、购买配额等参与形式逐渐涌现，多主体可共担储能投资风险，在完全市场化尚未形成的阶段，此模式进一步拓宽了储能的应用，创新了商业模式。

3.7.2.2 地方政策

为降低新能源规模化发展对电网造成的冲击，地方政府陆续出台政策，鼓励或强制新增新能源发电项目配套储能系统，并将储能作为评价新能源场站优先建设并网的重要标准。

截至2021年底，已有25个省（直辖市、自治区）出台了鼓励或要求新能源配储能的有关文件。湖南、湖北、内蒙古、山东、山西、河北、贵州明确规定了储能配置比例，配置储能的比例为5%~20%，配置时长为2h。辽宁、河南、西藏三地虽未要求具体储能配置比例，但相关文件明确在新能源项目审核过程中"优先考虑"新能源配置储能项目。

部分省（直辖市、自治区）可再生能源配套储能政策汇总如表3-11所示。

表3-11 部分省（直辖市、自治区）可再生能源配套储能政策

序号	政策名称	发布机构	发布时间	政策要点
1	青海省2017年度风电开发建设方案的通知	青海省发展改革委	2017年6月	2017年青海规划的$3.3×10^6$kW（3.3GW）风电项目，各项目按照建设规模的10%配套建设储电装置，储电设施总规模$3.3×10^5$kW（330MW）

续表

序号	政策名称	发布机构	发布时间	政策要点
2	关于开展发电侧光伏储能联合运行项目试点的通知	新疆维吾尔自治区发展改革委	2019年6月	按照不低于光伏电站装机容量15%，且额定功率下的储能时长不低于2h配置储能系统 持续5年，每年增加100h优先发电量的支持，储能电站每天至少做到一充一放，通过调峰辅助服务市场予以储能系统充电0.55元/(kW·h) 补偿
	新疆电网发电侧储能管理暂行规则		2020年5月	鼓励投资建设电储能设施，要求充电功率在5000kW及以上、持续充电时间2h以上 电储能设施根据电力调度机构指令进入充电状态的，对其充电电量进行补偿，具体补偿标准为0.55元/(kW·h)
3	2020年光伏发电项目竞争配置方案	内蒙古自治区能源局	2020年3月	如果普通光伏电站配置储能系统，则应保证储能系统时长为1h及以上，配置容量达到项目建设规模（即预计备案规模）5%及以上
	内蒙古自治区可再生能源电力消纳保障实施方案		2021年1月	负荷调节电量、自备机组调峰电量、储能项目在接受电网统一调度运行管理下所发电量与风电供暖项目所用电量，全部认定为消纳可再生能源电量
4	关于组织开展2020年风电、光伏发电项目建设的通知	河南省发展改革委	2020年4月	优先支持配置储能的新增平价项目
5	辽宁省风电项目建设方案	辽宁省发展改革委等四部委	2020年5月	优先考虑附带储能设施、有利于调峰的项目
6	关于开展2020年平价风电和平价光伏发电项目竞争配置工作的通知	湖北省能源局	2020年6月	风储项目配备的储能容量不得低于风电项目配置容量的10%；优先支持风储一体化、风光互补项目，在项目配置中，对接入同一变电站的风储与光伏发电项目，优先配置风储项目
7	关于推进风电、光伏发电科学有序发展的实施方案（征求意见稿）	河北省发展改革委	2020年9月	支持风电、光伏发电项目按10%左右比例配套建设储能设施，开展超级电容器储能、超导储能、先进电池储能、压缩空气储能等先进储能技术示范应用
8	关于上报2021年光伏发电项目计划的通知	贵州省能源局	2020年11月	在送出消纳受限区域，计划项目需配备10%的储能设施
9	关于做好2021年新增光伏发电项目竞争优选有关工作的通知	江西省能源局	2021年3月	自愿选择光储一体化的建设模式，配置储能标准不低于光伏电站装机规模的10%容量/1h；对符合建设条件的光储一体化项目将在竞争优选评分中给予倾斜支持
10	关于建立安徽省可再生能源发展三年行动计划项目库（2021—2023年）的通知	安徽省能源局	2021年3月	鼓励发电企业、电网企业及第三方社会资本采取新能源+储能、独立储能电站、风光储一体化等多种发展方式，共同参与储能项目建设

续表

序号	政策名称	发布机构	发布时间	政策要点
11	关于促进陕西省可再生能源高质量发展的意见（征求意见稿）	陕西省能源局	2021年3月	2021年起，关中、陕北新增1×10^5kW（含）以上集中式风电、光伏发电项目按照不低于装机容量10%配置储能设施，其中榆林地区不低于20%，按连续储能时长2h以上，满足10年（5000次循环）以上工作寿命，系统容量10年衰减率不超过20%标准进行建设
12	关于开展2021年度海南省集中式光伏发电平价上网项目工作的通知	海南省发展改革委	2021年3月	每个申报项目规模不得超过1×10^5kW，且同步配套建设备案规模10%的储能装置
13	关于征求2021年度平价风电、光伏项目竞争性配置办法有关意见的函	广西壮族自治区能源局	2021年3月	风电：配置本次申报项目装机容量10%及以上储能装置的得15分，储能配置比例介于5%（含）～10%区间的按10%的比例得分，低于10%不得分；额外在已投运项目上配置10%及以上储能装置的得5分，储能配置比例介于5%（含）～10%区间的按10%的比例得分。储能设施要求按连续储能时长2h及以上，储能系统满足10年（5000次循环）以上工作寿命，系统容量10年衰减率不超过20%标准进行建设，且须与发电项目同步投运。属于风电、光伏、储能一体化项目的，得5分
14	关于加快推进全省新能源存量项目建设工作的通知	甘肃省发展改革委	2021年3月	鼓励全省在建存量6×10^6kW风光电项目按河西5市（酒泉、嘉峪关、张掖、金昌、武威）配置10%～20%、其他地区配置5%～10%配套储能设施，储能设施连续储能时长均不少于2h。对配置储能设施的项目业主，甘肃省发展改革委将在后续新增项目竞争性配置方面给予支持
15	关于开展储能示范应用的实施意见（征求意见稿）	山东省能源局	2021年3月	新增集中式风电、光伏发电项目，原则上按照不低于10%比例配置或租赁储能设施，连续充电时间不低于2h。支持各类市场主体投资建设运营共享储能设施，鼓励风电、光伏发电项目优先租赁共享储能设施，租赁容量视同其配建储能容量。示范项目参与电网调峰时，补偿标准为200元/（MW·h），累计每充电1h给予1.6h的调峰奖励优先发电量计划

在25个出台鼓励或强制新能源配储政策的省（自治区、直辖市）市中，共有21个省（自治区、直辖市）市明确了可再生能源配置储能的比例和装机指标。如表3-12所示，根据测算，这些省市的储能装机规划及可再生能源配储的规模合计约为47.51GW/95.89GW·h，远超国家制定的30GW的发展目标。这反映了在新能源渗透率快速提升的背景下，电网的系统调节压力持续增大，对灵活性资源的需求不断增加，迫切需要引入新的调节资源以缓解压力。在这样的背景下，可再生能源与储能协同发展成为"十四五"时期的重头戏。

表3-12 各地可再生能源配置储能装机规模

序号	地区	储能配置规模
1	青海省	6GW/6GW·h

续表

序号	地区	储能配置规模
2	内蒙古自治区	5GW/10GW·h
3	辽宁省	4.5GW/18GW·h
4	山东省	4.5GW/9GW·h
5	河南省	4.5GW/9GW·h
6	湖北省	2.5GW/5.37GW·h
7	安徽省	2.5GW/2.5GW·h
8	宁夏回族自治区	2.5GW/5GW·h
9	四川省	2GW/4GW·h
10	浙江省	2GW/4GW·h
11	贵州省	2.16GW/4.32GW·h
12	湖南省	1.5GW/3GW·h
13	河北省	1.26GW/2.52GW·h
14	甘肃省	1.2GW/2.4GW·h
15	广西壮族自治区	1.15GW/2.3GW·h
16	山西省	1.12GW/2.24GW·h
17	温州市	0.94GW/1.88GW·h
18	陕西省	0.6GW/1.2GW·h
19	天津市	0.58GW/1.16GW·h
20	济南市	0.5MW·h/MW·h
21	青岛市	0.5MW/MW·h

3.7.3 产业布局政策

在2017年国家发布《关于促进储能技术与产业发展的指导意见》及2020年提出"双碳"目标的背景下，各省（自治区、直辖市）市纷纷推出储能产业指导政策，一方面希望通过储能这一关键支撑技术实现电力领域、交通领域及建筑领域的用能低碳化，另一方面希望能够依托本地储能项目机会，吸引产业落地，为本地产业经济做出贡献。

3.7.3.1 地方政策

各地储能产业指导政策如表3-13所示。可以看出，配合着新能源配储的市场机遇、示范项目的征集、倾斜政策的出台，多个省（自治区、直辖市）市制订了引入龙头企业、打造储能产业集群的目标，以期完成产业导入，实现本地产业升级。

表 3-13 各地储能产业指导政策汇总

序号	政策名称	发布机构	发布时间	政策要点
1	大连市人民政府关于促进储能产业发展的实施意见	大连市人民政府	2016年5月	利用"大连市创业投资引导基金",支持储能产业初创期和早中期创新型企业的发展;设立大连市清洁能源产业发展基金,用于支持储能产业化项目建设和推广应用;主要任务包括提升全钒液流电池储能技术和装备研发的能力及水平,推动储能技术和装备在发电侧、输电侧、配电侧及用户侧的示范应用,壮大全钒液流电池储能产业规模,建设国内重要的锂离子动力电池研发和制造基地,加快大规模多类型混合储能系统的研发和推广应用等
2	关于促进储能技术与产业发展培育未来产业竞争新优势的指导意见	邯郸市人民政府	2017年8月	支持储能相关企业申报高新技术企业,经认定后按规定享受相关税收优惠政策。减免储能装备生产企业和储能应用推广企业的研发、产业化项目建设过程中发生的税费
3	毕节市关于促进储能产业发展的实施意见(征求意见稿)	毕节市工业和能源委员会	2018年4月	主要任务包括重点打造先进压缩空气储能产业,优先培育先进储热产业,引进发展锂离子电池产业,挖掘抽水蓄能技术产业潜力,加强资金政策引导并向市场化方向过渡,合理设置补贴以缩短储能项目投资回收期
4	关于加快促进自治区储能健康有序发展的指导意见(征求意见稿)	宁夏回族自治区发展改革委	2021年1月	鼓励社会资本进入储能领域。加强统筹规划,优化储能项目布局。从加强统一规划、优化开发模式、明确配置原则、推进示范工程、建立市场机制、促进融合发展和健全安全防护体系等方面提出了促进储能发展的重点任务
5	支持储能产业发展若干措施(试行)	青海省发展改革委等四部委	2021年1月	实行"新能源+储能"一体化开发模式;实行"水电+新能源+储能"协同发展模式;支持储能电站建设;支持负荷侧储能发展;优先保障消纳;优化储能交易;明确运营补贴标准;明确补贴范围和期限;加大科研经费投入;增强储能产业发展能力;加强储能产业上下游对接;扩大电力市场交易范围
6	关于促进青海省锂电产业可持续健康发展的指导意见	青海省人民政府	2018年4月	到2025年,全省碳酸锂生产规模将达到1.7×10^5t/a,锂电池电芯产能将达到60GW·h/a
7	大同市关于支持和推动储能产业高质量发展的实施意见	大同市人民政府	2021年2月	"十四五"期间,建成一批不同技术类型、不同应用场景的试点示范项目,探索出可推广的商业模式。储能产业产值达到100亿元左右,成为大同市经济支柱产业之一
8	关于印发实施千亿级新能源一体化产业行动计划的通知	朔州市能源局	2021年3月	预计到2025年,完成金风科技150MW/300MW·h独立储能电站项目,华电100MW/400MW·h独立储能电站、风、光项目+储能等一批重点示范项目建设,支持储能与新能源协同发展应用,并争取国家科技创新(储能)试点示范项目入围。投资建设储能系统集成生产线,形成年产值40亿元的产业链互动。着力引进电力系统用储能电池生产龙头企业,储能电池生产规模总量达1GW·h
9	关于培育壮大新能源产业链的意见	甘肃省人民政府	2021年5月	重点发展电池级硫酸镍、硫酸钴、三元前驱体、三元正极材料等关键新材料产业,形成储能电池制造、储能装备制造、电池回收利用等为一体的生产基地;加快发展镍及镍基合金、钴基合金等有色金属材料,带动电池负极材料、电解液材料等产业发展

续表

序号	政策名称	发布机构	发布时间	政策要点
10	关于推进锂电池材料产业高质量发展的指导意见	贵州省工业和信息化厅	2021年6月	2025年贵州省锂电池材料产业产值达到1000亿元以上，变成1个500亿级、2~3个百亿级锂电池材料优势产业集群，省内基本形成三元、磷系锂电池正极材料全产业链条，锂电池循环梯次利用能力形成一定规模

3.7.3.2 电网政策

随着2018年电网侧储能的规模化应用，电网企业对储能技术应用持续保持关注。在电力发展的新形势下，电网公司积极开展转型布局。就储能而言，南方电网公司和国家电网公司分别于2019年1月和2月，先后发布了《关于促进电化学储能发展的指导意见（征求意见稿）》和《关于促进电化学储能健康有序发展的指导意见》，明确各自布局储能的思路。电网企业对储能发展和技术应用的指导意见及其对比分别见表3-14和表3-15。

表3-14 电网企业对储能发展和技术应用的指导意见

序号	政策名称	发布机构	发布时间	影响分析
1	关于促进电化学储能发展的指导意见（征求意见稿）	南方电网	2019年1月	南方电网提出研究推动大型储能电站发展。统筹广东大规模海上风电开发建设、系统安全稳定运行等需求，优先利用抽水蓄能电站、变电站改造腾出的土地资源，开展大型储能电站示范项目建设，接受系统统一调度，通过优化系统运行特性、提升系统调节能力获取收益。兆瓦级及以上电网侧储能项目原则上以调峰调频公司为主开展，各省（级）电网公司积极参与；中低压配网及用户侧储能由各省（级）电网公司负责
2	关于促进电化学储能健康有序发展的指导意见	国家电网	2019年2月	国家电网提出在国家尚未出台新的鼓励政策的情况下，各省级电力公司不参与电源侧和客户侧储能投资建设，可以根据需要，以技术创新和解决工程应用难题为目标，开展电网侧储能试点示范应用。国家电网公司系统其他单位根据企业功能定位与业务分类，按照市场化原则试点储能投资建设业务，提供专业化服务，研发核心技术，储备人才队伍

表3-15 电网企业对储能发展和技术应用的指导意见对比

储能应用	国家电网	南方电网
电源侧	支持常规火电配置储能，推动储能作为必要措施要求电源侧按一定比例配置	支持常规火电配置储能，定调为"鼓励"
电网侧	将储能纳入电网规划并滚动调整，将电网侧储能视为电网的重要电气元件和一种技术方案选择，进行综合比选论证	推进配网侧储能应用、移动式储能应用、微电网储能应用及常规用户侧储能发展
用户侧	可参与电网需求响应、电量平衡和负荷特性改善，优先在电网调节有困难、改造升级成本较高的地区投资建设	推动完善电力市场机制，支持各类主体按照市场规则建设和运营储能系统

续表

储能应用	国家电网	南方电网
标准规范	强调要严守储能安全红线。储能电站选址应充分考虑对周边输变电设施等的安全影响。明确了储能接入管理，电源侧储能和独立的纯调峰调频储能的接入，参照常规电源接入管理办法执行。客户侧储能接入参照分布式电源管理办法执行	在标准制定、调度操作规程和研究层面提出技术要求
价格机制	将各省级电力公司投资的电网侧储能计入有效资产，通过输配电价疏导	推动将保障系统安全、具备投资替代效应、应急保障电源的电网侧储能项目纳入有效资产并通过输配电价疏导
投资主体	将有序开展储能投资建设业务，方向主要集中在电网侧储能。各省级公司或分部进行电网侧储能项目投资	明确兆瓦级以上电网侧储能项目由调峰调频公司建设，省级公司只负责中低压配网及用户侧储能项目建设

3.7.4 并网接入政策

2017 年 9 月，国网江苏省电力公司发布《客户侧储能系统并网管理规定（试行）》，是我国首个关于储能系统并网的管理规范，标志着储能项目接入电网开始有据可依，对于解决储能项目建设过程中遇到的并网流程不清、并网标准不明确等问题具有重要的推动意义。

2018 年 7 月，国网江苏省电力公司对《客户侧储能系统并网管理规定（试行）》相关内容进行说明并修订，指出用户储能电站无需签订《并网调度协议》，无需安装调度自动化相关设备，改签订《供用电合同》补充协议。修订版明确禁止储能电站用户向电网倒送电；用户侧储能系统工程设计施工需符合《电化学储能系统接入配电网技术规定》及《电池储能电站设计技术规程》等国家标准要求；储能电站相关信息需接入国网江苏电力有限公司的储能监控与互动平台；储能电站用户应接受供电公司巡视检查并提供便利，并取消了 10（6、20）kV 及以上电压等级的限制。

该规定在促进江苏省用户侧储能设备大规模接入电网、缓解电网的调峰压力方面具有重要作用，同时由于是我国公开发布的为数不多的储能并网规定类政策，因此对其他省市具有重要的参考借鉴价值。

2022 年 1 月 10 日，国家能源局、国家市场监督管理总局联合发布《电化学储能电站并网调度协议示范文本（试行）》。这是国家层面发布的专门针对电化学储能电站的并网调度协议，也可供电动汽车充/换电站、微电网等与电网双向互动的并网主体参照使用。该政策对于规范全国电化学储能电站并网调度，加强电站管理将发挥重要作用。

3.7.5 调度运行政策

3.7.5.1 调度运行政策面临的主要问题

尽管各地纷纷出台了新型储能相关支持政策与措施，但伴随着我国新型储能装机容量快速提升，在调度运行方面，还面临以下问题：

（1）非独立储能结算难

已投运的新型储能大多为非独立储能，一般处于新能源场站内或传统火电电厂计量关口以内，如新能源+储能、火储联合调频、供热+储热等场景。由于不具备独立计量、调度、结算等独立市场主体身份，这类新型储能场站不能接受电网直调或与电网直接结算，而是采取合同能源管理的方式进行商业运营。而这种方式下，在实际运营过程中，可能存在业主方以各种理由推迟甚至违约扣减应按时支付给第三方投资建设的新型储能应得收益，造成"非独立储能结算难"等问题，给新型储能的投资带来风险。

（2）储能电站利用率低、收益模式单一

现有的新能源+储能、传统电源+储能等场景中的新型储能电站，主要是通过定向服务于绑定的新能源或传统电源，借助新型储能的灵活性来提升新能源或传统电源的某一方面并网性能或指标，进而获得相应的收益或考核减免费用分成。例如，在新能源+储能场景中新型储能主要通过弃电调峰来获得收益，在火储联合调频场景中新型储能主要是通过响应的快速性和调节的灵活性来提升火电机组的自动发电控制（AGC）响应性能来获得收益。

在传统商业模式下，当省区内弃电率降低到一定程度或调节性能提升到一定程度时，储能利用率不高等问题或现象就会出现。其中一个重要因素就是新型储能商业模式单一，可参与的电力市场范围、深度都有很大限制。因此，不论是新版"两个细则"，还是近期各地电力市场规则的完善修订，都积极尝试拓展新型储能可参与的电力市场交易品种与机制，但这是一个系统工程，不能一蹴而就，比如新能源不参与电力市场竞价或仅以价格接受者出现，就很难改变新型储能所面临的尴尬局面。只有通过广泛参与电力市场，新型储能的多时间尺度的灵活性才能得以全面发挥，新型储能的多元化价值才会充分体现，才会使得新型储能特有的多场景化的灵活性得以叠加，使得新型储能在源侧、网侧和荷侧多元化应用场景中创造新商业模式。

（3）市场机制不完善、相关体系需调整

现阶段，磷酸铁锂电池储能、液流电池储能、压缩空气储能等新型储能，都面临着税费重复收取、运行机制不清晰、收益不稳定、成本传导不通畅等问题，归根结底是由于缺乏体系化的市场机制设计。一方面，我国先有电力市场改革后有新型储能，原有的电力市场主体与规则中没有新型储能，新型储能的快速发展倒逼现有的市场体系进行修补；另一方面，新型储能的技术路线纷繁多样且各自技术经济特性差异巨大，多处于商业前期或商业化初级阶段，尚不能确定适合我国新型电力系统需求的终极技术路线，从而造成现有市场机制难以满足各类储能的应用场景需求。

3.7.5.2 调度运行方面的主要措施亮点

针对上述问题，2022年5月，国家发展改革委、国家能源局印发了《关于进一步推动新型储能参与电力市场和调度运用的通知》（以下简称"通知"），围绕市场地位、参与市场的途径、过网费机制、调度机制、电价机制等多个方面制定措施。总体来看，"通知"具有六大亮点：

（1）明确了新型储能的独立市场地位

"通知"明确提出"具备独立计量、控制等技术条件，接入调度自动化系统可被电网监控和调度，符合相关标准规范和电力市场运营机构等有关方面要求，具有法人资格的新型储能项目，可转为独立储能，作为独立主体参与电力市场。鼓励以配建形式存在的新型储能项目，通过技术改造满足同等技术条件和安全标准时，可选择转为独立储能项目"。另外，"通知"提出只要"具有法人资格"的新型储能项目，"愿意"通过技术改造符合要求，均可转为具有独立市场主体身份的新型储能电站。这是重新定义了"独立"的内涵，即摒弃了传统以与电网并网点或产权分界点为核心要素的"独立"的定义，这将会成为我国新型储能乃至新型电力系统发展里程中的重大政策创新举措之一，其影响将会非常深远。对于独立第三方主体而言，针对原有合同能源管理模式的改变将会带来占用土地、外送通道等租赁或改造成本的新变化。

（2）给出了独立储能参与电力市场的三种方式

独立储能参与电力市场的三种方式，主要包括：

① 以独立市场主体的身份。"通知"提出"加快推动独立储能参与中长期市场和现货市场；鼓励独立储能签订顶峰时段和低谷时段市场合约，发挥移峰填谷和顶峰发电作用；鼓励独立储能按照辅助服务市场规则或辅助服务管理细则，提供有功平衡服务、无功平衡服务和事故应急及恢复服务等辅助服务，以及在电网事故时提供快速有功响应服务"。

② 以联合市场主体的身份。"通知"提出"以配建形式存在的新型储能项目，在完成站内计量、控制等相关系统改造并符合相关技术要求情况下，鼓励与所配建的其他类型电源联合并视为一个整体，按照现有相关规则参与电力市场"。

③ 以共享市场主体的身份。"通知"提出"随着市场建设逐步成熟，鼓励探索同一储能主体可以按照部分容量独立、部分容量联合两种方式同时参与的市场模式"。

以上三种新型储能参与市场途径分别对应了不同的需求场景或市场条件。其中途径②和途径③是首次从政策角度明确地对共享储能应用模式进行的新拓展。总而言之，根据省区灵活性资源需求与市场规则，独立储能可自主选择适合的途径参与电力市场，这是适合新型储能良性发展所需的"长效机制"之一。

（3）解决了长期以来新型储能缴纳过网费标准不明的问题

"通知"提出"向电网送电的独立储能电站，其相应充电电量不承担输配电价和政府性基金及附加"。但对于"非向电网送电的"独立储能电站，比如新疆达坂城共享储能+电动汽车充换电融合的"充放储调"一体化站，其中部分弃电调峰电量转化为了电动汽车电池的充电电量，这部分电量不会再"向电网送电"，也就不符合政策适用条件。

（4）明确了"市场化、公平化"的新型储能调度原则

"通知"中虽未提及"新型储能优先调度机制""保障利用时间"等具体措施，但非常明确地提出了"坚持以市场化方式为主优化储能调度运行"的基本原则，其中"对于暂未参与

市场的配建储能，尤其是新能源配建储能，电力调度机构应建立科学调度机制，燃煤发电等其他类型电源的配建储能，参照上述要求执行"。另外，在公平调度方面，"通知"提出"加强对独立储能调度运行监管，保障社会化资本投资的储能电站得到公平调度，具有同等权益和相当的利用率"。不论资产权属，建立新型储能与其他传统市场主体"平等"的市场准入机制，既不要给新型储能开特殊"通道"，也不要给新型储能设特殊"规矩"，通过"市场""平等"竞争，实现全社会福利的最大化，才是解决新型电力系统所面临问题的"长效机制"。

（5）进一步指明了电力市场电价机制的调整方向

"通知"中针对用户侧储能发展，提出了"适度拉大峰谷价差""鼓励进一步拉大电力中长期市场、现货市场上下限价格"等措施，引导用户侧主动配置新型储能，增加用户侧储能获取收益渠道。

（6）提出了各相关主体应加强的技术能力

"通知"提出了：①储能项目"要完善站内技术支持系统，向电网企业上传实时充放电功率、荷电状态等运行信息，参与电力市场和调度运行的项目还需具备接受调度指令的能力"；②电力交易机构"要完善适应储能参与交易的电力市场交易系统"；③电力企业"要建立技术支持平台，实现独立储能电站荷电状态全面监控和充放电精准调控，并指导项目业主做好储能并网所需一次、二次设备建设改造，满足储能参与市场、并网运行和接受调度指令的相关技术要求"。

3.8 电力市场规则构建储能商业运营环境

3.8.1 价格政策

3.8.1.1 国家层面

随着输配电价和销售电价调整进入新阶段，国家及各地方从调整不同类别用户电价水平、峰谷价差、峰谷电价执行时段等角度修正电价政策，终端用户电价政策的修订对储能产生了直接影响。电价相关国家政策如表3-16所示。

表3-16 电价相关国家政策

序号	政策名称	发布机构	发布时间
1	关于降低一般工商业电价有关事项的通知	国家发展改革委	2018年3月
2	关于创新和完善促进绿色发展价格机制的意见	国家发展改革委	2018年7月
3	输配电定价成本监审办法	国家发展改革委 国家能源局	2019年5月

续表

序号	政策名称	发布机构	发布时间
4	关于进一步完善抽水蓄能价格形成机制的意见	国家发展改革委	2021 年 4 月
5	关于进一步完善分时电价机制的通知	国家发展改革委	2021 年 7 月
6	关于组织开展电网企业代理购电工作有关事项的通知	国家发展改革委	2021 年 10 月

（1）关于降低一般工商业电价有关事项的通知

2018 年 3 月，国务院《2018 年政府工作报告》中提出要实现"降低电网环节收费和输配电价格，一般工商业电价平均降低 10%"的目标。同年 3 月底，国家发展改革委发布了《关于降低一般工商业电价有关事项的通知》，进一步落实一般工商业电价平均下降 10%的目标要求，随后各省市也纷纷落实降价政策，通过市场化交易、调整计费方式和降低输配电价等方式降低最终销售电价。工商业电价的调整对用户侧储能市场的推广产生了一定的影响，部分地区峰谷价差缩小，降低了一般工商业用户参与市场化交易的意愿。

（2）关于创新和完善促进绿色发展价格机制的意见

2018 年 7 月 2 日，国家发展改革委发布了《关于创新和完善促进绿色发展价格机制的意见》，其中"健全促进节能环保的电价机制"章节提出"扩大高峰、低谷电价价差和浮动幅度，引导用户错峰用电"，同时提出"利用峰谷电价差、辅助服务补偿等市场化机制，促进储能发展"，并"鼓励地方政府调整峰谷时段，扩大高峰、低谷电价价差和浮动幅度"。文件发布后，江苏、广东、陕西等省份也相继出台了各自的"绿色电价"政策。从政策方向来看，"扩大峰谷差价"给储能的发展创造了条件，对于储能企业，可以在电价不同的时间段，通过储能和买卖电力，实现电费账单管理，节约用电成本。

（3）输配电定价成本监审办法

2019 年，国家发展改革委印发《输配电定价成本监审办法》。该办法明确，与电网企业输配电业务无关的费用，包括电储能设施成本费用不得计入输配电定价成本。对于电网侧储能项目，特别是电网投资或支付成本的储能项目，在尚未理清计价机制、监管机制的情况下，暂时不纳入输配电价是稳妥之举，但也在一定程度上制约了电网侧储能的发展进程。

（4）关于进一步完善抽水蓄能价格形成机制的意见

2021 年 4 月 30 日，国家发改委发布了《关于进一步完善抽水蓄能价格形成机制的意见》。该政策明确了以市场竞争的方式形成电量电价，容量电价纳入输配电价进行回收，但不作为输配电价的组成部分，不计入输配电价成本的原则。同时，提出抽水蓄能电站在市场中获得的收益在核定容量电价时相应扣减，并允许抽水蓄能电站保留 20%参与市场获得的收益予以激励，体现了市场化改革的导向。

2021 年 5 月，国家发展改革委发布《关于"十四五"时期深化价格机制改革行动方案的通知》，进一步明确提出"落实新出台的抽水蓄能价格机制，建立新型储能价格机制，推动新能源及相关储能产业发展"的行动思路。这是国家政策文件中首次明确提出建立新型储能价格机制。对标抽蓄，新型电力储能目前虽然在部分区域的辅助服务市场中可以盈利，但是由于缺乏完善的储能电价和市场机制，大部分新型储能项目难以获得相对稳定、合理的收益。因此，若能参照抽水蓄能电价建立新型储能价格机制，对各类新型储能，尤其是独立储能电站的投资、运营影响重大。

（5）关于进一步完善分时电价机制的通知

20 世纪 80 年代初开始，我国逐步在各地推行分时电价机制。截至目前，已有 29 个省份实施了分时电价机制，各地分时电价机制在具体执行上有所不同。例如，各地普遍按日划分峰、平、谷时段，执行峰谷分时电价，部分省份在此基础上增加了尖峰时段；四川等地按月划分丰水期、枯水期，对电力供应紧张的枯水期进一步执行丰枯电价；上海等地按季划分夏季、非夏季，对盛夏用电高峰期执行更高的季节性电价。总体来看，各地分时电价机制实施，有力促进了需求侧移峰填谷，在缓解电力供需矛盾、保障电力安全供应、提升电力系统经济性等方面发挥了重要作用。

当前，我国新能源装机规模不断扩大，电力消费结构加快变化，用电负荷呈现冬夏"双高峰"特性，电力生产侧与消费侧双向大幅波动，保障电力安全经济运行面临更大挑战，对进一步完善分时电价机制提出了迫切要求。各地现行分时电价机制已实施多年，在形势明显变化后，存在时段划分不够准确、峰谷电价价差仍有拉大空间、尖峰电价机制尚未全面建立，以及分时电价缺乏动态调整机制、与电力市场建设发展衔接不够等问题，需要适应形势变化进一步完善。

2021 年 7 月，国家发展改革委发布《关于进一步完善分时电价机制的通知》，主要从六个方面对现行分时电价机制作了进一步完善：

一是优化峰谷电价机制。要求各地结合当地情况积极优化峰谷电价机制，统筹考虑当地电力供需状况、新能源装机占比等因素，科学划分峰谷时段，合理确定峰谷电价价差，系统峰谷差率超过 40% 的地方，峰谷电价价差原则上不低于 4:1；其他地方原则上不低于 3:1。

二是建立尖峰电价机制。要求各地在峰谷电价的基础上推行尖峰电价机制，主要基于系统最高负荷情况合理确定尖峰时段，尖峰电价在峰段电价基础上上浮比例原则上不低于 20%。可参照尖峰电价机制建立深谷电价机制。

三是建立健全季节性电价机制和丰枯电价机制。要求日内用电负荷或电力供需关系具有明显季节性差异的地方，健全季节性电价机制；水电等可再生能源比重大的地方，建立健全丰枯电价机制，合理确定时段划分、电价浮动比例。

四是明确分时电价机制执行范围。要求各地加快将分时电价机制执行范围扩大到除国家有专门规定的电气化铁路牵引用电外的执行工商业电价的电力用户；对部分不适宜错峰用电的一般工商业电力用户，可研究制定平均电价，由用户自行选择执行。

五是建立动态调整机制。要求各地根据当地电力系统用电负荷或净负荷特性变化，参考电力现货市场分时电价信号，适时调整目录分时电价时段划分、浮动比例。

六是加强与电力市场的衔接。要求电力现货市场尚未运行的地方，电力中长期市场交易合同未申报用电曲线或未形成分时价格的，结算时购电价格应按目录分时电价机制规定的峰谷时段及浮动比例执行。

进一步完善分时电价，特别是合理拉大峰谷电价价差，有利于引导用户在电力系统低谷时段多用电，并为抽水蓄能、新型储能发展创造更大空间，这对短期保障电力安全稳定经济运行，中长期促进风电与光伏发电等新能源加快发展、有效消纳，实现碳达峰、碳中和目标具有积极意义。

（6）关于组织开展电网企业代理购电工作有关事项的通知

为了深化燃煤发电上网电价市场化改革，有序平稳实现工商业用户全部进入电力市场，2021 年 10 月，国家发展改革委发布《关于组织开展电网企业代理购电工作有关事项的通知》，提出：①鼓励其他工商业用户直接参与市场交易，未直接参与市场交易的由电网企业代理购电；②电网企业通过参与场内集中交易方式（不含撮合交易）代理购电，以报量不报价方式、作为价格接受者参与市场出清；③加强与分时电价政策的协同，在现货市场未运行的地方，应当按照当地分时电价政策规定的时段划分及浮动比例执行；④尚未直接参与市场交易的高耗能用户原则上要直接参与市场交易，暂不能直接参与市场交易的由电网企业代理购电，用电价格由电网企业代理购电价格的 1.5 倍、输配电价、政府性基金及附加组成；⑤电网企业代理购电用户电价由代理购电价格（含平均上网电价、辅助服务费用等，下同）、输配电价（含线损及政策性交叉补贴，下同）、政府性基金及附加组成。

该政策对储能的影响主要有两方面：其一是电网代购电之后各地峰谷价差的变化对储能影响较大，是各地能否大规模推广储能的关键；其二是高耗能用户购电成本将大幅上升，这部分用户增配储能设施用于削峰填谷的驱动力增强。

3.8.1.2 地方层面

在国家上述系列政策的推动下，目前全国共有 28 个省（直辖市、自治区）发布了分时电价政策，部分省（直辖市、自治区）分时电价政策如表 3-17 所示。

在各地分时电价政策出台后，部分地区的峰谷价差拉大，江苏、广东部分地市、浙江普遍超过 0.8 元/(kW·h)，为这些地区用户侧储能的开展提供了有利条件。

表 3-17　部分省（直辖市、自治区）分时电价政策

序号	政策名称	发布机构	发布时间	政策要点
1	关于江苏电网 2020—2022 年输配电价和销售电价有关事项的通知	江苏省发展改革委	2020 年 11 月	进一步降低谷期电价，拉大峰谷价差，充分发挥峰谷电价移峰填谷作用，鼓励储能产业发展。2021 年 1 月 1 日起，各电压等级的大工业、一般工商业用电峰谷分时销售电价差较 2019 年 7 月 1 日以来实行的价格水平增加了 0.02 元/(kW·h)

续表

序号	政策名称	发布机构	发布时间	政策要点
2	关于浙江电网2020—2022年输配电价和销售电价有关事项的通知	浙江省发展改革委	2020年11月	进一步降低谷段电价,适度拉大峰谷价差,充分发挥峰谷电价移峰填谷作用,鼓励储能等产业发展;实施季节性电价,在7、8月份对大工业高峰、低谷电价执行季节性电价政策
3	关于山东电网2020—2022年输配电价和销售电价有关事项的通知	山东省发展改革委	2020年11月	结合山东电力现货市场形成的时段供需关系,对现行工商业及其他用电峰谷分时电价时段进行优化。12:00—13:00由平段电价调整为低谷电价;11:00—11:30由峰段电价调整为平段电价;14:30—16:00由平段电价调整为峰段电价;6—8月实施的尖峰电价时段,10:30—11:30调整为10:00—11:00;其他时段不做调整
4	关于湖北电网2020—2022年输配电价和销售电价有关事项的通知	湖北省发展改革委	2020年11月	降低两部制工商业及其他用电容(需)量电价和电度电价。优化峰、谷、平时段设置并增设尖峰时段,合理调整各时段电价价差,进一步明确峰谷分时电价适用范围。对峰谷分时电价政策实施效果定期进行评估,适时予以动态调整。基础电价:同期湖北省电网销售电价表所列电价,扣除政府性基金及附加,作为峰谷分时电价计算的基础电价。平段电价=基础电价+政府性基金及附加;尖峰电价=基础电价×180%+政府性基金及附加;高峰电价=基础电价×149%+政府性基金及附加;低谷电价=基础电价×48%+政府性基金及附加
5	关于调整销售电价及优化峰谷分时电价政策有关事项的通知	甘肃省发展改革委	2020年12月	优化峰谷分时电价政策:高峰时段7:00—9:00、18:00—24:00;低谷时段2:00—4:00、11:00—17:00;平段为除高峰、低谷段的其他时间。峰谷价差浮动标准不变,即高峰时段标准在平段标准基础上上浮50%,低谷时段在平段标准基础上下浮50%

但随着2021年10月国家发展改革委发布《关于组织开展电网企业代理购电工作有关事项的通知》,各地启动电网企业代购电业务,电网代购电平均峰谷价差呈现逐月波动,甚至价差缩小的情况。2021年12月,22个省(直辖市、自治区)的市场交易电价比发布的分时目录电价价差缩小。峰谷价差缩小的主要原因是目前大部分省(直辖市、自治区)是在交易电价的基础上按照峰谷比例浮动,输配电价不参与峰谷浮动,造成了最后的结算电价峰谷比例缩小。

从2022年上半年电网企业代购电交易结果来看,平均价差超过0.7元/(kW·h)的有15个省(直辖市、自治区),包括广东、浙江、海南等,如图3-1所示。广东省(珠三角五市)峰谷价差最大;海南省价差逐月递增,且趋于稳定;甘肃省价差逐月递减。其他地区略有波动,变化不超过0.1元/(kW·h)。各地价差的变动与其电力市场特性紧密相关,电价的走势还需综合考虑发、用电的供需关系和优先购、售电情况。

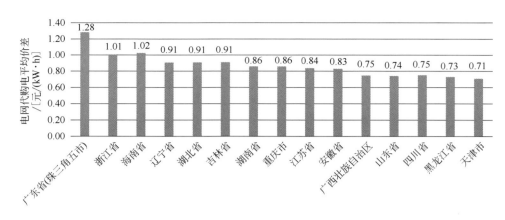

图 3-1　2022 年上半年电网代购电平均价差

图中最大价差指一般工商业 1～10kV 尖峰电价与低谷电价的差值

各地峰谷价差的波动直接影响用户侧储能项目的盈利性。峰谷价差大于 0.7 元/(kW·h) 的地区是目前储能项目开发商重点关注的区域，但由于价差存在波动性，因此，亟须为用户侧储能开辟需求响应补偿、参与辅助服务市场等其他额外获益渠道，促进储能发展的同时，为电力系统整合更多分散的调节资源。

3.8.2　电力需求响应政策

随着电力体制改革的进行，中国的电力系统正在发生变化，在用电需求和高峰负荷日益增长、调峰资源日益紧缺、可再生能源消纳困难等多重压力下，需求响应在中国的发展越发得到重视。中国国家层面和地方层面出台了一系列与需求响应相关的政策，开展需求响应试点工作，并为需求响应资源提供的服务进行补偿。而储能作为可部署在用户侧的一类资产，能够通过与其他用户侧资源进行整合，提供响应服务，并从需求响应政策中获益。

3.8.2.1　国家政策

电力需求响应相关国家政策见表 3-18。

表 3-18　电力需求响应相关国家政策

序号	政策名称	发布机构	发布时间
1	关于完善电力应急机制做好电力需求侧管理城市综合试点工作的通知	国家发展改革委 财政部	2015 年 4 月
2	电力需求侧管理办法（修订版）	国家发展改革委 工业和信息化部 财政部 住房和城乡建设部 国务院国资委 国家能源局	2017 年 9 月

为了解决日益加剧的电力需求问题，2012 年，国家财政部、国家发改委联合印发《电力

需求侧管理城市综合试点工作中央财政奖励资金管理暂行办法》（财建〔2012〕367号），正式明确对通过需求响应临时性减少的高峰电力负荷，每千瓦奖励100元。

2015年3月，中共中央、国务院《关于进一步深化电力体制改革的若干意见》（中发〔2015〕9号）中指出应进一步提升以需求侧管理为主的供需平衡保障水平。

2015年4月，国家发展改革委、财政部联合发布《关于完善电力应急机制做好电力需求侧管理城市综合试点工作的通知》，指出要完善峰谷电价机制，推进试点城市（北京、上海、苏州、唐山、佛山）电力需求侧管理工作，并将在完善峰谷电价、引进社会优秀电能服务企业共同参与、进行用电在线监测平台建设等方面努力，促进需求侧管理工作。

2017年9月，国家发改委等六部委联合发布《电力需求侧管理办法（修订版）》明确提出逐步形成占年度最大用电负荷3%左右的需求侧机动调峰能力，同时为储能在需求侧管理（需求响应）的应用增加了新的内涵。文件指出，"通过深化推进电力需求侧管理，积极发展储能和电能替代等关键技术；鼓励电力用户采用电蓄热、电蓄冷、储能等成熟的电能替代技术"。

通过上述政策，储能逐步被明确为可通过参与需求响应为电网提供调峰能力的关键技术。

3.8.2.2 地方政策

在国家政策的引导下，截止到目前，浙江、天津、陕西、山东等十多个省（直辖市、自治区）发布了电力需求响应工作方案。各省（直辖市、自治区）基本将电动汽车充电桩、用户侧储能等纳入需求响应资源范畴，同时积极引入售电公司、电力大用户、虚拟电厂运营商以及储能运营商作为参与主体，通过逐步探索电力需求响应的市场化竞价、交易机制，并设计灵活的激励政策，达成缓解电力供需紧张形势、减轻用电高峰时期电网运行压力、促进新能源消纳等目的。电力需求响应相关地方政策见表3-19。

表3-19 电力需求响应相关地方政策

序号	政策名称	发布机构	发布时间	政策要点
1	关于开展2020年度电力需求响应工作的通知	浙江省发展改革委	2020年7月	鼓励具备智能控制系统的中央空调、储能设施等负荷量大的用户和负荷集成商参与 削峰日前需求响应按照单次响应的出清价格、有效响应电量进行补贴，出清价格设置4元/(kW·h)价格上限 填谷日前需求响应执行1.2元/(kW·h)年度固定补贴单价 实时需求响应执行4元/(kW·h)年度固定补贴单价
2	关于开展2021年度电力需求响应工作的通知	天津市工业和信息化局	2021年2月	不断挖掘工商业、电动汽车、非公空调、储能等响应资源，形成占全市年度最大用电负荷3%左右的需求侧机动调峰能力。填谷需求响应一般采用固定补贴价格、竞价补贴两种模式[固定补贴1.2元/(kW·h)、竞价补贴1.2~2元/(kW·h)]，削峰需求响应一般采用固定补贴价格模式
3	2021年陕西省电力需求响应工作方案	陕西省发展改革委	2021年6月	鼓励具备条件的电能替代用户、储能（热）用户、电动汽车充电服务用户参与需求响应 每个负荷聚集商约定的响应能力原则上不小于2000kW

续表

序号	政策名称	发布机构	发布时间	政策要点
4	关于工商业用户试行季节性尖峰电价和需求响应补偿电价的通知	安徽省发展改革委	2021年10月	需求响应电价包括响应补偿价格和容量补偿价格。其中响应补偿按约时响应8元/(千瓦·次)、实时响应12元/(千瓦·次)、填谷响应3元/(千瓦·次);容量补偿分为分钟级容量补偿和秒级容量补偿,分钟级容量补偿标准为旺季1元/(千瓦·月)、淡季0.5元/(千瓦·月),秒级容量补偿标准为旺季2元/(千瓦·月)、淡季1元/(千瓦·月),每年1、2、7、8、9、12月为旺季,其他月份为淡季 尖峰电价收入按照"专款专用、收支平衡"的原则专项用于对参与电力需求响应用户的价格补偿,年际间滚动使用,电网企业不得挪作他用,并将收支情况报省发展改革委、省能源局备案。省发展改革委可以根据收支情况,适时调整尖峰电价和需求响应电价标准
5	广西电力市场化需求响应实施方案(征求意见稿)	广西壮族自治区工业和信息化	2021年11月	需求响应资源为市场主体可调节负荷,包含自备电源、安装于用户侧的储能装置、具备调节能力的工业生产负荷等。需求响应资源聚合为虚拟电厂,以虚拟电厂为单元参与需求响应,参与需求响应报价上限不超过2.5元/(kW·h)
6	2022年河北省电力需求侧管理工作方案	河北省发展改革委	2022年4月	对钢铁、水泥、铸造等调节规模较大的行业,蓄热式电采暖、楼宇空调、客户侧储能和双蓄、智能家居等调节速度较快的用户开展普查,建设不低于最大负荷5%的可调节负荷资源库,并纳入省级电网智慧能源服务平台,实现统一分类管理、滚动更新、在线监测
7	广东省市场化需求响应实施细则(试行)	广东省	2022年4月	响应资源指大用户直属或负荷聚合商代理的具备负荷调节能力的资源,包括传统高载能工业负荷、工商业可中断负荷、用户侧储能、电动汽车充电设施、分布式发电、智慧用电设施等 日前邀约申报价格上限为3500元/(MW·h);日前邀约虚拟电厂申报可响应容量下限0.3MW,可中断负荷申报价格上限为5000元/(MW·h);可中断负荷虚拟电厂申报可响应容量下限为0.3MW
8	关于同意开展2022年电力削峰移峰和电力需求响应工作的复函	重庆市经济信息委	2022年5月	在削峰响应方面,工业用户为10元/(千瓦·次),商业、移动通信基站、用户侧备用电源、数据中心、电动汽车充换电站、冻库等用户为15元/(千瓦·次);填谷响应为1元/(千瓦·次)
9	河北省电力需求响应市场运营规则	河北省发展改革委	2022年5月	建设技术支撑平台,聚合工业、建筑、分布式能源、储能、充电等资源,构建用户侧可调节负荷资源库,参与削峰需求响应、填谷辅助服务和电力市场 申报响应负荷最小单位为1kW,响应补贴价格最小单位为0.1元/(kW·h)。申报响应负荷原则上不得高于供电企业确认的最大响应能力。负荷聚合商应为代理用户逐户申报
10	2022年全省电力可中断负荷需求响应工作方案	山东省能源局	2022年6月	紧急型需求响应:分成三档,第一档的容量补偿标准为每响应1千瓦负荷不超过2元/(千瓦·月);第二档的容量补偿为第一档的1.5倍;第三档的容量补偿为第一档的2倍,三档的电量补偿都根据实际响应量和现货市场价格计算 经济型需求响应:无分档,无容量补偿,调用后根据实际响应量和现货市场价格计算

3.8.3 辅助服务市场规则

辅助服务市场作为电力市场体系的重要组成部分,在保障电网安全可靠、促进可再生能源消纳、提高电力系统运行效益等方面发挥着重要作用。

随着可再生能源渗透率不断提高,电网的波动性越来越强,电力现货市场试点建设逐步推开,辅助服务市场资源不断丰富,参与主体不断扩大,以电化学储能为代表的新型调节资源已在辅助服务市场中展现出了较强的竞争力,这对辅助服务产品及交易机制的设计提出了新的要求。

3.8.3.1 国家政策

储能与电力辅助服务相关国家政策见表 3-20。

表 3-20 储能与电力辅助服务相关国家政策

序号	政策名称	发布机构	发布时间
1	关于进一步深化电力体制改革的若干意见 (配套文件:关于推进电力市场建设的实施意见)	国务院	2015 年 3 月
2	关于促进电储能参与"三北"地区电力辅助服务补偿(市场)机制试点工作的通知	国家能源局	2016 年 6 月
3	关于完善电力辅助服务补偿(市场)机制工作方案	国家能源局	2017 年 11 月
4	电力并网运行管理规定、电力辅助服务管理办法	国家能源局	2021 年 12 月

(1)关于进一步深化电力体制改革的若干意见

2015 年 3 月下发的《关于进一步深化电力体制改革的若干意见》(中发〔2015〕9 号),明确提出以市场化原则建立辅助服务分担共享新机制以及完善并网发电企业辅助服务考核机制和补偿机制。配套文件之一《关于推进电力市场建设的实施意见》中将"建立辅助服务交易机制"作为一项主要任务,以期深入落实电力体制改革各项措施,进一步还原电力商品属性,促进辅助服务市场体系的建立,在更大范围内优化资源配置。9 号文的发布,标志着国内辅助服务市场改革正式开始。

(2)关于促进电储能参与"三北"地区电力辅助服务补偿(市场)机制试点工作的通知

调频调峰等辅助服务可以充分发挥储能的灵活性特点,是储能实现应用价值的重要领域。储能的参与不仅可以大幅提升调频调峰电源的性能,还可将大量常规机组从繁重的调频功能中解放出来,提升机组的运行效率和使用寿命,促进辅助服务市场和能量市场的竞争。

然而,早期的辅助服务供应主体中并不包括储能,直到 2016 年 6 月,国家能源局发布《关于促进电储能参与"三北"地区电力辅助服务补偿(市场)机制试点工作的通知》,首次明确给予储能独立的电力市场主体地位,允许发电侧和用户侧电储能参与辅助服务,鼓励多元化主体投资建设电储能设施，规定"三北"地区各省（自治区、直辖市）原则上可选取不超过 5 个电储能设施参与电力调峰调频辅助服务补偿（市场）机制试点，已有工作经验的地区可以适当提高试点数量，在保障电力系统安全运行的前提下，充分利用现有政策，发挥电储能技术优势，探索电储能在电力系统运行中的调峰调频作用及商业化应用，推动建立促进可再生能源消纳的长效机制。

（3）关于完善电力辅助服务补偿（市场）机制工作方案

2017 年，我国电力辅助服务市场机制建设工作进入加速期。2017 年 11 月，国家能源局发布了《完善电力辅助服务补偿（市场）机制工作方案》（以下简称"工作方案"）。"工作方案"面对清洁能源迅猛发展，电力系统运行管理复杂性增加、安全稳定运行要求不断提高等一系列新形势，着力完善和深化电力辅助服务补偿（市场）机制，制定了详细的、阶段性的发展目标和主要任务，成为辅助服务近期工作的重要指引。2020 年，我国配合现货交易试点，开展电力辅助服务市场建设。这是继《并网发电厂辅助服务管理暂行办法》（电监市场〔2006〕43 号）之后，又一个重要的、推动全国电力辅助服务工作的纲领性文件。

"工作方案"在以下四个方面的规划布局对于推动储能在我国辅助服务领域实现商业化应用具有重要推动意义：

① 实现电力辅助服务补偿力度科学化。

通常间歇性能源占比越多、灵活性电源需求越多的电力系统，系统支付的辅助服务成本越高。因此，对于自动发电控制、调峰、备用等服务有技术需求的省（直辖市、自治区），加大辅助服务的补偿力度，可以促进储能等优质辅助服务资源进入电力系统，形成良好的商业化应用环境。

② 鼓励采用竞争方式确定电力辅助服务承担机组。

电网企业根据系统运行需要，确定自动发电控制、备用、黑启动等服务总需求量，发电企业通过竞价的方式提供辅助服务。通过竞争方式确定参与方，性能好、成本优的辅助服务资源在市场中将获得更多的参与机会。作为优质的调频资源，储能不仅更具竞争优势，而且能够大幅提高电网调频控制的效果和效率。

③ 鼓励按效果补偿自动发电控制和调峰服务。

"工作方案"鼓励借鉴部分地区自动发电控制按效果付费的经验，采用自动发电控制机组的响应时间、调节精度、调节速率等效果指标乘以行程作为计量公式进行补偿。按照效果付费进行补偿，有利于优质的调频资源，尤其是电储能设施积极参与辅助服务市场，更好地激励储能发挥响应速度快、双向调节等方面的优势，并且获得相应的价值回报，用较少的容量完成更多的调节任务。

④ 按需扩大电力辅助服务提供主体。

"工作方案"鼓励储能设备、需求侧资源参与提供电力辅助服务，允许第三方参与提供电力辅助服务。我国许多地区电源结构单一。例如，华北和西北区域一些地区主要以燃煤、燃气机组和风电、光伏电源构成，燃煤机组能力已充分挖掘，辅助服务提供能力有限。风电、光伏作为辅助服务需求方，在需求增加、供给有限的情况下，亟须引入更多的辅助服务资源。

作为优质的辅助服务提供者，储能的能力和规模潜力巨大。

（4）电力并网运行管理规定、电力辅助服务管理办法

2021年12月24日，国家能源局发布《电力并网运行管理规定》、《电力辅助服务管理办法》（以下简称新版"两个细则"），正式取代原国家电监会制定的旧版"两个细则"。新版"两个细则"的总体思路可概括为：面对新问题、拓展新主体、引入新品种、遵循市场化、构建新机制。

新版"两个细则"对新型储能将产生五大影响：

① 明确了新型储能的独立"新型主体"身份。

新型储能能够将能源的生产与消费在时间上进行解耦，其与源侧的各类发电主体的最大差异是自身不能产生能源，与荷侧用能主体的最大不同之处在于自身也不是能源的最终消费者。因此，新型储能既不属于"源侧"，也不能归类到"荷侧"，而是一种独立的新型主体。这在新版"两个细则"文件第二条"本规定适用于省级及以上电力调度机构直接调度的火电、水电、核电、风电、光伏发电、光热发电、抽水蓄能、自备电厂等发电侧并网主体，以及电化学、压缩空气、飞轮等新型储能，传统高载能工业负荷、工商业可中断负荷、电动汽车充电网络等能够响应电力调度指令的可调节负荷（含通过聚合商、虚拟电厂等形式聚合）等负荷侧并网主体"里将新型储能与"发电侧并网主体""负荷侧并网主体"分开并列表述中得到充分体现。这从根本上解决了新型储能"我是谁"的问题，为科学规范化管理新型储能扫清了根本性障碍。

② 明确了新型储能的基本运行管理框架。

我国各地能源供给与消费结构存在天然的时空差异，市场化进程参差不齐。自从2003年旧版"两个细则"颁布实施以来，各地"两个细则"的执行细则更是分化明显。为解决新型储能运行涉及的技术指导和管理框架等缺失的问题，《电力并网运行管理规定》明确了新型储能需满足的基本功能、涉网性能与参数、自动化设备等运行层面的基本管理框架，在第二十条中明确了"参照发电侧并网主体技术指导和管理相关要求执行"的执行依据，但并没有像发电侧并网主体的技术指导和管理工作一样详细，这为未来各地编制可满足本地运行管理与辅助服务等需要的执行细则提供了可参照框架的同时，也为各地差异化预留了一定的发挥空间。

③ 明确了新型储能不会被"特殊"对待，"市场化"是新型储能健康可持续发展的必然方向。

"市场化"贯穿于新版"两个细则"始末，涵盖了市场主体、准入机制、参与机制、调用机制、考核机制、结算机制、运行执行等各服务或交易环节，与监督管理等环节构成了一个"无歧视"的闭环体系，这也有利于为新型储能的发展创造可持续的发展环境。

④ 激发了新型储能的灵活性价值需求，构建了充分发挥灵活性资源优势的体制机制。

在国家"双碳"目标背景下，在以新能源为主的新型电力系统中，供给上将出现集中式新能源与分布式新能源长期并存的局面，组成上将出现以电力电子技术为主导的弱惯量电力系统，消费上将涌现海量含分布式能源、具有一定自平衡特性的微电网，机制上将出现多层构架的协同化市场交易，运行上将出现多级耦合的分层协同调控体系。因此，《电力并网运行管理规定》中明确了对发电侧并网主体的运行涉网范围、功能需求及其要求，例如在第五条新增一次调频系统、新能源功率预测系统等范围，在第二十条提出的"并网主体参与电力系统调峰时，调频、调压等涉网性能应满足相关规定和具体要求"等要求，体现了新能源"常规化"的制度设计，为市场主体利用新型储能满足并网运行指标要求提供了机遇。另外，《电力辅助服务管理办法》提出新增转动惯量、爬坡等辅助服务新品种，有利于发挥新型储能等灵活性资源的优势，助力储能提供多重辅助服务并获得多样化的收益来源。

⑤ 明确了辅助服务成本分摊与传导等核心机制。

自从《关于印发电力体制改革方案的通知》（国发〔2002〕5号）颁布以来，我国电力行业不断探索适合中国能源发展客观需求的市场体系与机制。然而，长期的计划经济思维惯性，导致我国的电力成本传导机制长期不畅。单纯依靠现有的、基于源侧的辅助服务成本分摊与传导机制，无法承受大规模新型储能等灵活性资源进入市场之后带来的成本疏导需求。因此，《电力辅助服务管理办法》进一步完善了辅助服务考核、补偿等机制，明确跨省跨区发电机组参与辅助服务的责任义务、参与方式和补偿分摊原则，提出建立用户参与的分担共享机制，要求形成可贯穿到用户侧的电力成本传导机制，为新型储能等灵活性资源的规模化发展提供了基础条件。

3.8.3.2 地方政策

在新版"两个细则"政策思路的指引下，目前约有20余个省（直辖市、自治区）出台辅助服务相关政策。

在新政策推出方面，山西、浙江将"一次调频"纳入辅助服务市场交易中；华中、华东区域制定了省间调峰的市场规则；南方区域计划在2022年推出省间备用等交易政策。

在建立成本分担机制方面，广东、山西、浙江、江苏的政策充分体现"谁获益谁付费"的原则，推动辅助服务费用向用户传导。其中，广东在《电网代购电实施意见》中，首次明确将相关的辅助服务费用计入交易电价中，由全体工商业用户共同分摊。另外，按照"谁产生、谁承担"的原则，一些省份进一步加大对新能源场站的考核力度，提升分摊比例，通过完善辅助服务分担机制，扩大市场规模，将有助于激发灵活性资源配置需求，通过市场的手段反映灵活性资源的价值。

储能与电力辅助服务相关地方政策见表3-21。

表 3-21　储能与电力辅助服务相关地方政策

区域	序号	政策名称	发布机构	发布时间
东北区域	1	东北区域发电厂并网运行管理实施细则	东北能监局	2019年10月
	2	东北区域并网发电厂辅助服务管理实施细则		2019年10月
	3	东北电力辅助服务市场运营规则		2020年9月
华北区域	4	华北区域发电厂并网运行管理实施细则	华北能监局	2019年9月
	5	华北区域并网发电厂辅助服务管理实施细则		

续表

区域	序号	政策名称	发布机构	发布时间
华北区域	6	华北电力调峰辅助服务市场运营规则	华北能监局	2019年9月
	7	第三方独立主体参与华北电力调峰辅助服务市场规则（试行）（2020版）		2020年12月
	8	蒙西电力市场调频辅助服务交易实施细则（试行）		2020年6月
	9	蒙西电力市场备用辅助服务交易实施细则（试行）		2020年6月
	10	关于修订《蒙西电力市场调频辅助服务交易实施细则（试行）》部分条款的通知		2020年12月
	11	山西省电力辅助服务市场化建设试点方案	山西能监办	2017年8月
	12	关于鼓励电储能参与山西省调峰调频辅助服务有关事项的通知		2017年11月
	13	山西独立储能和用户可控负荷参与电力调峰市场交易实施细则（试行）		2020年12月
	14	山东电力辅助服务市场运营规则（试行）（2020年修订版）	山东能监办	2020年12月
西北区域	15	西北区域发电厂并网运行管理实施细则	西北能监局	2018年12月
	16	西北区域并网发电厂辅助服务管理实施细则		
	17	西北区域省间调峰辅助服务市场运营规则		2020年1月
	18	宁夏电力辅助服务市场运营规则（征求意见稿）		2021年5月
	19	青海省电力辅助服务市场运营规则（征求意见稿）		2020年11月
	20	陕西电力辅助服务市场运营规则（试行）		2019年11月
	21	甘肃省电力辅助服务市场运营暂行规则	甘肃能监办	2021年5月
	22	新疆电力辅助服务市场运营规则（试行）	新疆能监办	2017年9月
华东区域	23	华东区域并网发电厂辅助服务管理实施细则	华东能监局	2019年3月
	24	华东区域发电厂并网运行管理实施细则		2019年12月
	25	华东电力调峰辅助服务市场运营规则（试行）		2018年9月
	26	华东电网备用辅助服务市场运营规则		2020年12月
	27	安徽电力调峰辅助服务市场运营规则（试行）		2018年8月
	28	江苏电力市场用户可调负荷参与辅助服务市场交易规则(试行)	江苏能监办	2020年11月
	29	福建省电力调频辅助服务市场交易规则（试行）（2019年修订版）	福建能监办	2020年1月
华中区域	30	华中区域并网发电厂辅助服务管理实施细则	华中能监局	2020年9月
	31	华中区域发电厂并网运行管理实施细则		2020年9月
	32	湖北电力调峰辅助服务市场运营规则（试行）		2020年6月
	33	江西省电力辅助服务市场运营规则（暂行）	华中能监局 江西省能源局	2020年11月

续表

区域	序号	政策名称	发布机构	发布时间
华中区域	34	河南电力调峰辅助服务交易规则（试行）	河南能监办	2019 年 8 月
	35	关于进一步深化河南电力辅助服务市场建设工作的通知		2021 年 3 月
	36	河南电力辅助服务补偿机制实施方案		2018 年 9 月
	37	湖南省电力辅助服务市场交易模拟运行规则	湖南能监办	2020 年 5 月
	38	湖南省电力辅助服务市场交易规则（试行）		2021 年 1 月
华南区域	39	南方区域发电厂并网运行管理实施细则	南方能监局	2017 年 12 月
	40	南方区域并网发电厂辅助服务管理实施细则		2017 年 12 月
	41	南方区域统一调频辅助服务市场建设方案		2020 年 10 月
	42	南方区域"两个细则"（2017 版）优化调整事项		2020 年 10 月
	43	广东调频辅助服务市场交易规则		2020 年 9 月
	44	云南调频辅助服务市场运营规则（试行）	云南能监办	2020 年 9 月
	45	贵州电力调峰辅助服务市场交易规则（试行）	贵州能监办	2021 年 3 月
	46	贵州电力黑启动辅助服务市场交易规则（试行）		2021 年 3 月

（1）东北区域

2020 年 9 月，国家能源局东北监管局制定了新版《东北电力辅助服务市场运营规则》。鼓励发电企业、售电企业、电力用户、独立辅助服务提供商投资建设电储能设施。根据规则，充电功率在 10MW 及以上、持续充电时间 4h 以上的电储能设施，可参与发电侧调峰辅助服务市场。

（2）华北区域

华北电力调峰辅助服务市场由华北调峰辅助服务市场和省网调峰辅助服务市场构成。华北市场包括日前市场和日内市场，按照集中报价、市场统一边际出清的方式开展。

2019 年 11 月 11 日，国家能源局华北监管局（简称"华北能监局"。）研究制定了《第三方独立主体参与华北电力调峰辅助服务市场试点方案（征求意见稿）》，以进一步深化华北电力调峰辅助服务市场建设，充分运用市场手段引导各类市场主体参与电力辅助服务市场，促进新能源消纳。这是在中国电力调峰辅助服务市场建设过程中，首份单独为第三方独立主体出台的相关文件，为包括分布式及发电侧储能装置、电动汽车（充电桩）、电采暖、虚拟电厂等第三方独立主体在内的独立辅助服务提供商创造了全新的市场空间。

2020 年 12 月，华北能监局印发《关于继续开展第三方独立主体参与华北电力调峰辅助服务市场试点工作的通知》，修订发布了《第三方独立主体参与华北电力调峰辅助服务市场规则（试行，2020 版）》，其中明确分布式储能、电动汽车（充电桩、充换电站）、电采暖、虚拟电厂（可控负荷）等第三方独立主体可独立参与调峰市场，第三方独立主体需具备稳定提供不少于 10MW/30MW·h 的调节能力。第三方独立主体申报价格上限为 600 元/（MW·h）。

① 蒙西

近年来，储能参与蒙西调频辅助服务市场的相关规则不断调整。

2019 年 6 月，华北能监局发布《蒙西电力市场调频辅助服务交易实施细则（征求意见稿）》，主要对 AGC 调节性能补偿系数进行了修订，修订后补偿系数减少一半，对应储能调频效益相应减少。

2020 年 6 月，华北能监局 6 月 18 日正式印发《蒙西电力市场调频辅助服务交易实施细则（试行）》，其中指出市场主体可同时参与调频市场和现货电能量市场，并分别获得调频容量及调频里程补偿。蒙西调频辅助服务即将从"两个细则"阶段过渡至辅助服务市场阶段，规则继续执行按效果付费，并对同时参与调频市场和现货电能量市场的主体，给予调频容量补偿和调频里程补偿，里程补偿申报价格范围为 6～15 元/MW，调频容量补偿市场初期价格暂定为 60 元/MW。

随着储能参与辅助服务市场特别是调频辅助服务市场，依效果给予补偿的方式增加了扩大辅助服务资金池的风险，在辅助服务成本无法向用户进行传导的情况下，政策开始调整效果指标，控制储能所提供服务的表现能力，导致储能收益下降。2020 年 12 月，华北能监局印发《关于修订〈蒙西电力市场调频辅助服务交易实施细则（试行）〉部分条款的通知》（华北监能市场〔2020〕260 号），蒙西辅助服务市场调频里程申报价格由 6～15 元/MW 调整为 2～12 元/MW，对 K 值采取开根号处理，并设置调节速率上限值，降低了储能的整体获益空间。

② 山西

2017 年 8 月，山西省能监办发布了《山西省电力辅助服务市场化建设试点方案》，并于 2018 年 1 月 1 日起启动了山西调频辅助服务市场试运行。目前，山西调频辅助服务市场以竞价出清的方式来决定市场参与者和市场出清价格。山西调频辅助服务市场设计了按效果付费机制，其收益由性能指标和调节深度决定。

2017 年 11 月，山西省能监办发布了全国首个针对电储能参与辅助服务的项目管理规则《关于鼓励电储能参与山西省调峰调频辅助服务有关事项的通知》（以下简称"通知"）。"通知"对电储能参与辅助服务提出了基本要求，涉及调峰和调频两个辅助服务品种，包括联合式和独立式两种电储能设施参与方式。"通知"对项目管理、电价政策、并网调度策略等方面的问题提出了工作方案。首先，在项目管理方面，电储能项目试点工作实行备案制，由山西能监办统一管理。其次，在电价政策方面，电储能设施联合参与调峰调频服务的充放电量及电价由发电企业或电力用户与电储能设施运营方协商确定；电储能设施独立参与调频、调峰服务的充放电价按照价格主管部门的电价政策执行；电储能设施独立参与调频服务的储能容量电费由山西能监办另行制定，在发电侧分摊。再次，在并网调度策略方面，基于调峰调频效果、同等交易价格条件下，优先调用电储能等优质资源。

2020 年 12 月，山西能监办出台《山西独立储能和用户可控负荷参与电力调峰市场交易实施细则（试行）》，意将省内可控工业负荷、蓄热锅炉、储能设备、电动汽车等用户侧资源引入调峰市场。该政策的亮点主要包括：a. 明确了独立储能参与调峰市场的身份，独立储能市场主体可获许办理电力业务许可证；b. 调峰补偿价格相对征求意见稿明显下调，政策补偿也不再向储能单独予以倾斜；c. 政策明确了各主体分摊调峰费用的市场机制，也是辅助服务成本向用户侧传导的大胆尝试，是向现货市场迈进过渡阶段的合理选择，收益即付费的基本思路是辅助服务市场长效机制建立的核心。但目前来看，在调峰依然算作辅助服务市场服务类别的情况下，用户侧参与调峰辅助服务和电力运行主管部门主导的需求响应机制高度重叠，电力市场机制还需整体考量，做好现货市场的衔接，避免资源的重叠利用和资金的无效支付。

③ 山东

《山东电力辅助服务市场运营规则（试行）》最初于2017年5月由山东能监办下发，2019年、2020年间经多次修订（最近一次修订为2020年12月）后发布。在最新的规则中，储能设施作为市场主体获得了参与辅助服务市场的身份，但由于需求不确定性和市场长效机制未形成，AGC调频补偿价格和结算公式也在不断调整，这增加了项目投资风险。

（3）西北区域

2018年底，西北能监局发布新版《西北区域发电厂并网运行管理实施细则》《西北区域并网发电厂辅助服务管理实施细则》（以下简称新版"两个细则"），该版本与2015年版本相比，新版"两个细则"加强了考核精度和罚款力度，也提高了补偿的种类和标准，进一步凸显了储能在新能源及AGC调频等电力辅助方面的作用。

新版"两个细则"与电储能关系比较密切的主要有调峰、AGC调频和新能源并网运行管理三个方面。现阶段，调峰方面，各省有偿调峰市场补偿标准不尽相同，但对西北区域来说，储能单纯实现调峰任务时回收投资成本周期较长；AGC调频服务方面，西北电网的实际情况导致目前火电厂的AGC投入策略以跟踪联络线为主，并未采用类似于华北电网的K_p值计算贡献的模式，是按积分电量进行考核和补偿。因此储能在西北区域通过提供调峰、调频的方式获得可接受的投资回收期的难度还较大。而在新能源并网运行管理方面，为保障系统安全稳定运行和新能源电量消纳，必须完善新能源的调度运行策略，同时对为系统做出贡献的新能源电厂体现适度补偿。因此，与2015年版本相比，新版"两个细则"加强了新能源电站的考核精度和罚款力度，也提高了补偿的种类和标准。

针对新的考核办法，新能源企业除了直接提高设备运行水平满足要求外，可以增加储能装置优化场站运行能力，达到既减少相关考核量，又增加补偿收益的目的。从"两个细则"导向来看，虽然没有明确要求新能源电站必须配置储能装置，但显然，对部分场站而言，增加储能装置是更为有效的办法，一方面可以减少弃风限电的损失，另一方面也可通过参与电力辅助服务获得补偿。

2018年7月，西北跨省调峰辅助服务市场建设工作正式启动，旨在打破省间壁垒、建立跨省辅助服务新机制、提高系统运行效率、调动市场主体的积极性、促进新能源电量消纳。以此为目标，2020年1月8号，国家能源局西北监管局印发了《西北区域省间调峰辅助服务市场运营规则》（西北监能市场〔2020〕8号）。

① 甘肃

2019年9月20日，甘肃能源监管办正式印发了《甘肃省电力辅助服务市场运营规则（暂行）》（甘监能市场〔2019〕147号），在调峰市场的基础上新增调频辅助服务市场，并对调峰市场部分规则进行了修订。经过再次修订，2020年1月20日，甘肃能源监管办发布了《甘肃省电力辅助服务市场运营暂行规则》（甘监能市场〔2020〕17号），新增调频辅助服务市场交易内容，提出电储能资源在非弃风弃光时段可参与调频辅助服务市场。

② 宁夏

2018年3月，西北能监局发布《宁夏电力辅助服务市场运营规则（试行）》，规定：电储能可在发电企业计量出口内或用户侧为电网提供调峰服务，要求充电功率在10MW及以上、持续充电时间4h以上；用户侧电储能设施可与风电、光伏企业协商开展双边交易，交易价格的上限为0.2元/(kW·h)，下限为0.1元/(kW·h)；同时提出电储能既可在火电厂或集中式间歇性能源发电基地等发电侧，也可在负荷侧，或以独立市场主体身份为系统提供调峰等辅助服务。

③ 青海

2019年6月3日，西北能监局发布《青海电力辅助服务市场运营规则（试行）》（西北监能市场〔2019〕28号），规定：发电企业、用户计量出口外并网或直接接入电网侧的储能设施，可作为独立主体参与市场交易；要求充电功率在10MW及以上、持续充电时间在2h及以上；储能调峰交易可分为双边协商交易和市场竞价交易，在电网需要调峰资源的情况下，调度机构可以按照0.7元/(kW·h)调峰价格调用储能参与调峰。

④ 陕西

2019年11月，西北能监局印发《陕西电力辅助服务市场运营规则（试行）》（西北监能市场〔2019〕82号）。12月20日，陕西电力辅助服务市场正式进入试运行。在西北能监局的推动下，西北区域和宁夏、青海和陕西电力辅助服务市场建设工作有序开展，形成了各具特色的省内市场为基础、跨省交易优化和补充的西北电力辅助服务市场体系。

⑤ 新疆

2017年9月，国家能源局新疆监管办发布《新疆电力辅助服务市场运营规则（试行）》，通过市场化的经济补偿机制激励并网发电机组调峰。新疆的有偿调峰服务主要包括：实时深度调峰交易、调停备用交易、可中断负荷交易、电储能交易。针对储能，该运营规则提出：规模上，储能充电功率应在10MW及以上、持续充电时间4h以上；参与方式上，在火电厂计量关口出口内建设的电储能设施，既可以与机组联合参与调峰，按照深度调峰管理、费用计算和补偿，也可自愿作为独立电力用户参与辅助服务市场。在风电场、光伏电站计量关口出口内建设的电储能设施，由电力调度机构监控、记录其实时充放电状态，其充电能力优先由所在风电场和光伏电站使用，释放电量等同于发电厂发电量，按照发电厂相关合同电价结算。用户侧电储能设施须在新疆电力调度机构能够监控、记录其实时充放电状态的前提下参与辅助服务市场。价格上，作为独立市场主体的电储能设施可与发电企业通过双边协商确定交易价格，也可通过市场平台集中交易确定价格。风电、光伏企业购买到的电储能设施的电力为风电、光伏企业对应时段新增发电空间。

（4）华东区域

2018年9月13日，国家能源局华东监管局（简称"华东能监局"）发布了关于印发《华东电力调峰辅助服务市场试点方案》和《华东电力调峰辅助服务市场运营规则（试行）》的通知，华东电力调峰辅助服务市场拟于 2018 年 9 月底开展模拟运行，2019 年 1 月 1 日起正式运行。规则中定义调峰能力不低于额定容量 50%的 300MW 以上燃煤机组、新投产电价市场化的抽水蓄能机组可作为市场主体参与，并适时考虑逐步扩大至其他具备规定调峰能力的发电电源。申报电力最小单位为 50MW，申报电价最小单位为 1 元/（kW·h）。2019 年 3 月 28 日，国家能源局华东监管局下发《华东区域并网发电厂辅助服务管理实施细则》和《华东区域发电厂并网运行管理实施细则》，这是自 2010 年 5 月华东区域"两个细则"试运行以来，最大幅度的一次修订。在新版"两个细则"中，风电场和光伏电站被纳入了"两个细则"考核：风电场和光伏电站从并网发电之日起纳入。另外，新版"两个细则"还对风电场和光伏电站发电、调峰调频费用计算规则等做了详细规定。

2020 年 10 月 10 日，华东能监局组织起草了《华东电网备用辅助服务市场运营规则（征求意见稿）》，提出建立备用辅助服务市场化跨省调剂机制，提升华东电网电力安全保障能力。同时，华东能监局印发《电化学储能电站参与华东区域"两个细则"规则条款》。电源侧、负荷侧电储能可以从电源侧、负荷侧独立出来，按照独立电储能方式参与 AGC 服务、低频调节服务、有偿无功服务、黑启动、自动电压控制（AVC）等辅助服务。

2018 年 8 月，华东能监局发布《安徽电力调峰辅助服务市场运营规则（试行）》，将充电功率 10MW 及以上、持续充电时间 4h 及以上的独立电储能设施企业纳入了调峰辅助服务的市场主体，并且不用分摊深度调峰费用。电储能既可在电源侧，也可在负荷侧，或是独立电储能设施。规则还对电储能可获得的调峰服务费用给予了说明。

2020 年 9 月江苏省发布《江苏电力市场用户可调负荷参与调峰市场交易规则（征求意见稿）》，鼓励电力市场用户和售电企业作为可调负荷参与调峰辅助服务市场，并且规定"电力市场用户可调负荷参与调峰市场补偿费用由所有市场化用户按照当月实际用电量占比分摊"。在辅助服务成本尚不能全部疏导到用户端的情况下，将用户侧作为辅助服务分摊主体之一是相对公平的做法。

2020 年 1 月，福建能监办发布《福建省电力调频辅助服务市场交易规则（试行）（2019 年修订版）》，交易规则明确在电厂计量出口内建设的电储能设施，可与机组联合参与调频调峰，或作为独立主体参与调峰辅助服务市场交易；在用户侧建设的电储能设施作为用户的储能放电设备既可自用，也可参与调峰市场交易；独立储能参与电储能调峰交易，其充放电状态接受电力调度统一指挥；参与调峰交易的电储能设施不小于 10MW/40MW·h，暂定储能设备、电站容量不少于 10MW，并暂参照常规机组标准参与调频市场。

（5）华南区域

长期以来，南方区域电力辅助服务的管理以《南方区域并网发电厂辅助服务管理实施细则》《南方区域发电厂并网运行管理实施细则》（简称"两个细则"）为依据，以计划模式确定各类辅助服务资源的配置，并采用统一固定标准进行补偿，"两个细则"的配置标准和决策方法，并未充分考虑不同类型机组提供备用、调频服务的性能和成本差异，尚未形成辅助服务与发电计划协同优化的机制，影响了系统整体运行水平的提升。此外，由于缺少辅助服务市场化机制，现行分配方法和补偿标准容易引起市场主体的质疑。

2018年8月初，国家能源局南方监管局（简称"南方能监局"）印发了《广东调频辅助服务市场交易规则（试行）》，于2018年9月1日正式执行，为构建有效的广东调频市场机制，保障市场成员合法权益，激励发电企业提供更优质的调频辅助服务，保障电力系统安全、稳定、经济运行提供了规则依据。

2019年7月3日，南方能监局印发《广西电力调峰辅助服务交易规则（征求意见稿）》，标志着广西电力调峰辅助服务市场进入起跑阶段。2019年10月29日，南方区域首个省级电力调峰辅助服务市场——广西电力调峰辅助服务市场正式进入公开模拟运行阶段。在南方能源监管局指导下，广西电力调度通信中心组织开展了7个月的调峰市场模拟运行，并根据模拟运行情况和市场主体反馈意见形成《广西电力调峰辅助服务市场交易规则》（结算试运行版）。2020年5月25日，广西电力调峰辅助服务市场完成首次正式交易申报，并按市场规则进行日前发电计划安排，标志着广西电力调峰辅助服务市场结算试运行正式启动。2020年5月27日，广西电网出现结算试运行以来首次调峰需求，广西电力调度通信中心按照市场规则组织市场主体有序参与调峰市场，根据出清结果调用14台燃煤机组进行深度调峰，最大调峰深度588MW，促进消纳清洁能源累计1571MW·h。广西建设电力调峰辅助服务市场主要存在以下现实需求：一是需充分挖掘燃煤电厂调峰能力，解决最为迫切的水电消纳问题，为清洁能源消纳腾出空间；二是需形成多电源之间相互补偿机制，缓解燃煤发电企业经营困难，转变"唯发电量"的盈利模式；三是需通过市场化手段发现调峰辅助服务的市场价值，替代计划体制下"两个细则"固定的补偿标准；四是需通过建立准实时市场，培育发电企业的市场意识，为后续电能量现货市场打下基础；五是需通过调峰辅助服务市场建设，规范调度运行，提升现有调度运行水平。

2020年7月，南方能监局印发了《南方区域统一调频辅助服务市场建设方案（征求意见稿）》，南方区域统一调频辅助服务市场将最终形成两个区域调频子市场：广东、广西、贵州、海南调频市场，云南调频市场。两个子市场的市场结构、交易机制、价格机制等方面基本保持一致，异步联网期间各自相对独立运行。调频子市场的建设分两阶段进行：第一阶段，在广东调频市场的基础上，建设广东、广西、海南三省（自治区）统一的调频竞争市场，争取2020年12月启动试运行。建设云南调频竞争市场，争取于2020年10月启动试运行；第二阶段，纳入贵州省，形成广东、广西、贵州、海南四省（自治区）统一的区域调频市场，争取于2021年12月启动运行。

2020年10月15日，国家能源局南方监管局正式印发了《南方区域统一调频辅助服务市场建设方案》。方案提出：2020年10月底，编制《南方区域调频市场交易规则（征求意见稿）》；2020年11月底，完成区域调频市场技术支持系统以及配套调度运行控制系统的建设与调试；2020年12月底，广东、广西、海南调频控制区进入试运行。试运行期间，广东正式结算，广西、海南适时启动正式结算。

（6）华中区域

2020年5月中旬，华中能监局正式发布华中区域"两个细则"征求意见稿。这是自2011年以来，因应电力市场新形势，华中地区"两个细则"最大规模的一次调整。2020年9月7日，国家能源局华中监管局正式印发《华中区域并网发电厂辅助服务管理实施细则》和《华中区域发电厂并网运行管理实施细则》（简称"两个细则"），新版"两个细则"将于2020年11月1日正式实施。此次"两个细则"修订主要有五个方面的内容：

一是进一步扩大参与主体，将风电场、光伏电站、生物质电站和储能电站纳入实施范围。

二是增加辅助服务补偿品种，新增一次调频补偿和AVC补偿，实现补偿项目全覆盖。

三是全面提高辅助服务补偿和并网运行考核的标准，推进考核与补偿的算法精细化、科学化，特别是针对渝鄂背靠背投运、跨区大直流不断增加等新形势，重点对一次调频和AGC规则进行了修订。

四是将辅助服务补偿费用和并网运行管理考核费用的结算相互解耦，采用补偿费用按各电厂上网电量分摊，考核费用按不同机组类型单独结算的方式，促进考核与补偿更加公平合理。

五是精简技术指导与管理条款，进一步突出补偿考核功能定位。

① 湖北

2020年6月8日，华中监管局印发了《湖北电力调峰辅助服务市场运营规则（试行）》，湖北启动电力调峰辅助服务市场，其中市场初期主体暂为网调和省调管辖的火电、水电、风电、光伏和地县调110kV及以上风电场和光伏电站（不包括扶贫光伏），以及10MW/40MW·h及以上的独立电储能设施企业。

② 江西

2020年11月，华中监管局、江西省能源局印发《江西省电力辅助服务市场运营规则（试行）》，江西省电力辅助服务市场成员包括市场运营机构和市场主体。市场主体暂定为江西电力系统接入并进入商业运营的省调及以上发电企业（火电、水电、风电、光伏、热电联产，不含光伏扶贫和领跑者项目）和参与送电的网外发电企业，现阶段网外发电企业暂定为三峡水电站、葛洲坝水电站。雅中-江西特高压工程建成投产后，持续推进相关网外市场主体纳入市场。根据国家有关规定并结合江西实际情况，逐步扩大市场主体准入范围，直至所有具备条件的发电企业、辅助服务供应商、用户（含售电公司）、电网企业等均纳入市场。

③ 河南

河南能监办分别于2018年9月和2019年8月下发《河南电力辅助服务补偿机制实施方案》和《河南电力调峰辅助服务交易规则（试行）》，鼓励采用市场竞争方式确定电力辅助服务承担机组，鼓励调峰和调频辅助服务按效果补偿，鼓励储能设备、需求侧资源参与提供电力辅助服务，允许第三方参与提供电力辅助服务。电储能既可在电源侧，也可在负荷侧，或者以独立电储能设施为系统提供调峰等辅助服务。电储能参与辅助服务交易规则另行制定。在发电企业计量出口内建设的电储能设施，与发电机组联合参与调峰，按深度调峰交易管理，报价最高为0.5~0.7元/(kW·h)。计量出口外的电储能设施、电网侧和用户侧的电储能设施、独立电储能设施均可作为独立市场主体参与河南电力调峰辅助服务市场。作为独立市场主体参与的，应将储能设施的实时充放电等信息上传至省调并接受统一调度管理。根据河南电网调峰交易情况，逐步将有关电力用户（包含用户侧电储能）、可中断电力负荷纳入电力辅助服务市场交易，具体交易规则另行制定。

3.8.4 市场化交易规则

3.8.4.1 国家政策

国家电力市场交易政策见表 3-22。

表 3-22 国家电力市场交易政策

序号	政策名称	发布机构	发布时间
1	关于开展电力现货市场建设试点工作的通知	国家发展改革委 国家能源局	2017 年 8 月
2	电力中长期交易基本规则	国家发展改革委 国家能源局	2020 年 6 月
3	关于做好 2021 年电力中长期合同签订工作的通知	国家发展改革委 国家能源局	2020 年 11 月
4	关于加快建设全国统一电力市场体系的指导意见	国家发展改革委 国家能源局	2022 年 1 月

（1）关于开展电力现货市场建设试点工作的通知

2017 年 8 月，国家发展改革委、能源局联合发布《关于开展电力现货市场建设试点工作的通知》，根据地方政府意愿和前期工作进展，结合各地电力供需形势、网源结构和市场化程度等条件，选择南方（以广东起步）、蒙西、浙江、山西、山东、福建、四川、甘肃等 8 个地区作为第一批试点，加快组织推动电力现货市场建设工作。

现货市场能够充分体现电在不同时间、不同地点的不同价值，作为能量的"搬运工"，储能技术具有灵活配置、快速响应等特点，可以为现货市场所需要实现的电力实时平衡提供支持和服务。同时现货市场的建立和健全是储能技术真正实现大规模应用、体现价值和取得盈利的根本保障。

（2）电力中长期交易基本规则

2020 年 6 月，国家发展改革委、国家能源局联合修订发布《电力中长期交易规则》，明确了市场主体包括各类发电企业、电网企业、配售电企业、电力交易机构、电力调度机构、电力用户、储能企业等。而在此之前，储能企业不能作为一个独立的电力市场的主体去参与中长期交易。

（3）关于做好 2021 年电力中长期合同签订工作的通知

2020 年 11 月，国家发展改革委、国家能源局联合发布了《关于做好 2021 年电力中长期合同签订工作的通知》（以下简称"通知"），规定了交易双方签订分时段合同时，可约定峰谷时段交易价格，也可参考上一年平均交易价格确定平段电价，峰谷电价基于平段电价上下浮动。同时鼓励电力用户自行提供电力负荷曲线，签订电力中长期合同；鼓励售电公司、综合能源服务机构等提供更细更精准的电力负荷曲线，帮助市场主体更好地参与市场交易。

"通知"提出推进发用电双方带负荷曲线的中长期交易，短期内由于预测市场供需的交易难度尚且存在，仍需参照现有目录电价或指导电价确定峰谷价差。根据电力供需形势拉大峰谷价差的趋势依旧存在，用户侧储能峰谷价差套利商业模式仍有保障，但储能参与现货市场竞价的能力也要逐步提升。

我国虽已开展中长期交易多年，也提出了尽快由价差方式向顺价方式过渡的工作思路，但仍有部分地区价格形成机制显著差异于电力供需形势下的峰谷价差形态，并通过中长期交易减小了峰谷价差，这也反映出市场机制的钝化。

（4）关于加快建设全国统一电力市场体系的指导意见

2022年1月，国家发展改革委、国家能源局联合发布《关于加快建设全国统一电力市场体系的指导意见》，从统一电力市场体系的层次特征、基础功能、交易机制、规划监管、系统转型等五个方面提出针对性建设任务。全国统一市场体系包括电力现货市场、中长期市场以及辅助服务市场，对于储能来说，参与电力现货市场可以更好地发挥电力实时价格，准确地反映电能供需关系，而中长期市场更多是稳定市场预期、平衡长期供需。未来，调峰市场将与现货市场运行相融合，利用现货市场价格信号充分调动企业积极性。储能作为灵活调节性资源参与到电力市场中，可以更充分体现其市场价值，更有利于实现可再生能源的消纳。

3.8.4.2 地方政策

近期，江苏、江西、山西和青海等地落实电力现货市场建设方案，提出未来电力市场深化改革发展路径。而随着辅助服务市场交易品种体系逐步完善，市场化价格机制逐步形成，"谁受益，谁付费"和"谁引发，谁付费"的基本市场逻辑逐渐形成，用户与发电主体共同分担辅助服务成本费用的市场化机制建立，最终一个良性的市场格局形成，储能参与市场所造成的"资金风险"将逐步消除，而"绿色发展"所带来的电能量成本和所造成的波动调节成本将逐步在终端电价中有所体现，在一定调节上限能力下的"按效果付费"将获得合理支付。本着成本最优、效率最高的原则调用各类资源为电力系统提供服务，青海也暂时提出"最后开展储能调峰市场的出清"，但未来，在综合考虑各类资源成本的情况下，还应开放各类主体公平参与市场身份，让各类主体依成本、依效果自主参与市场竞争并提供服务。部分地方出台的电力市场交易政策如表3-23所示。

表3-23　地方电力市场交易政策

序号	政策名称	发布机构	发布时间	政策要点
1	江苏省分布式发电市场化交易规则（试行）	江苏能监办	2019年12月	通过电力现货市场建设，进一步完善用户侧参与电网调节的市场化机制，激发用户侧调节潜力，促进储能等用户侧调节能力的发展。辅助服务市场包括调频和备用辅助服务，允许具有负荷调节能力的电力用户及其他辅助服务提供者参与辅助服务市场，辅助服务市场与电能量市场联合优化出清，逐步推动现货电能量市场代替调峰辅助服务市场

续表

序号	政策名称	发布机构	发布时间	政策要点
2	山东电力现货市场建设试点实施方案 山东省电力现货市场交易规则（试行）	山东能源局	2020年6月	第一阶段：建立现货市场机制，启动现货市场试运行（2020年6月—2021年底）；第二阶段：现货市场成熟期（2022年以后）。现货市场建设过程中将完善现有调频辅助服务市场，与现货电量市场协调出清。其独立辅助服务提供者是指在符合一定标准的前提下，独立参与辅助服务的发电侧、用户侧电储能设施。调频辅助服务提供者主要为并网发电企业的发电机组或发电机组与储能装置联合体和独立储能电站等。抽水蓄能电站暂不纳入调频市场范围
3	青海电力现货市场建设方案（征求意见稿）	青海工信厅	2020年12月	日前现货市场出清后，存在弃风弃光的情况，开展调峰辅助服务市场出清。实时运行阶段，先开展水电启停调峰、火电深度调峰、火电启停调峰市场出清，在此基础上，开展实时现货市场出清，最后开展储能调峰市场出清
4	江苏电力现货市场建设方案（征求意见稿）	江苏省发展改革委	2020年12月	通过电力现货市场建设，进一步完善用户侧参与电网调节的市场化机制，激发用户侧调节潜力，促进储能等用户侧调节能力的发展。辅助服务市场包括调频和备用辅助服务，允许具有负荷调节能力的电力用户及其他辅助服务提供者参与辅助服务市场，辅助服务市场与电能量市场联合优化出清，逐步推动现货电能量市场代替调峰辅助服务市场。第一阶段：现货市场初步建立阶段（2021—2023年）；第二阶段：现货市场完善提升阶段（2024年—）
5	湖北省电力中长期交易规则（征求意见稿）	华中能监局	2021年3月	市场成员包括发电企业、电网企业、配售电企业、电力用户、储能企业和市场运营机构等。市场用户的用电价格由电能量交易价格、输配电价格、辅助服务费用、政府性基金及附加等构成，促进市场用户公平承担系统责任。电力用户拥有储能，或者电力用户参加特定时段的需求侧响应，由此产生的偏差电量，由电力用户自行承担

第 4 章
国外储能支持政策和市场规则

美国、英国、德国、澳大利亚、日本及韩国是发展较为领先的国际储能市场，各国出台的政策及配套的市场机制很大程度上影响着储能在各国的发展模式与进程。本章将从能源转型政策、技术创新支持政策、储能相关激励政策及相关制度改革、电力市场规则等方面，解析各国储能发展政策环境，为读者提供参考。

4.1 美国政策

美国储能产业的发展较早，自 2009 年，美国就逐步出台了各类政策来支持储能技术的研发和示范应用。

对储能领域最有影响力的政策和市场规则主要出自以下政府机构或非政府组织。在政府机构中，联邦政府层面上，主要包括美国能源部（DOE）和联邦能源管理委员会（FERC）；州政府层面上，主要包括加州公用事业委员会（CPUC）。在非政府组织中，主要包括独立系统运营商（ISOs）以及区域输电组织（RTOs）、北美电力可靠性委员会（NERC）、美国储能协会（ESA）和民间协会组织，比如在近来最有号召力的加州储能联盟（CEC）。

4.1.1 联邦政府政策

4.1.1.1 储能产业发展规划

（1）《储能大挑战路线图》

2020 年 12 月 21 日，美国能源部发布《储能大挑战路线图》（Energy Storage Grand Challenge Roadmap），提出"本土创新、本土制造和全球部署"这三个基本原则，用于指导美国储能技术的创新，并在国内开发和制造能够满足美国所有市场需求的储能技术。美国能源部《储能大挑战路线图》示意图如图 4-1 所示。

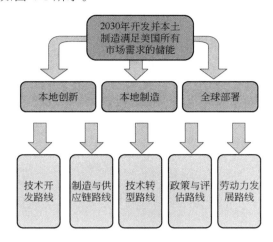

图 4-1 美国能源部《储能大挑战路线图》示意图

另外配套《储能大挑战路线图》发布的一份研究报告，确定了 2030 年及以后储能应用优势和功能要求、成本和性能目标。包括：到 2030 年，长时固定式储能应用的平准化成本将比 2020 年下降 90%，达到 0.05 美元/(kW·h)，从而促进储能广泛商业化应用；固定式储能满足更多的新兴需求，例如为偏远社区提供服务、提高电力设施灵活性、提高电力网络弹性以及促进电力系统转型等；到 2030 年，300 英里电动汽车的电池组制造成本为 80 美元/(kW·h)，比目前 143 美元/(kW·h) 的成本下降 44%。

《储能大挑战路线图》是美国能源部发布的首个针对储能的综合性战略，将影响美国整个储能产业从技术到应用的发展。从整个产业全局来看，美国储能产业的发展重心正逐渐转变，本土创新、本土制造和全球部署这三个基本原则，将会指导未来美国储能产业的发展，成为美国储能产业发展的重心。安全性、可靠性以及技术经济性方面的问题是目前致力要解决的问题。在国内新能源补贴退坡、电池成本材料不断上涨、国外能源不断挑战的局面下，能否加强创新，不断突破现有技术瓶颈，将会是美国的储能及电池企业所要解决的当务之急。

（2）第 14017 号"美国供应链"行政令

2021 年 2 月 24 日，美国拜登政府签署第 14017 号"美国供应链"行政令（Executive Order 14017, "America's Supply Chains"），要求政府相关部门对半导体制造和先进封装、大容量电池、关键矿物和材料、药品及活性药物成分四种关键产品的供应链进行全面审查，以识别供应链中的潜在风险、解决供应链中的漏洞，并就加强供应链弹性提出具体建议。2021 年 6 月 8 日，美国白宫发布根据第 14017 号行政令对"美国供应链"进行短期审查的结果报告《建立弹性供应链，振兴美国制造业，促进基础广泛增长：第 14017 号行政命令下的百日审查》（100-Day Reviews under Executive Order 14017）。报告对包括 4 类关键产品供应链的综合评估结果、关键环节以及主要风险进行了分析，并分别提出了针对型及通用型的政策建议，以加强关键供应链弹性、重建美国产业基础和创新引擎。

针对建设大容量电池弹性供应链，该报告建议：

① 刺激美国国产大容量电池终端产品在交通部门和公共事业部门的使用需求。

② 加强关键先进电池矿物的可靠来源供应。采用的方式包括：a. 投资于有针对性的、针对特定矿物的策略；b. 全面提高劳动和环境标准；c. 通过加强国内的回收利用来提高弹性。

③ 促进可持续的本土电池材料、电池和电池组生产。采用的方式包括：a. 通过赠款和贷款刺激私人资本；b. 引入支持性税收抵免；c. 利用联邦采购和财政资助。

④ 投资于对保持竞争优势至关重要的人员和创新。

(3)《国家锂电池蓝图（2021—2030）》

美国能源部（DOE）发布由联邦先进电池联盟（FCAB）制定的《国家锂电池蓝图（2021—2030）》报告，作为美国第一份由政府主导制定的锂电池发展战略，提出了未来十年打造美国本土锂电池供应链的五大主要目标和关键行动，以指导锂电池价值链相关联邦政府机构开展协作，满足不断增长的电动汽车和储能市场需求，确保国家长期经济竞争力和公平就业，实现国家安全和能源气候目标。

五大主要目标和关键行动如下。

① 确保获得原材料和精炼材料，并发现商业和国防应用中关键矿物的替代品。

目标旨在减少美国锂电池制造业对钴和镍等稀缺材料的依赖，以建立更强大、安全、有韧性的供应链。

② 支持美国原材料加工基地的发展，满足国内电池制造需求。

目前，美国大部分锂电池原材料的加工依赖于国际市场。降低锂电池对关键矿物（如钴和镍）的需求，以及开发降低电池材料合成成本（如正极、负极和电解质）的新工艺，是促进原材料加工业未来增长的关键因素。

③ 促进美国国内正负极材料等前驱体、电芯、电池组的生产能力。

美国应制定联邦政策框架，支持国内电极、电池和电池组生产，刺激锂电池需求增长。此外，应进一步研发具有经济效益的电极、电池和封装制造工艺，以满足需求增长。

④ 在美国建立废旧电池回收和材料循环利用机制，并形成具有竞争力的锂电池价值链。

锂离子电池的回收利用不仅可以缓解关键矿物的稀缺性问题，增强环境的可持续性，还可以支持一个更安全、更有弹性的国内材料供应链。未来需要重点降低废旧电池回收成本，并开发有弹性的市场，将退役电动汽车的电池进行二次利用。

⑤ 通过大力支持科学研发、STEM教育和劳动力发展，保持和提升美国电池技术的领先地位。

研发规划仍然是保持美国领先地位不可或缺的一部分。从事研发工作需要一支高技能的劳动力队伍，首先要公平地获得各级科学、技术、工程和数学（STEM）教育。

4.1.1.2 税收减免类政策

美国储能相关税收减免类政策如表4-1所示。

表 4-1　美国储能相关税收减免类政策

序号	政策名称	发布机构	发布时间
1	2017年国家储能税收激励与部署法案（H.R. 4649）	美国国会	2017年12月
2	住宅侧储能系统税收抵免新规则	美国国税局	2018年3月

（1）2017年国家储能税收激励与部署法案

2017年底，美国国会通过《2017年国家储能税收激励与部署法案》（H.R. 4649），将能源领域的投资税收抵免范围扩大至电池、压缩空气、抽水蓄能、飞轮、超级电容器、超导磁储能等电储能技术，储热技术，以及电解水制氢、燃料电池等氢储能技术，各类储能容量需大于5kW·h。此外，该法案还将储能纳入户用能效设施的技术范畴之内，接入或安装在纳税人家中，容量在3kW·h以上的储能系统也将享受投资税收抵免政策。

该法案是现有光伏发电系统投资税收抵免（ITC）政策思路在储能领域中的一项拓展。之前，除非储能项目符合某些要求，如储能系统必须与光伏系统配套安装使用，并由光伏充电75%以上才能申请ITC。而该法案不仅将ITC支持范围扩展至5kW·h以上的独立储能系统，还扩大了住宅能效资产的税收抵免范围。ITC对储能的认可令独立储能系统可与光伏系统一样享受投资税收减免支持。从光伏推广经验来看，ITC将在推动美国储能市场投资方面发挥重要作用。

（2）住宅侧储能系统税收抵免新规则

2018年3月，美国国税局发布了《住宅侧储能系统税收抵免新规则》。针对住宅侧光储系统，如果住宅侧用户在安装光伏系统一年后，再安装电池储能系统，且电池储能系统满足存储其电能100%来自光伏的条件，那么该储能设备就可以获得30%的税收抵免。这项新政有望激励住宅侧用户对既有光伏系统进行升级、改造，加装储能系统，从而促进住宅侧光储市场的发展。

4.1.1.3　技术研发及项目应用支持政策

美国储能相关技术研发及项目应用支持政策如表4-2所示。

表 4-2　美国储能相关技术研发及项目应用支持政策

序号	政策名称	发布机构	发布时间
1	DAYS计划 （Duration Addition to Electricity Storage）	美国能源部	2018年5月
2	完善储能技术法案 （Better Energy Storage Technology Act，BEST）	美国参议院能源和自然资源委员会	2019年10月
3	2021财年能源与水资源开发基金法案 （Fiscal Year 2021 Energy and Water Development Funding Bill）	美国众议院拨款委员会	2020年7月
4	清洁经济就业和创新法案（H.R. 4447）	美国众议院	2020年9月

（1）DAYS 计划

2018 年 5 月，美国能源部（DOE）发布了"Duration Addition to Electricity Storage"（DAYS）计划，将提供高达 3000 万美元的资金来支持新型长时储能系统（long-duration electricity storage，LDES）的研发和应用，以期为电网提供 10～100h 的持久备用电源，增加电网弹性，提高间歇性可再生能源的利用率。

DAYS 计划也是 ARPA-E 计划的一部分，整个计划将开发两类长时储能系统，分别是：

① 每日循环系统（daily-plus cycling），该系统可以提供每日循环，但是除了更长的持续时间以外，还要求循环频率低。

② 非每日循环系统（non-daily cycling），该系统不提供每日循环，且循环频率低。

针对储能技术类型，DAYS 并不设限，储热、机械储能、电化学储能、化学储能等均在该计划资助的储能技术范围内。而挑战则主要来自一系列成本目标、安装选址、功率输出、工作周期等要求。此外，DAYS 计划还将探索新的储能设计空间，以实现在极低成本情况下性能的折中。

2018 年 9 月，DOE 公布了选定的 10 个长时储能系统开发项目，具体项目信息如表 4-3 所示。

表 4-3 美国 DAYS 计划支持的储能项目

项目名称	负责单位	项目地点	支持金额/美元
采用低成本储热和高效电力循环的经济型长时储能系统	国家可再生能源实验室	科罗拉多州，戈尔登	2791595
可扩展的可再生能源储热系统	密歇根大学	密歇根州，东兰辛	2000000
改性劳林-布雷顿循环储能系统（储热+燃气轮机）	Brayton Energy	新罕布什尔州，汉普顿	1994005
含水硫的长时电网级储能系统	Form Energy	马萨诸塞州，萨默维尔	3948667
利用地下岩石改造的抽水蓄能	Quidnet Energy	加利福尼亚州，圣弗朗西斯科	3298786
低成本长时储能系统	Primus Power	加利福尼亚州，海沃德	3500000
可长时储能的可逆燃料电池	University of Tennessee, Knoxville	田纳西州，诺克斯维尔	1500000
基于 CO_2 热泵循环的低成本、长时抽水蓄能	Echogen Power Systems	俄亥俄州，亚克朗	3000000
利用廉价无机物的高性能液流电池系统	United Technologies Research Center	康涅狄格州，东哈特福德	3000000

资料来源：ARPA-E。

（2）完善储能技术法案

2019 年 10 月，《完善储能技术法案》（Better Energy Storage Technology Act，BEST）的

修订版获得了美国参议院能源和自然资源委员会（Senate Energy and Natural Resources Committee）的批准，该法案于 2019 年 5 月与《2019 年优化电网储能法案》（Promotion Grid Storage Act of 2019）同时出台。

该法案修订了 2007 年的《美国储能竞争法案》，目标是降低费用并延长储能系统的使用期限。具体而言，该法案将重点关注电网级储能系统的研究与开发，包括：

① 高灵活性的储能系统。该系统需要拥有至少 6h 的持续供电时长，完全放电的情况下至少 8000 次的循环寿命，以及 20 年的运行期。

② 放电时间在 10～100h 的长时间储能系统。该系统需要拥有至少 1500 次的循环寿命，以及 20 年的运行期。

③ 季节性储能系统。该系统需要可存储能源长达数月，解决季节性能源问题。

④ 支持 5 个储能示范项目的开展，以推动电网级储能技术的商业化。

⑤ 指导能源部（美国能源部）制定电网规模储能的战略规划以及成本目标。

⑥ 通过美国国家实验室加速储能系统的测试和验证。

⑦ 通过能源部（美国能源部）、国家实验室、联邦机构和终端用户的协同合作来调整研究工作，以生产具有商业可行性的储能系统。

⑧ 2020～2024 年间，每年为该计划拨款 6000 万美元。

BEST 法案批准后，美国形成了一系列的储能法案用于实现 BEST 规定的内容，包括《2019 年优化电网储能法案》《2019 年扩大可持续能源使用法案》《2019 年降低储能成本法案》等。

（3）2021 财年能源与水资源开发基金法案

加快、优先发展下一代储能技术，保持技术领先，促进储能应用，是美国储能产业的发展战略，美国财政持续多年对储能技术研发与应用投入资金支持。

美国众议院拨款委员会批准通过的《2021 财年能源与水资源开发基金法案》提出了三方面的内容：一是能源部（DOE）将出资 5650 万美元，支持由美国太平洋西北国家实验室（PNNL）主导的储能研究与开发设施"电网储能发射台（grid storage launchpad）"的建设；二是为储能示范项目提供 5 亿美元资助；三是向美国先进电池和组件制造商提供至少 7.705 亿美元的补助。

美国能源部（DOE）为 25 个州的 55 个先进制造业的研发项目提供约 1.87 亿美元（约 13 亿人民币）的资助，其中约 6687 万美元（约 4.68 亿人民币）用于 11 个电池储能创新制造工艺的项目。

另外，在对技术研发的支持方面，长时储能的重要性得以体现。为了实现长时储能成本 0.05 美元/(kW·h)、持续放电数日的目标，美国能源高级研究计划局（ARPA-E）资助了 10 个项目，包括硫流电池、电解水制氢、锌溴液流电池、光热发电、镁锰氧化物发电、热储能、加压地下水发电等更广义储能技术的研发项目。

（4）清洁经济就业和创新法案（H.R. 4447）

2020年9月，美国众议院《清洁经济就业和创新法案》（H.R. 4447）提出为美国能源部（DOE）提供储能和微电网拨款，与至少6个农村电力合作社，就可再生能源的利用与储存以及微电网项目展开合作。

4.1.1.4 其他政策

（1）电池回收奖励政策

锂和钴等关键材料价格昂贵，并且美国以进口为主。2017年12月，特朗普签发美国第13817号行政命令，确定了"开发关键矿物回收和后处理技术"的必要性，作为"确保关键矿物的安全可靠供应"的更广泛战略的一部分。

2019年12月，美国能源部宣布在阿贡国家实验室开设电池回收中心，宣布启动锂离子电池回收奖。

目前，锂离子电池的收集和回收率低于5%。回收奖和研发中心的目标是能够实现美国本土退役锂离子电池回收率达到90%以上。

电池回收奖将鼓励美国企业家寻找创新的解决方案来收集、储存和运输废弃的锂离子电池，以便最终回收利用。它将向参赛者提供总计550万美元的现金奖励。奖励将分为三个阶段，加速从概念到原型最后实现示范的解决方案的开发。

另外，美国能源创新委员会还发布了一项公告，宣布投资1500万美元，建立一个锂电池研发回收中心，专注于开发具有有效经济性的回收工艺，以回收锂电池材料。该中心将由阿贡国家实验室、国家可再生能源实验室和橡树岭国家实验室共同组建。

（2）关税政策

根据美国国际贸易委员会（USITC）的数据，2017年美国从中国进口了价值超过10亿美元的锂电池，且这一数字不包括电动汽车所用电池，在中国之后的是韩国和日本，其价值分别为5.19亿美元和4.4亿美元。在电池出口方面，亚洲的出口量占全世界绝大多数。根据统计，2019年全球锂电池制造总量预计将达到316GW·h，其中73%的锂电池产能来自中国，其次是美国（12%）、韩国（7%）和欧洲（4%）。

美国于2019年9月1日起，对未征收关税的进口商品征收10%的附加关税。2019年6月，美国贸易代表办公室（USTR）宣布上调锂离子电池和用于储能系统的静态转换器的贸易关税。关税的上调将会显著增加电池的安装成本。

4.1.2 州政府政策

4.1.2.1 加利福尼亚州

美国一直是全球储能技术累计装机规模最大的国家。作为美国储能产业发展的标杆地区，加利福尼亚州（下称加州）不仅在工商业用户侧、电力系统调峰调频辅助服务、大规模可再生能源并网等领域安装应用了大量储能设备，而且先后制定实施的储能采购目标、SGIP 储能补贴计划、DRAM 需求响应竞价机制等储能产业发展政策，对于其他国家和地区推动储能产业发展提供了很好的借鉴。

加州政府认为储能是该州平衡供需、支持加州独立系统运营商（CAISO）维持电网稳定、避免电压和频率不平衡、支持该州向以可再生能源为中心的能源基础设施转型综合策略的重要组成部分。在过去的十年里，加州的政策制定者们开发了与储能相关的政策举措，主要集中在三个关键领域：

（1）储能强制采购目标（energy storage procurement mandate）

2010 年 9 月，加州政府通过 AB 2514 法令，要求加州公用事业委员会（CPUC）研究制定高效、低成本储能技术的强制采购方案。2012—2013 年，CPUC 组织工作组研究储能的成本、应用场景、经济性、效益、采购目标规模、机制、项目所有权等问题。2013 年 10 月，CPUC 制定储能强制采购目标计划，在 2014—2020 年开展采购，每两年一轮，共实施 4 轮，目标是 2024 年之前安装投运 1325MW 储能系统。2016 年，CPUC 在此前 1325MW 采购目标的基础上又增加了 500MW。

加州储能强制采购目标计划对于推动储能应用、构建长期稳定的储能市场起到了良好的政策示范效应。

（2）自发电激励计划

自发电激励计划（self-generation incentive program，SGIP）最初被设想为应对 2001 年加州电力危机的峰值负荷减少计划。议会第 970 号法案（AB970，Ducheny，2000 年）设计了该计划，作为加州能源委员会新兴可再生能源计划的补充。自 2001 年正式发布后，SGIP 成为美国历时最长且最成功的分布式发电激励政策之一。该计划用于鼓励用户侧分布式发电，包括风电、燃料电池、内燃机、光伏等多个技术类型。自 2009 年起，储能被纳入 SGIP 的支持范围，可获得安装容量补贴支持。

在实施 SGIP 的过去十多年，加州 SGIP 补贴机制对促成分布式储能商业模式发挥了重要作用，很多储能系统提供商将申请 SGIP 补贴的能力和经验作为吸引用户和投资者的一个亮点。加州分布式储能的蓬勃发展提高了加州电网系统的整体性能和效率，同时吸引了大批投资进入光储领域，帮助加州实现更多可再生能源的接入，减少碳排放。

（3）其他有关储能应用的政策

这类政策主要指的是储能在可再生能源利用、可再生能源大规模并网、电网调峰、降低温室气体排放等方面的政策，例如 SB350 法案和 SB100 法案中指出到 2030 年实现 60%的可再生能源供电，并指定储能作为帮助实现该目标的一种手段；AB33 法案指导加州公用事业委员会（CPUS）考虑大规模储能；AB338 法案要求利用储能和其他战略资源来满足用电高峰需求等。

加利福尼亚州近期储能相关政策如表 4-4 所示。

表 4-4　加利福尼亚州近期储能相关政策

序号	政策代号	政策名称	发布机构	发布时间	政策要点
1	SB 700	自发电激励计划（2018修订版）	加州参议院	2018年9月	扩大并继续资助本州的自发电激励计划（SGIP），将对安装里程表存储解决方案的客户提供退税，直至2026年，可以为储能项目带来高达8亿美元的资金支持
2	AB 2514	州高速公路系统管理计划：服务不足的农村社区	加州众议院	2010年9月	AB 2514是美国第一个为储能建立授权的州法律。法案要求CPUC（加州公用事业委员会）在2013年10月1日前制定出切实可行、具有成本效益的储能系统安装标准，扩大储能系统使用范围，并要求加州所有公共机构和电力相关企业于2015年12月31日前达到CPUC制定的第一期储能系统安装目标，于2020年12月31日前达到第二期储能安装目标。该法案的目的是通过储能技术实现可再生能源并网及调峰
3	SB 350	清洁能源和减少污染法案	加州参议院	2015年10月	SB 350规定，到2030年，零售商和公共事业单位必须从符合条件的可再生能源中获取50%的电力。SB 350将该州的可再生能源组合标准提高到2030年的50%，并指定储能作为帮助实现该州目标的一种手段
4	SB 100	2018年百分百清洁能源法案	加州参议院	2018年	要求到2045年实现100%零排放电力，到2030年实现60%的可再生能源。该法案被视为SB 350的更新版，规定到2030年，零售商和公共事业单位必须从符合条件的可再生能源中购买50%的电力
5	AB 338	燃料削减方案	加州众议院	2017年10月	该法案由加州州长杰里·布朗（Jerry Brown）于2017年10月签署，要求加州公用事业公司依靠能源效率、需求管理、储能和其他手段来满足用电高峰需求
6	AB 2868	储能	加州众议院	2016年10月	2016年10月，加州政府签署AB 2868法案，要求加州公用事业委员会（CPUC）带领PG&E、SCE和SDG&E三家投资人所有公用事业公司（IOUs）通过申请新项目和投资的方式，加速部署500MW分布式储能。该法案的发布意味着加州的储能容量将在2013年设立的1.325GW储能采购目标的基础上，再增加500MW。这500MW将由三大公共事业公司分摊
7	AB 33	电力公司：储能系统：长时大容量储能资源	加州众议院	2016年9月	指导加州公用事业委员会（CPUC）考虑大规模储能，特别是抽水蓄能，以"评估所有类型的长持续时间大规模储能资源的潜在成本和收益，包括对特定地点长持续时间大规模储能资源传输和分配系统的影响"。要求CPUC确定大规模储能作为该州整体战略一部分的角色，以获取多样化的资源组合。该法律的制定是为了响应加州独立系统运营商（CAISO）对灵活资源的呼吁，以平衡电网和减轻可再生能源大发的潜在影响。立法机关希望CPUC特别考虑电网的长期存储能力，因为到目前为止储能装置主要由锂离子电池主导，这种电池更适合短时应用场景

续表

序号	政策代号	政策名称	发布机构	发布时间	政策要点
8	AB 1637	能源：温室气体减排	加州众议院	2016年	该法案授权CPUC到2019年将自我发电激励计划的预算增加一倍，用于小规模分布式能源，包括储能
9	SB 801	财产税延迟法案	加州参议院	2017年10月	该法案要求当地的国有电力公司最大化地使用需求响应资源、可再生能源资源和能效资源，以减少电力不可靠情况下的区域电力需求。SB 801还要求任何为洛杉矶基础设施服务的私人公用事业（如SCE）至少部署20MW的储能

4.1.2.2 夏威夷州

夏威夷州是美国发展储能解决方案重要且独特的"试验田"。夏威夷历史上曾依赖昂贵的进口石油，如今将能源供应转向100%可再生能源。这一转变没有利用海岛间的电网系统来实现，而是通过为其八个独立岛屿及其孤岛电网开发独立的供电方案来解决。目前，夏威夷州在可再生能源与储能结合方面处于领先地位，仅次于加利福尼亚州。

十年前，夏威夷州大约6%的电力来自可再生能源。在2018—2019年间，这一水平已上升至约28%。与美国大多数州不同，夏威夷的大部分光伏项目都是分布式屋顶太阳能项目，其中大部分由分布式太阳能组成。随着对新的、公用事业规模的光伏+储能解决方案的关注不断扩大，该州不断吸引创新技术公司加入，以支持其向大规模可再生能源过渡。为了使夏威夷州在2040年前实现100%可再生能源的目标，储能变得尤为重要。

在能源储备政策上，夏威夷州保持了多个"第一州"的纪录。夏威夷州是第一个制定100%可再生能源目标的州，也是第一批向屋顶光伏客户提供净能源计量（NEM）计划的州（通过该计划，这些客户可将电力卖回电网）。夏威夷州也是第一个废除其NEM计划的州，因为夏威夷州电力公司（HEI）向夏威夷州公共政策委员会提出了分布式能源对电网过度反向送电的担忧。多年来，夏威夷州一直力图通过资金激励计划支持储能技术应用，以充分利用该地区丰富的可再生能源资源。夏威夷州近期储能相关政策如表4-5所示。

表4-5 夏威夷州近期储能相关政策

序号	政策代号	政策名称	发布机构	发布时间	政策要点
1	HB 2291	—	夏威夷州众议院	2016年4月	将目前的可再生能源技术系统税收抵免改为太阳能财产、风能财产和储能财产的税收抵免
2	SB 2939	基于绩效的税率制定法案	夏威夷州参议院	2018年4月	指导夏威夷州公用事业委员会创建一个基于绩效奖励公用事业的框架（PBR）。与典型的PBR方法一样，该立法的目的是打破收入和投资水平之间的直接联系。这是通过"脱钩"实现的，意味着公用事业公司不需要增加销售额来达到财务目标和/或赚取利润。基于性能的定价并不是一个新概念，但它在光伏特别是光伏+储能方面的应用还很少

续表

序号	政策代号	政策名称	发布机构	发布时间	政策要点
3	HB 1593	绿色基础设施法案	夏威夷州众议院	2017年1月	该法案明确鼓励光储系统的安装应用。该州储能系统安装激励项目为期3年，在2018年1月1日至2020年12月31日之间开展，与加州按照储能系统容量"瓦时"给予补贴类似，夏威夷州将对用户侧和电网侧储能系统提供资金支持。针对家用/商用储能系统，其连续充放电功率不得低于2.5kW，容量不得低于5kW·h，具有生产厂商提供的至少10年或至少3000次循环的质保。对于符合条件的家用和商用储能系统可分别获得不超过40美分/(W·h)和不超过20美分/(W·h)的资金支持；针对电网级储能系统，部署的储能容量不得低于2.5MW·h，具备生产厂商提供的至少20年质保，每年容量衰减不得超过总容量的1.5%。对于符合条件的电网级储能系统，可获得不超过10美分/(W·h)的资金支持
4	ACT 200	—	夏威夷州议会	2018年7月	该法案指导公用事业委员会制定微电网服务收费标准，以鼓励和促进弹性微电网的开发和应用。在夏威夷州微电网发展受限于微电网互联的背景下，该法令启动了标准化和简化微电网项目互联流程的计划，使公用事业客户受益
5	ACT 97	—	夏威夷州议会	2015年6月	该法案要求到2020年12月31日将夏威夷州可再生能源配额标准（RPS）提高到30%，到2040年12月31日提高到70%，到2045年12月31日提高到100%。这项法案旨在确保夏威夷摆脱对进口燃料的依赖，继续发展当地的可再生能源产业

4.1.2.3 纽约州

2009年，纽约州独立系统运营商（NYISO）认识到储能技术在辅助服务方面的价值，基于储能技术的特点，把储能列为"有限储能资源（LESR）"。而在此之前，电力领域的资产只能被归纳为发电、输电和配电三个类别，储能不属于其中任何一类。有限储能资源定义为在电力供应中，能够6s内响应变化，同时供电维持时间不超过1h的储能设备。为此NYISO修改了它的软件、规则、竞标机理以及调度步骤，使储能技术能够与传统发电资源公平竞争。

（1）纽约的储能目标

2018年2月，在纽约州长的支持下，纽约州立法机构和纽约州公共服务委员会（NYPSC）通过部分措施已经巩固了储能的地位，将其作为该州向清洁能源驱动的未来电力系统过渡的重要基础。纽约州已经确立了美国最激进的储能采购目标之一，承诺到2025年实现部署1500MW储能的目标。

（2）市场加速桥激励计划

纽约州能源研究与开发署（NYSERDA）和纽约州公共服务部（DPS）认识到，在当前的市场规则和电池储能成本水平下，尚未形成可持续发展的商业环境。因此，他们提出了一个总投资为 2.8 亿美元的"市场加速桥激励计划（market acceleration bridge incentive program, MABI）"，以推动纽约州实现 2030 年储能项目总体目标的第一步，即实现 1500MW 储能项目的部署。这些资金将使企业在目前的市场环境下无法获得的收益，通过补贴资金的方式获得。该计划期望通过支持储能市场的早期增长，以帮助行业达到经济上可持续发展，并计划随着储能项目的增加逐步取消激励措施。

自 2019 年 4 月份资金投入以来，其中 9200 万美元已被承诺用于 37 个项目，相当于近 150MW 的容量。这项储能目标以及为推动市场发展而投入的数亿美元补贴，令纽约州储能市场异常活跃。

（3）储能补贴计划

为了支持纽约州 2025 年完成 1.5GW、2030 年完成 3GW 的储能安装目标，纽约州启动了针对大规模储能系统和零售侧储能系统的补贴计划。该计划由纽约州能源研究与开发署、纽约州公共服务部共同推出，总计 3.5 亿美元，其中 2.5 亿美元用于支持小于 5MW 的零售侧储能系统和大规模储能系统。

① 零售侧储能系统补贴计划　该计划的总补贴金额为 1.3 亿美元，补贴储能总容量 500MW·h，共分三批开展，第一批适用于整个纽约州，从第二批开始将分成纽约市和其他 IOUs 两类，按照不同标准进行补贴。激励标准起始为 350 美元/（kW·h），并随着每一笔资金的到位而逐渐减少。其中要求储能系统必须已并网，在系统生命周期内至少保持 70% 的循环效率，且至少拥有 10 年的制造商保修承诺。这些电池可以提供备用电源或电能质量服务，但必须主要用于负荷管理或将发电时间转移到用电高峰时段或负荷供应紧张时段。

② 大规模储能系统补贴计划　大规模储能系统补贴计划的总补贴金额为 1.5 亿美元，按储能规模分为大于 20MW 和小于 20MW 两类。从补贴标准来看，根据市场变化，20MW 以下的项目预计将获得 110 美元/（kW·h）的支持，截至 2025 年，每年将减少 10 美元。超过 20MW 且将在未来两年内开始运行的项目，会获得 85 美元/（kW·h）或 75 美元/（kW·h）的支持。对于这类应用在输电侧的项目，没有规定储能规模上限，但单个项目的总补贴金额不超过 2500 万美元。从补贴额度来看，对于向批发市场提供容量的储能系统可以获得全部补贴额度，而仅提供能量套利或辅助服务的储能系统则只按补贴额度的 75% 支付。从支付流程上来看，大于 20MW 的项目开发周期将更长，补贴金额将在三年内分四笔等额支付，第一笔将在参与批发日前市场、实时市场或辅助服务市场时由 NYISO 支付，剩余三笔将每 12 个月支付一次。

在此激励计划发布之前，纽约州州长宣布了一项新的法规，旨在逐步淘汰效率较低的发电厂，并鼓励发电厂所有者用储能或其他清洁能源替代失去的产能。根据 NYSERDA 的计划，将按每千瓦时可用储能容量给予固定奖励。除了储能目标，纽约州还希望到 2035 年增加 9000MW 的海上风电和 6000MW 的分布式光伏发电。而储能的发展则可以帮助纽约州达到这些可再生能源发展目标。

（4）工商业光储项目激励计划

2018 年 11 月，纽约州政府启动了工商业光储项目激励计划，支持光储系统在工商业领域和社区中的应用，扫清项目部署过程中的障碍（涉及客户获取、查找项目位置、互联等），旨在加快实现纽约州 2025 年 1.5GW 储能的采购目标，促进纽约州可再生能源的利用率。

NY-Sun 将为该计划提供 4000 万美元的支持资金。这笔资金也是自 2018 年 6 月，纽约州能源研究与开发署（New York State Energy Research and Development Authority，NYSERDA）、纽约州公共服务部（Department of Public Service，DPS）以及各利益相关方联合制定的"纽约州储能发展线路图"发布之后，首批可用于储能的支持资金。

另外，纽约州开发了一个储能策略框架，以支持纽约州独立系统运营商（NYISO）管理的州分销系统和批发市场。迄今为止，纽约州的储能政策框架已经利用了采购目标、财政激励和示范项目来启动该州的储能市场。纽约州储能政策有两个核心原则，一是州层面提供的财政激励，旨在使储能能够发挥系统效益；二是改变费率设计，使其能够刺激储能发展，后者正在作为更广泛的能源愿景改革（REV）计划的一部分进行评估。

纽约州储能相关政策见表 4-6。

表 4-6　纽约州储能相关政策

序号	政策代号	政策名称	发布机构	发布时间	政策要点
1	AB A6571	建立储能计划	纽约州众议院	2017 年 11 月	该法案要求纽约州公共能源委员会"制定到 2030 年实现合格储能系统安装目标，以及使该州能够实现这一目标的项目"。AB A6571 还特别呼吁积极构建"商业可用技术"，这是具有成本效益的，可以帮助降低温室气体（GHG）排放，减少峰值需求，降低昂贵的基础设施升级的需求，并提高电网的可靠性。这些商业上可用的技术可能包括机械储能、化学储能或热储能
2	AB A8921A	建立储能部署策略	纽约州众议院	2018 年 11 月	该法案要求在 2018 年 12 月 31 日之前，纽约市公共能源委员会确定一个全州范围的储能目标。法案也正式通过了州长库莫提出的储能目标，即纽约到 2030 年安装 3000MW 的储能目标，及到 2025 年部署 1500MW 储能系统的临时目标。该法案描述并通过了一套储能政策部署行动，以帮助消除阻碍部署的障碍，并支持纽约州实现这一目标
3	Docket 14-M-0101	能源愿景改革	纽约州公共服务部	2015 年 2 月	能源愿景改革（REV）倡议自 2015 年开始实施，涉及纽约州能源市场的许多领域，包括但不限于储能领域。储能技术将在 REV 转型中扮演越来越重要的角色。REV 倡议下的具体监管改革旨在促进更有效地利用能源，更深入地接入风能和太阳能等可再生能源，更广泛地部署"分布式"能源，如微电网、屋顶光伏、其他现场供电设备和储能设施。它还促进市场更多地使用先进的能源管理设备，以提高需求弹性和效率
4	CASE 15-E-0302	清洁能源标准	纽约州公共服务部	2016 年 6 月	2016 年纽约州采用"清洁能源标准"监管令可以说是纽约州第一个推动现代储能发展加速的监管政策。虽然该监管令主要专注于为该州创建一个可再生能源目标，但它确实为如何将储能纳入该州的能源计划打下了基础。如 2016 年的《清洁能源标准》设定了到 2030 年，纽约州消费的电力中有 50%来自可再生能源的目标（即"50·30 目标"）

续表

序号	政策代号	政策名称	发布机构	发布时间	政策要点
5	CASE 18-E-0130	纽约州储能路线图	纽约州公共服务部	2018年6月	2018年6月21日,纽约州公共服务委员会(NYPSC)和纽约州能源研究与开发署(NYSERDA)提出"纽约州储能路线图和建议书",指导NYPSC设立一个全州范围内的储能目标。该路线图描述了储能部署的长期愿景(2026—2030年),重点是识别机会、案例和可实施的行动,以支持近期至中期(2019—2025年)各种储能应用场景的发展

4.1.3 电力市场规则

4.1.3.1 批发电力市场

在电力市场规则方面,联邦能源管理委员会(FERC)及独立系统运营商(ISO)发布了一系列的政策、规则,以消除储能和分布式能源参与市场的障碍。美国批发电力市场近期市场规则如表4-7所示。

表4-7 美国批发电力市场近期市场规则

序号	政策代号	政策名称	发布机构	发布时间
1	745	需求响应规范(Demand Response Rule)	美国联邦能源管理委员会(FERC)	2015年12月
2	841	区域输电组织(RTO)和独立系统运营商(ISO)运营的市场中储能资源参与的最终规则	美国联邦能源管理委员会(FERC)	2018年1月
3	845	发电机组互联程序和协议的改革	美国联邦能源管理委员会(FERC)	2018年4月
4	2222	分布式能源新规(A New Day for Distributed Energy Resources)	美国联邦能源管理委员会(FERC)	2020年9月
5	35563	修改计量规则	夏威夷州公用事业委员会(HPUC)	2018年7月

(1)FERC 745

2015年12月,美国最高法院对745号法令进行了修订,新修订的内容也被称为需求响应规范(Demand Response Rule)。规范允许包括需求响应在内的消费端能源产品和服务参与批发电力市场,并且可以获得与传统发电资源相同的补偿。法案的修订一方面使工商业和居民用户端所应用的新型能源技术可以获得更多的报酬,激发光伏、储能、能源管控等消费侧技术的快速发展;另一方面增强了需求响应、分布式发电、储能等用户侧需求响应资源相对于传统化石燃料和集中式发电站的竞争力,推动电力价格的下降。

（2）FERC 841

2018 年 1 月，联邦能源管理委员会（FERC）发布了 841 号法令，即储能资源参与"区域输电组织（RTO）和独立系统运营商（ISO）运营市场中的最终规则"（FERC Order 841 'Final Rule on Electric Storage Resource Participation in Markets Operated by Regional Transmission Organisations, or RTOs, and Independent System Operators, or ISOs'）。841 号法令允许储能参与由 RTO 和 ISO 运营的各种容量、能量和辅助服务市场，并要求 RTO 和 ISO 调整市场规则，以更好地接纳储能。

FERC 要求 RTO 和 ISO 建立相关的批发电力市场模式、市场规则、市场要求（包括储能技术参数、参与市场的规模等）以及资格，使储能可以参与这些市场。针对市场参与模式、市场规则的建立，FERC 提出了四项标准：

① 在该模式下，储能资源必须能够合法地在 RTO/ISO 市场（包括容量、能量和辅助服务市场）中提供所有其具备技术能力的服务。

② 电网运营商必须能够调度储能资源，且储能资源能够以买方和卖方的身份按照电力批发市场的节点边际电价来结算。

③ 储能的物理属性和运行特性必须通过竞标指标或其他方式被考虑计入。

④ 规模大于 100kW 的储能资源必须具备参与市场的法定资格（但是 RTO/ISO 可以设置一个更低的门槛）。

另外，通过对法案的意见征集，FERC 发现现行的 RTO/ISO 电费机制对储能来说并不公平，因此要求新的储能市场参与模式必须适用于所有与输电系统、配电系统和用户侧相连的储能资源。最终的市场规则要求每个 RTO/ISO 修订电费机制，允许储能资源降低功率满足最低运行时间的要求，例如一个 10MW/20MW·h 的储能资源应该可以通过降低最大功率至 5W 和增加时长 4h 的方式，被认定为满足要求。

由于储能资源既是发电资源也是用电资源，因此，RTO/ISO 必须制定相关规则，以防止所有市场调度间隔中调度信号出现混乱和冲突。针对于此，841 号法令还要求"从 RTO/ISO 市场中卖给电池储能的电再卖回给市场，卖回给市场的价格必须按照电力批发市场的节点边际价格来结算"。

2018 年 12 月，RTO/ISO 相继提交了各自的提案，总体来看，所有地区电网运营商都在一定程度上为储能开放了市场，并且只有加州独立系统运营商（CAISO）的提案基本满足了 841 号法令中提到的所有要求，而其他区域电网运营商的提案均有部分内容与 841 号法令的要求有所出入，有的缺失了一些关键参数，有的甚至与之相悖。CNESA 研究部总结了部分 RTO/ISO 的提案情况，具体如下：

2019 年 10 月 17 日，FERC 接受了 PJM、SPP 针对 841 号法令提交的合规性文件。PJM、SPP 的合规性文件与 841 法令的要求基本保持一致，因此 FERC 也很大程度地同意了合规性文件，并提供了进一步行动的其他指示。

2019 年 11 月，FERC 接受了加州独立系统运营商（CAISO）、中西部独立系统运营商（MISO）、新英格兰独立系统运营商（ISO-NE）提交的修订提案，FERC 对这三家 ISO 提交的电价相关文件提出了进一步的指导意见，涉及储能从输电系统充电的费用、允许储能参与零售市场和批发市场带来的账单重复问题等方面。

（3）FERC 845

2018年4月，联邦能源管理委员会（FERC）发布了845号法令，修订了储能发电设施的定义，将其明确列为发电设施。此外，法令还修改了20MW以上发电设施的互联规则和协议，改善了并网流程，为储能创造了与其他发电资源混合配置的机会。例如，此前一个50MW的发电设备和一个25MW的储能设备将被作为一个75MW的设备提供可靠性服务，而845号法令则允许整合后的设备，只要运行时不超过50MW，则可以按照最初的50MW发电设备进行认定。

目前，全球范围内已经出现了一些混合发电项目，例如，Vestas Wind Systems和Windlab联合在澳大利亚昆士兰州开发的风光储项目，包括43.2MW风电场、15MW光伏电站和2MW/4MW·h锂离子电池储能系统；Florida Power & Light开发的一个大型光储项目，包括74.5MW光伏电站和一套10MW/40MW·h的电池储能系统。此外，GE还开发了一种混合式燃气轮机技术，将10MW/4.3MW·h的电池储能系统配合50MW燃气轮机联合运行，提升电站运行效率，并减少化石燃料的消耗。

（4）FERC 2222

FERC第2222号法令通过消除阻碍分布式能源（DERs）在区域电网运营商运营组织的容量、能量和辅助服务市场上公平竞争的障碍，来促进电力市场的充分竞争。这一规则使分布式能源（DERs）能够通过聚合参与到区域批发市场中，并带来各项益处，包括：通过增强竞争降低消费者的成本，提高电网的灵活性和弹性，以及推动电力行业内的更多创新。这条规则通过允许多个分布式电力源聚集在一起，来满足电力市场规定的最低准入规模和性能要求，这是每个单项分布式资源可能无法单独满足的。

（5）HPUC 35563

2018年7月，夏威夷州公用事业委员会（HPUC）发布了35563号法令，修改计量规则，旨在促进光储模式在夏威夷州的应用。

截至2017年底，夏威夷州诸岛屿中，有16%～20%的家庭安装了光伏系统，持续走高的分布式光伏装机比例，给该州公用事业公司的运营带来了很大的技术挑战。HPUC正在积极推进新增光伏用户安装储能，但存量光伏客户并未将储能作为一种理想的选择，夏威夷州希望取消存量用户的净计量协议。在这种背景下，HPUC发布了35563号法令，允许客户在现有的净计量制度下安装储能，而无需再增加光伏系统，并进一步免除储能系统的技术审查要求，对光伏系统原始容量的限制（即1kW）依旧保持，这为"光伏+储能"的结合提供了市场空间。

4.1.3.2 辅助服务市场

美国辅助服务市场近期规则见表4-8。

表 4-8 美国辅助服务市场近期规则

序号	政策代号	政策名称	发布机构	发布时间
1	890	防止传输服务中的不当歧视与偏好	FERC	2007 年 12 月
2	755	有组织的电力批发市场的频率调节补偿（最终规则）（按效果付费）	FERC	2011 年 10 月
3	784	新电力储能技术的第三方提供辅助服务相关规定以及结算与财务报告	FERC	2013 年 7 月
4	—	允许储能参与辅助服务、需求响应等市场	CAISO	2020 年 11 月

（1）FERC 890

2007 年美国联邦能源管理委员会（FERC）发布 890 号法令，规定允许储能、需求响应等非发电资源参与辅助服务和电网服务。在美国电力市场，储能作为独立的电力资源参与调频辅助市场获得身份认可。

（2）FERC 755

美国联邦电力法案（FPA）要求 FERC 确保所有的电力批发合约是"公正的、合理的"，对于价格或非价格的不合理条款都可以向 FERC 提出申诉，由此推动了联邦能源管理委员会（FERC）755 号法令的制定。在 755 号法令出台之前，不管供应商是否能快速、准确地向电网提供调频服务，ISO 和 RTO 都向其支付同样的费用，不利于储能厂商参与调频服务。

2011 年 FERC 发布 755 号法令——有组织的电力批发市场的频率调节补偿（最终规则），即按效果付费（pay for performance）法案，制定了调频辅助服务按效果付费补偿机制。FERC 755 号法令要求 ISO 和 RTO 对能够提供迅速、准确调频服务的供应商进行补偿，而不是按基本电价付费。ISO 和 RTO 支付给电力供应商的费用主要包括基本电价和调频费用，同时要考虑调频服务的准确性、响应速度以及输出电量。ISO 和 RTO 要与相关利益方制定合约，并遵守 755 号法令要求。FERC 755 号法令的颁布促进了储能技术的发展，激励了储能厂商参与调频服务市场。

此政策的出台将增加储能在调频辅助服务领域的应用，且有助于其向商业化方向发展。美国政府希望通过资金投入，进一步解决储能面临的发展瓶颈，即经济效益和成本问题。此规划旨在推动储能技术的产业化，以及真正实现储能在电力系统的规模化应用。

（3）FERC 784

2013 年 7 月，为了增强辅助服务市场的竞争力和透明度，FERC 颁布联邦能源管理委员会（FERC）784 号法令，即"新电力储能技术的第三方提供辅助服务相关规定以及结算与财务报告"。按照 784 号法令规定，输电网运营商既可以选择通过输电服务提供商购买辅助服务，也可以选择通过第三方购买辅助服务。

784 号法令颁布之前，FERC 禁止除输电服务提供商以外的第三方主体销售辅助服务给输电网运营商，这阻碍了储能资源在许多市场获得增长的机会。784 号法令颁布后，在输电服务采用小时调度制度的区域内，第三方可以向输电网运营商销售辅助服务。对于无功支持、电压控制与管理、调频等服务，第三方可以按与输电服务供应商相同的标准价格将这些服务卖给输电网运营商，如果输电网运营商使用竞价的方式，第三方可以通过市场竞价销售这些辅助服务。应特别指出的是，784 号法令要求输电网运营商在考虑并核定电网调节以及调频服务的备用需求时，应将调节资源的速度和准确度也纳入考虑。

784 号法令的发布，彰显了 FERC 支持新技术、改善电网和电力市场的决心。总体来说，784 号法令能够带来两大益处：一是可以为辅助服务市场提供多种更先进、更准确的资源；二是在辅助服务市场上，储能厂商的技术相比于传统的火电厂而言，能够体现其竞争优势，这也是该政策最显著的特点。

（4）允许储能参与辅助服务、需求响应等市场

2020 年，加州独立系统运营商（CAISO）通过修改市场规则，允许混合储能资源提供能量和辅助服务，以提高输电系统的可靠性。基于"风能和太阳能配套的储能将是取代整个美国西部即将退役的天然气和燃煤电厂的战略关键组成部分"这一判定，CASIO 大力鼓励和支持储能系统的发展。PG&E、SCE 等都部署或规划了大量储能项目，太阳能、风电、储能组成的"混合电力资源"需要得到足够的重视，以确保电网运营商能够正确使用这些资源，填补退役电站留下的电力缺口。

随着储能安装量的增加，储能对于电力系统的重要性也将不断显现，势必会促进越来越多的细分市场对储能开放。

4.1.3.3 需求侧响应市场

2016 年 8 月 30 日，加州公用事业委员会发布决议，对加州需求响应规则做出重大调整。新规则最大的亮点在于，禁止使用化石燃料备用发电机组提供需求响应服务，明确了加州需求响应发展目标和需求响应竞价机制（DRAM）的实施路线图，并将通过降低公用事业公司在其中承担的角色，增加第三方企业和机构的参与机会。美国需求侧响应市场近期规则如表 4-9 所示。

表 4-9　美国需求侧响应市场近期规则

序号	政策代号	政策名称	发布机构	发布时间
1	R.13-09-011 COM/MP1/jt2	解决第 2 阶段的若干问题处理关于通过第 3 阶段问题的和解协议的动议决定	加州公用事业委员会	2014 年 9 月
2	R.13-09-011 ALJ/KHY/jt2	采纳未来需求响应投资组合指南和修改决定	加州公用事业委员会	2016 年 8 月

（1）实施需求响应竞价机制试点，开启加州需求响应市场

需求响应竞价机制（DRAM）于 2014 年在加州公用事业委员会（CPUC）的指导下创建，

旨在协调基于公用事业的可靠性需求响应。该计划旨在允许CAISO向加利福尼亚州电力可靠性可能面临风险的地区增加可靠的需求响应资源。

加州自2015年起实施需求响应竞价机制，为了应对2016年和2017年的负荷高峰，加州公用事业委员会已经在2015年和2016年先后实施了两轮调度，并且在2017年继续实施，同时在2018年8月探讨是否继续该项试点或者将试点变为永久性机制。

加州实施DRAM试点的目的是增加加州电力系统的灵活性和稳定性，同时增强第三方机构的市场参与度和提供优质电力服务的能力。随着项目实施，通过对运行数据分析，加州公用事业委员会也在不断改进DRAM试点实施过程中的相关标准，包括服务提供方的整合方案、服务竞标价格和资源交付使用形式等。

（2）R.13-09-011决定采纳未来需求响应投资组合指南和修改决定

加州公用事业委员会要求，从2018年1月1日起禁止使用化石燃料备用发电机组提供需求响应服务，具体包括以柴油、天然气、汽油、液化石油气、丙烷等为燃料的发电机组和热电联产机组。需要指出的是，减压涡轮机、余热发电机组、配置了储能的可再生能源发电系统以及固定式储能系统则并未包括在此次禁令的范围内，上述机组只要满足了加州自发电激励计划对于相关温室气体排放标准［$350kg\ CO_2/(MW·h)$］的规定即可参与加州需求响应。

为了配合需求响应的开展和禁令的实施，CPUC还要求公用事业公司对现有电力管理制度做出相应的修订。这一修订对居民用户的影响相对较小，只需要予以告知并通过在电费账单中增加需求响应条目的形式加以体现。非居民用户需要签订放弃使用化石燃料备用发电机组参与需求响应的承诺；如果不得不继续使用化石燃料备用发电机组参与需求响应，则需要自愿接受罚金。公用事业公司还需要聘用专业咨询人员，一方面对禁令的实施效果进行第三方监督和评估，另一方面为提高用户满意度提出建议。

4.2 英国政策

4.2.1 能源转型政策

英国在能源发展方面始终走在世界前列，这要归功于其政策规划的引航作用。早在1989—1990年间，英国就出台了一系列控制污染的法案，将发展重点明确为"以油气代煤"。

21世纪以来，英国将能源发展的重点转移到可再生能源上，先后发布多项举措，以加强生物质、太阳能、风能以及核能等低碳能源在工业和生活中的应用，也正式踏上"可再生能源代替化石能源"的道路。英国能源转型政策见表4-10。

表4-10　英国能源转型政策

序号	政策名称	发布机构	发布时间
1	气候变化法案	英国议会	2008年

续表

序号	政策名称	发布机构	发布时间
2	低碳转型计划	英国气候变化部	2009 年 7 月
3	气候变化法案的 2050 年目标修正案	英国议会	2019 年 6 月
4	国家基础设施战略	英国财政部	2020 年 11 月
5	绿色工业革命十点计划	英国商业、能源与工业战略部，首相办公室等	2020 年 11 月
6	能源白皮书：赋能净零排放未来	英国商业、能源与工业战略部	2020 年 12 月
7	朝着净零能源系统转型：智慧系统和灵活性计划 2021	英国商业、能源与工业战略部	2021 年 7 月
8	净零战略	英国商业、能源与工业战略部	2021 年 10 月

英国议会在《京都议定书》所承诺的减排义务基础上，于 2008 年正式通过并生效了《气候变化法案》（Climate Change Act 2008）。该法案针对碳减排制定了长期发展目标，即减少温室气体排放和能源进口依赖，加强对低碳电力发展的支持，增加低碳能源在工业和生活中的利用，争取到 2020 年温室气体排放量在 1990 年的基础上降低 34%，2050 年减少 80%。

2009 年 7 月，英国政府发布《低碳转型计划》，提出"到 2020 年向低碳经济转型"的发展目标，包括将可再生能源电力消费所占比重提高到 30%，低碳能源电力消费所占比重提高到 40%，可再生能源占交通用能比重提高到 10%，所有房屋建筑安装智能计量表，通过支持清洁技术，推动英国成为绿色产业中心。

2019 年 6 月，英国政府在《巴黎协定》全球应对气候变化目标的基础上，提出了 2008 年《气候变化法案》的《2050 年目标修正案》。该法案当月即在议会通过，法案最核心的修订内容是将原定温室气体（GHG）排放量减少 80% 的目标修订为减少 100%，即到 2050 年英国实现净零碳排放。该修正案使得英国成为世界主要经济体中第一个以法律形式确立这一目标的国家。

为了顺利完成低碳能源转型，尤其是鼓励可再生能源发展，自 2010 年起，英国政府颁布了一系列能源法案（Energy Act 2010/2011/2013），并实施了电力市场改革（EMR）。其中，与能源低碳化（供应侧）相关的内容主要包括以下 3 个方面：强化碳排放的管控政策❶，对扶持的新能源技术路线引入差价合约（Contract for Difference，CfD）及相应的竞标机制，建立容量市场（Capacity Market）❷。

2020 年 11 月，英国颁布《绿色工业革命十点计划》(The Ten Point Plan for a Green Industrial

---

❶ 法案设置了一个逐年上升的最低碳价机制（carbon price floor），其初始价格为 16 英镑/吨，2020 年提高到 30 英镑/吨。同时，法案更新了火力发电的碳排放标准作为补充措施。这两项措施的实施避免了市场对高碳能源的无效投资。

❷ 英国能源气候变化部在 2013 年底颁布的《英国电力市场改革执行方案》中指出，希望通过建立容量市场，保证现有容量机组的盈利能力，维持投资者对新建容量机组的热情。容量市场以拍卖形式进行，标的物为容量交付年系统所需的发电容量。

Revolution），提出 10 个走向净零排放并创造就业机会的要点，预计将动员约 210 亿英镑的政府经费推动该计划执行，为英国减少 1.8 亿吨的碳排放。

2020 年 12 月 14 日，英国政府发布了《能源白皮书：赋能净零排放未来》（The Energy White Paper: Powering Our Net Zero Future），为 2050 年实现净零排放制定路线图。白皮书介绍了净零排放所带来的机遇和挑战，并针对能源转型、支持绿色复苏以及为消费者创造公平交易环境三项关键议题制定了多项举措，以期到 2032 年，能源、工业和建筑领域减少 2.3 亿吨碳排放。英国能源白皮书的核心是承诺大幅提升电气化水平，包括"到 21 世纪 30 年代基本实现脱碳电力系统的构建"，并将淘汰煤电的时间从 2025 年提前到 2024 年。

2020 年 11 月底，英国政府发布《国家基础设施战略》（National Infrastructure Strategy），围绕经济复苏、强化联邦凝聚力以及实现 2050 年净零排放三个中心目标，阐述了政府改造英国基础设施的计划。该战略明确提出鼓励私营部门投资，并强调了三项关键原则：①保持长期投资政策稳定，包括在适当情况下通过国家基础设施银行与私营部门直接共同投资；②保持强大且持久的独立经济监管体系，以帮助投资者达到参与国家投资的标准；③持续推进使用多元化的政策工具和创新融资机制，抓住新技术带来的机遇，实现"脱碳"目标和经济提升。

2021 年 10 月 19 日，英国政府发布《净零战略》（Net Zero Strategy: Build Back Greener），阐述了英国到 2050 年实现净零排放承诺的重要举措。该战略以英国《绿色工业革命十点计划》为基础，制定了降低所有经济部门碳排放的一揽子计划，同时利用温室气体去除技术吸收剩余排放，支持英国发展清洁能源和绿色低碳技术，逐步实现英国净零排放目标。该战略提出：清洁的、低成本电力是英国实现净零经济的基础，到 2035 年，在保证电力安全的前提下，英国电力系统将完全脱碳。

英国以立法的方式确立应对气候变化的长期目标，确保长期目标的分步稳健实施，并明确了政府在实施过程中的职责和义务。气候变化法与能源法融合统一，在能源行业涉及能效、节能、可再生能源发展目标等方面不做重复规定，以能源法为主对能源行业实行排放控制，进而分配落实到各子行业（例如电力的可再生能源配额），为英国实现能源转型提供了基本保障。

净零目标的设定以及能源系统低碳转型路线的设定为储能的发展构建了稳定、可预期的政策发展环境。为了实现碳减排承诺，英国需要在 2024 年甚至更早时间逐步淘汰煤电机组，并接入大量可再生能源。基于此，英国需要更大力度地发展储能、电网基础设施和其他灵活性资源。英国商业、能源和工业战略部于 2021 年 7 月发布的《零碳智能系统灵活性计划 2021》（Transitioning to A Net Zero Energy System Smart Systems and Flexibility Plan 2021）显示，到 2050 年，英国将需要约 60GW 的灵活性资源容量，约 30GW 的短时储能和需求侧响应（DSR）资源以及 27GW 的电网互联容量，从而实现最低的系统成本。

4.2.2 储能技术创新支持政策

在加速储能技术创新方面，英国最早通过政府基金和英国天然气与电力市场办公室对包括储能在内的电网创新技术及方案提供相关资金支持。在此基础上，英国进一步推出"法拉第挑战计划""净零创新组合"项目，同时辅以其他公共部门创新基金等方式，支持动力电池以及储能技术的研发与创新。英国储能技术创新支持政策见表4-11。

表 4-11 英国储能技术创新支持政策

序号	政策名称	发布机构	发布时间
1	法拉第挑战计划	英国创新署	2017年5月
2	净零创新组合	英国政府	2020年11月
3	英国创新基金	英国政府各部门	—

4.2.2.1 法拉第挑战计划

2017年5月，英国创新署（Innovate UK）和英国商业、能源与工业战略部（BEIS）发布"工业战略挑战基金"，旨在将英国具有顶尖研发实力的公司聚集起来，解决工业和社会面临的一些主要挑战，覆盖清洁能源与灵活性能源、无人驾驶、太空技术、机器人技术与人工智能、健康医疗、加工与材料六个领域。支持资金的总额共计47亿英镑，其中，2.46亿英镑将用于支持未来四年动力电池和储能技术在内的革命性技术创新，也就是"法拉第挑战计划"。"法拉第挑战计划"包括研发、创新和规模化三个板块，旨在全面推动电池技术从研发走向市场。该计划包括以下三种具体支持方式：

一是通过法拉第研究所对高校牵头的研发项目进行资金支持。2018年，英国政府通过法拉第研究所提供4200万英镑支持包括延长电池寿命、电池系统建模、电池回收和再利用、下一代固态电池在内的四个研究项目，由剑桥大学、帝国理工学院、伯明翰大学以及牛津大学分别牵头，并联合产业合作伙伴共同开展。以下为四个研究项目的主要内容：

① 延长电池寿命项目：剑桥大学将与其他九所大学和10个行业合作伙伴合作，研究外部环境和内部电池应力如何随着时间的推移损害电动汽车电池。

② 电池系统建模项目：帝国理工学院将领导由23所大学和行业合作伙伴组成的联盟，开发新的软件工具，以了解和预测电池性能。该项目的目标是开发供汽车行业使用的精确模型，以延长电池使用寿命和提高电池性能。

③ 电池回收和再利用项目：伯明翰大学将主导该项目，研究废旧锂电池的回收方式，探索如何最优地重复使用这些电池及其材料。

④ 下一代固态电池项目：牛津大学将牵头这项工作，目的是打破目前阻碍固态电池进入市场的壁垒，验证固态电池在电动汽车中应用的可行性。

二是通过"研究与创新项目资金"对全社会的企业、机构、科研院所牵头的创新项目提供资金支持。2017年11月，在此渠道下，3800万英镑用于支持27个项目，涉及电池材料、电池组集成、电池管理系统及电池回收等一系列领域。2018年6月，2200万英镑被用于支持12个项目，重点开展固态电池研发，以及对电池安全和先进电池管理系统的深入研究。

三是建立英国电池工业化中心。目前，该中心正在建立中，主要用于促进英国电池制造业和电动汽车生产。

4.2.2.2 净零创新组合

除了"法拉第挑战计划",为了实现净零系统转型,英国政府于 2020 年 11 月推出 10 亿英镑"净零创新组合"项目,用于加速低碳技术创新,降低英国低碳转型付出的成本。

"净零创新组合"项目主要关注十大关键领域,"储能及电力系统灵活性"是其中之一。英国政府已经启动 1 亿英镑用于解决储能和电力系统灵活性创新过程中面临的挑战,并支持储存时长在小时、日、月等不同时间维度的储能技术,用于提高可再生能源在电力系统中的比重。

4.2.2.3 英国创新基金

英国首相于 2019 年 9 月宣布设立 10 亿英镑的埃尔顿清洁能源创新基金,用于推动创新技术。在能源转型中,储能能够提高新能源渗透率以及解决无电地区供电,无疑是需要优先发展的技术,因此也获得英国不同部门给予的创新资金支持。2007—2019 年英国不同部门的储能支持公共资金如图 4-2 所示,英国公共资金对各类储能技术的支持情况如图 4-3 所示。

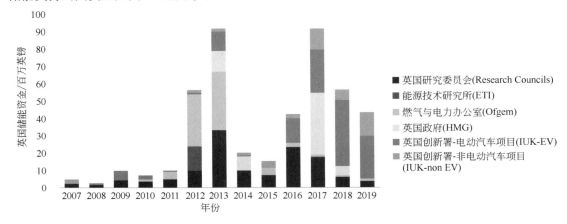

图 4-2 2007—2019 年英国不同部门的储能支持公共资金

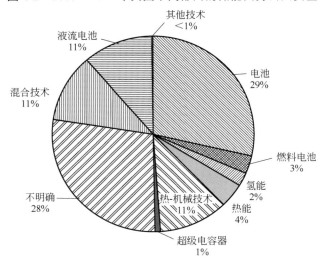

图 4-3 英国公共资金对各类储能技术的支持情况

专利的注册情况常被视作技术向商业化发展的一项指标。图 4-4 是 2000—2020 年期间不同国家申请的储能专利的数量，可以看出，日本、美国、中国、韩国的发明专利主要集中在锂离子电池，英国的专利申请数量相对落后，这也是促动英国加大储能相关技术创新研发方面投入的原因之一。

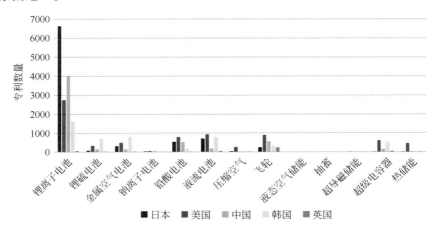

图 4-4　不同国家提交的储能专利数量（2000—2020 年）

资料来源：欧洲专利局

4.2.3　激励政策及制度改革

根据英国国家电网于 2016 年 7 月发布的《2016 年未来能源情景》（Future Energy Scenarios 2016）报告，英国储能政策和环境监管在 2015 年之前一直处于"亮红灯"状态。直到 2016 年 11 月，英国国家能源监管机构天然气与电力市场办公室（Ofgem）和英国商业、能源与工业战略部（BEIS）联合发布《一个智能、灵活的能源系统——寻找依据》（A Smart, Flexible Energy System—A Call for Evidence），提出消除储能和需求响应的发展障碍，通过价格信号提高电力系统灵活性，催化电力市场商业模式创新，评估能源系统中各个组成部分的功能变化等内容。

这份战略报告要求英国于 2022 年以前采取 38 项行动，针对电力灵活性市场、储能、需求侧响应等方面的政策与市场规则进行调整，以达到提高电力系统智能化和灵活性的目的。截止到 2019 年初，英国已实施了 29 项行动，包括：①围绕储能和智能技术开展的政策与监管制度调整行动；②围绕智能家庭和商业开展的政策与监管制度调整行动；③为推动灵活性资源在电力系统中应用进行市场规则修改的行动。

针对储能，该战略报告提出了消除储能系统并网相关制度障碍、电网使用费用的核算、明确储能的法律定义和身份等多个方面。通过这些制度改革，英国储能市场得以被撬动，并开启规模化发展之路。以下针对储能相关典型政策与规则进行详细分析。

4.2.3.1　规划审批制度

电力储能（除抽水蓄能外）是从英格兰和威尔士的国家重大基础设施项目（NSIP）中剥离出来的资产类别，项目无论其规模大小，都需要通过规划程序进行登记或审批。此前英格兰区域和威尔士区域分别将 50MW 和 350MW 作为规模界限，对项目规划程序进行划分，超过这一规模的项目须通过英国国家重大基础设施项目的规划申请流程，而这将带来大量额外的时间成本和资金成本。此前，大量储能项目规模设计为49.9MW，以规避这一问题。

2020年7月14日，英国内阁通过了二级立法，取消了电池储能项目容量限制，允许简化程序在英格兰和威尔士分别部署规模在50MW以上和350MW以上的储能项目。此举被称为是英国储能产业迈出的"重大、积极又适时"的一步。也使得英国储能项目可以通过规模化安装达到降低单位投资成本的目的。

根据英国商业、能源与工业战略部（BEIS）的预测，取消储能项目部署容量上限能够帮助大型储能项目的规划周期缩短3~4个月，同时将激励大量投资资金进入储能领域，电池储能项目数量有望大幅增加。

4.2.3.2 资产类别属性的法律定义

针对储能的官方定义，2016年英国天然气与电力市场办公室（Ofgem）发布的《一个智能、灵活的能源系统——寻找依据》（A Smart, Flexible Energy System—A Call for Evidence）报告中曾提出4项建议，包括：①在不修改基本法的情况下，将储能继续作为发电资产对待；②在不修改基本法的情况下，将储能作为发电资产的一个子类；③在基本法中将储能定义为发电资产的一个子类，且需要对储能发放专门的发电许可证；④在基本法中将储能定义为一项新的设施，且具有单独的储能许可证机制。2017年，英国在进一步征集建议之后，决定修订"电力法"，将储能作为发电资产类别的一个子集列入具体定义，并对储能的许可证和规划制度进一步明确。对储能进行官方定义不仅明确了储能应被视为一种发电资产，而且还将有助于将储能作为电力系统的一个组成部分进行布局和应用。

储能在英国被归属于发电资产，而配网运营商不能拥有发电许可证，这就要求配网运营商不能拥有和运营电池储能资产，只有规模低于10MW的储能系统才有可能获得许可豁免。另外，配网运营商的投资金额也受现有电力市场规则的限制，配网运营商能从非配网主营业务中获得的收入最高不能超过业务总收入的2.5%。因此，除非英国改变配网运营商的监管制度，否则储能在英国配网系统中的项目布局将主要采取第三方投资的方式。

4.2.3.3 过网费电价机制

英国电力用户和发电商使用电力输配电系统，会被征收"系统使用费"和"平衡服务系统使用费"。由于储能具有充电和放电的特性，因此储能会被双重收费。这种做法不但没有考虑储能在提供平衡服务时给电网带来的效益，还将储能视作造成电网堵塞的因素之一。因此，Ofgem通过对电价征收制度进行审查，于2020年上半年对这些电价政策进行修订，批准取消储能充电时征收的"平衡系统使用费"，结束储能被双重收费的现象。

4.2.3.4 共享站址电站相关政策

英国大部分可再生能源发电站是在激励政策支持下安装运营的，如上网电价（FIT）或差价合约［CfD，此前为可再生能源证书（RO）］等政策。

差价合约（CfD）是英国电力市场改革的一部分，是一项为低碳发电商（最新的差价合约也包括了陆上风力发电和太阳能光伏发电）制定的激励措施。可再生能源发电企业与差价合约交易公司自愿签订差价合约，通过差价合约，可以针对单位发电量商定一个履约价格，如果市场电价低于这一履约价格，则差额由英国政府通过差价合约交易公司支付和弥补。

上网电价（FIT）为符合条件的小规模（<5MW）低碳发电机组而设计。从 2019 年 4 月起，上网电价对新申请者关闭，并被"智能发电担保"机制所取代。该担保向小型低碳发电商提供发电电价，在此机制下，安装了家用光伏的用户可向电网销售可再生能源电。

上述政策出台时都没有涉及储能，因此，储能系统与可再生能源共享站址可能会导致诸如储能的配置是否会影响可再生能源发电继续获得上述政策支持，以及配置储能之后不合理地获取更多补贴等问题。

针对这些问题，Ofgem 在 2017 年 9 月首次明确"允许可再生能源开发商和资产所有者继续享受 RO 和 FIT 政策的情况下将储能安装到可再生能源场站侧"。12 月，英国国家电网进一步发布指导报告，列举案例对储能应该安装的位置以及不能安装的位置进行说明，指导储能以正确、合法的方式接入可再生能源场站侧，并确保只有可再生能源才能得到其补贴计划的奖励。该报告发布后，可再生能源与储能共享站址项目的开发障碍显著减少。

4.2.4 电力市场规则

4.2.4.1 容量市场规则

容量市场是英国政府电力市场改革的一部分，旨在维护供电安全，并为电力容量供应商（发电厂以及储能系统）提供月度收益，以便在需要时（通常是在系统面临压力时）提供电力。

英国的容量市场以拍卖形式进行，标的物为容量交付年电力系统所需的发电容量。对于任何一个容量交付年，拍卖提前 4 年、3 年或 1 年举行，包括 T-4、T-3 和 T-1 容量拍卖。T-1 容量拍卖的合同有效期是 1 年。T-4 容量拍卖的合同期为 15 年。由于合同期较长，收益稳定，因此 T-4 也是备受电池储能运营商追捧的市场。

2017 年初，部分电力市场参与者提出参与容量市场的电池储能可用时间短，会对电力系统的供应安全构成风险。之后，英国商业、能源与工业战略部（BEIS）针对这一风险进行评估，并在评估报告中提出修改储能的容量降级因数（de-rating factor），以此反映不同时长储能系统的容量可用性。2017 年 12 月，英国商业、能源与工业战略部（BEIS）和英国国家电网发布"Limited Storage De-Rating Factor Assessment-Final Report"，针对 T-4 容量拍卖，将时长半小时的电池储能的降级因数从先前设定的 96% 降低至 17.89%；针对 T-1 容量拍卖，将半小时的电池储能的降级因数降低至 21.34%。调整之后的不同时长储能的降级因数见表 4-12。该规则的调整使得储能的收益受到较大影响，也降低了其在容量市场中的竞争力。

表 4-12 不同时长储能的降级因数

储能系统的最小时长/h	2018/2019 T-1	2021/2022 T-4
0.5	21.34%	17.89%
1	40.41%	36.44%
1.5	55.95%	52.28%
2	68.05%	64.79%
2.5	77.27%	75.47%

续表

储能系统的最小时长/h	2018/2019 T-1	2021/2022 T-4
3	82.63%	82.03%
3.5	85.74%	85.74%
>4	96.11%	96.11%

资料来源：英国国家电网，Duration-Limited Storage De-rating Factor Assessment。

2020年，储能在容量市场中的应用环境迎来好转。英国监管机构修改规则，以消除需求侧响应资源和储能项目部署面临的障碍，帮助清洁能源技术更容易参与到容量市场的拍卖中。这些规则的修订包括：①将参与容量市场的储能系统最小装机容量阈值从2MW降低至1MW；②允许需求侧响应资源申请资格预审，在提供相关资产证明的前提下，需求侧响应资源可以参与容量市场的拍卖；③在容量市场中引入有关二氧化碳排放限值的报告和验证机制，使清洁能源在容量市场中更具竞争力。

4.2.4.2 调频辅助服务市场规则

随着原有燃煤机组和核电机组的相继关闭，英国电网将越来越依赖于风电和光伏发电，未来电力系统也将更容易受到由于供应和需求不平衡而引发的频率波动的影响，需要更多更先进的灵活性资源进行系统调节。为此，英国国家电网于2015年底引入新的调频辅助服务品种，并启动了增强型调频服务招标采购计划。

增强型调频服务，或称增强型频率响应服务（enhanced frequency response，EFR），是在1s或者更短时间内对频率偏差实现100%有功功率输出的一种调频服务。EFR与现有普通频率响应服务不同，普通一次调频的响应时间尺度是10s，二次调频的响应时间尺度是30s，而EFR的响应时间尺度是1s，甚至更短。一般只有储能资源才能达到该要求，因此，目前200MW的市场需求全部由储能满足，结算按照招标价格付费。英国增强型频率响应服务中标项目见表4-13。

表4-13 英国EFR招标采购计划的中标项目

中标方	预期开展时间	中标规模/MW	四年内项目可获得的总收益/百万英镑	调频服务中标价格/[英镑/(MW·h)]	项目建设地点
EDF Energy Renewables	2017.12	49	12.03	7	西伯顿天然气火电站
Vattenfall	2017.4	22	5.75	7.4	南威尔士 Welsh Peny Cymoedd 风电场
E.ON UK	2017.11	10	3.89	11.09	Blackburn Meadow 热电联产电站
Low Carbon Storage Investment	2017.12	10	2.68	7.94	克里特市
	2018.03	40	12.67	9.38	Glassenbury
Element Power	2018.02	25	10.08	11.49	谢菲尔德市
Belectric Renewable Energy Systems	2017.10	10	4.2	11.97	Nevendon
	2018.02	35	14.65	11.93	RESEFR7-PT

英国"2019.8.9"大停电事故后,为了避免类似情况发生,英国计划推出3项新的调频辅助服务品种,目前已经推出第一个——动态遏制(DC),为储能开辟了新的市场机会。英国国家电网电力系统运营商每周七天均会运行动态遏制辅助服务品种的拍卖活动,在23:00至次日23:00期间采购服务。动态遏制是现有调频品种的补充,初期将采购500MW的低频资源,未来市场规模将增长至1GW,并将高频资源包含其中。由于动态遏制要求服务资源需要在1s内响应,因此目前市场供应主体主要是电池储能系统。

除了动态遏制,英国国家电网还在开发两种其他服务:动态稳定(DM)和动态调节(DR)。动态稳定(DM)用于管理由间歇性发电(如阵风)导致的突然频率不平衡。动态调节(DR)用于帮助英国国家电网电力系统运营商管理接近50Hz的微小的频率波动。动态遏制调频辅助服务品种的概况以及其他调频辅助服务新品种的概况分别见表4-14和表4-15。

表4-14 动态遏制调频辅助服务品种概况

项目	试运行期间（2020年秋）	正式运行期间（2021年）
采购方式	日前	日前
产品类型	低频	低频和高频分别采购
周期	24h合同	电力远期协议时间模块①
容量空间	低频最高500MW	低频和高频，最高1000MW
是否允许叠加	不允许与现有响应产品/备用产品叠加	允许与新的一套频率响应产品进行效益叠加

① 电力远期协议时间模块（EFA Blocks）:将23:00至次日23:00的时间分为6个模块,每个模块4h,即Block1=23:00—次日3:00；Block 2=3:00—7:00；Block 3= 7:00—11:00；Block 4=11:00—15:00；Block 5=15:00—19:00；Block 6=19:00—23:00。

表4-15 调频辅助服务新品种的概况

项目	动态遏制（DC）	动态稳定（DM）	动态调节（DR）
产品特性	用于平抑突然的不平衡带来的频率变化，目标是将频率控制在SQSS标准限值的频率范围内	用于协助日常调频进行较大不平衡管理，旨在将频率维持在±0.2Hz	用于缓慢修正小的、连续的频率偏差。目标是持续管理频率，使其维持在50Hz附近
采购方式	按照拍卖出清价结算	按照拍卖出清价结算	按照拍卖出清价结算
交易时间	日前	日前	日前

4.2.4.3 平衡机制规则

由于签订双边合同的发电企业与电力用户均以追求经济效益最大化为目标,不会从系统运行角度出发满足整体电力实时平衡,因此,仅靠市场主体签订的中长期与短期电力交易合同的组合,并不能完全满足电力系统的安全稳定运行要求。由于输电阻塞、预测偏差等原因,系统调度机构需要在结算周期(一般为30min)内进行一系列操作,来确保电力系统运行的实时平衡。英国主要采用平衡机制作为实时管理系统运行的市场工具。

在平衡机制中,由单台机组或者负荷集成体构成的平衡单元,作为参加报价和受调度控制的基本单元。平衡单元需要在其最终物理发用电计划的基础上，向系统调度机构提交卖电报价和买电报价。卖电报价包括增加发电出力和降低负荷需求两种类型；与此对应，买电报价则包括降低发电出力和增加负荷需求两种类型。在关闸时间后，系统调度机构主要依靠接受平衡单元提交的报价来保障系统运行满足各类安全约束。

以前，平衡机制只向能源供应商和具有许可证的发电商开放，为了引入更多的灵活性资源（如电动汽车、储能、用户侧资源等）进入平衡机制，增加平衡机制资源的供应，2018年5月，英国输电系统运营商国家电网发布"Wider Access to the Balancing Mechanism Roadmap"报告，放宽平衡机制的准入。该报告提出将创造一类新的市场参与者——虚拟主导方（virtual lead party）和一类新的平衡市场服务供应单元——二次平衡机制单元（secondary balancing mechanism units，SBMU）参与平衡市场。其中，二次平衡机制单元可以是独立的，也可以是聚合的资源，最小规模为1MW。为了便于实施，英国国家电网对并网导则进行进一步修改，明确和简化聚合商参与平衡机制的流程。

4.3 德国政策

4.3.1 能源转型政策

近十年来，德国一直推行以可再生能源为主导的"能源转型"战略，把可再生能源和能效作为战略的两大支柱，实施"弃核"（2022年）、"弃煤"（2038年）计划，推动德国到2050年实现低碳、无核的能源体系。

在推动可再生能源方面，2000年初，德国联邦众议院和参议院通过了《可再生能源法》（EEG-2000），该法案替代了《电力上网法》（StrEG），成为推动德国可再生能源电力发展的重要法律基础。《可再生能源法》自2000年首次颁布以来，经历了EEG-2004、EEG-2009、EEG-2012、EEG-2014、EEG-2017、EEG-2021共六次修订，每次修订都是对前一阶段德国可再生能源发展的总结，对后一阶段发展方向的引导。

根据最近一次修订，2021年《可再生能源法》（EEG-2021）将2030年的总量目标由50%提高到65%，并首次将实现"温室气体中和"的法定目标纳入其中，规定到2038年关闭所有燃煤发电厂，到2050年德国生产和使用的所有能源都不排放温室气体。

通过上述措施，德国在可再生能源方面取得了令人瞩目的进展，特别是在电力部门，可再生能源发电量的增长一直由风能主导，且屋顶太阳能光伏和沼气发电的发展也居于世界前列。

随着核电和煤电的逐步淘汰[1]，可再生能源在电力系统中占比的进一步提高，德国面临改善电力基础设施、增加系统灵活性的迫切需求，同时也亟须鼓励用户采用分布式能源提高能源自给自足率，以应对不断上涨的电价水平。而这些需求催生了储能在德国屋顶光伏和电力市场等细分场景中的应用。

---

[1] 核电2022年底前淘汰、燃煤发电2038年前逐步淘汰的计划。

4.3.2 储能技术创新支持政策

在德国，推动储能技术研发和应用示范的机构主要是德国联邦经济事务和能源部以及德国联邦教育与研究部，其发布的典型研发创新计划和政策如表 4-16 所示。两家机构在 2020 年为 214 个正在开展的储能项目提供了约 2253 万欧元的资金。此外，两机构还批准了约 2555 万欧元的资金，用于支持 50 个新的储能研究项目[1]。德国储能年度资助资金见图 4-5。

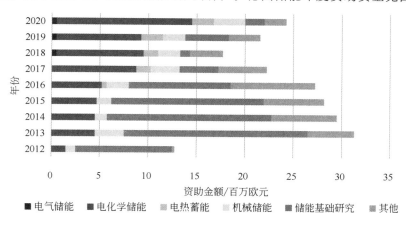

图 4-5　德国储能年度支持资金（2012—2020 年）

表 4-16　德国储能相关的技术研发政策

序号	政策名称	发布机构	发布时间
1	电池材料合作研究计划	德国联邦教育与研究部	2018 年 4 月
2	第七次能源研究计划	德国联邦经济事务和能源部	2018 年 10 月

4.3.2.1　电池材料合作研究计划

2018 年 4 月，德国联邦教育与研究部（Bundesministerium für Bildung und Forschung，BMBF）与以色列科学技术与空间部（Israelische Ministerium für Wissenschaft, Technologie und Raumfahrt，MOST）合作，联合推出"电池系统的新材料——促进德以研究合作资助项目征集 2018"，对高功率电池系统、超级电容器、燃料电池组件中的新材料和新概念进行推动和支持。该计划最早于 2016 年第一次提出，鉴于收效良好，德国政府为加强和以色列的合作，推出了这一新的合作计划。新的计划持续 3 年，到 2022 年底结束。

受资助的项目仅限于两国高校间的合作研究项目，企业的研究项目不在资助范围内。与上述研究方向相关的研究项目，最多可以获得来自德国和以色列每边各 30 万欧元的资助，最高补助比例可达 100%。

---

[1] 资料来源：Federal Ministry for Economic Affairs and Energy, 2021 Federal Government Report on Energy-Research Research funding for the energy transition, March 2021. [P44] https://www.bmwk.de/Redaktion/EN/Publikationen/Energie/federal-government-report-on-energy-research-2021.pdf?__blob=publicationFile&v=6

4.3.2.2 第七次能源研究计划

2018 年 10 月，德国联邦经济事务和能源部发布了新的能源转型研究计划，即德国第七次非核能能源应用研究计划（Angewandte Nicht-nukleare Forschungsförderung im 7. Energieforschungsprogramm "Innovationen für die Energiewende"）。新的计划延续了第六次的支持范围，与储能相关的研究方向见表 4-17。

表 4-17 德国第七次能源研究计划中与储能相关的研究方向

方向	研究内容
集成与应用	储能设备在建筑能源管理系统中的集成和应用
储热设备	已有储热设备的系统优化； 继续优化在不同温度下的过程热/冷的储存； 通过储热设备改善热电联供系统的发电效率； 优化建筑空调系统中的储热； 研究在不同温度下，更加经济、安全、可回收、可持续的储热介质
储电设备	电化学储能，如锂离子电池，液流电池等； 电磁储能，如超级电容器； 机械储能，如压缩空气储能、抽水蓄能、飞轮储能等； 高温储热，如卡诺电池等； 新型电池材料； 电池的生产、运行、标准化、回收等
氢储能技术	新的制氢技术； 制氢设备、制氢系统的生产； 长时储氢技术； 氢气的处理和使用等

资料来源：CNESA。

新的计划针对不同类型企业主导的研究项目，补贴的力度也不同。其中，对于由工业企业主导的研究项目，依据项目研究方向与政策支持方向的贴合程度，联邦政府将补贴至少 50% 的项目费用。对于中小型企业而言，补贴的力度可以达到 80%。对于高校、科研机构主导的非商业性研究，补贴的力度可以达到 100%。

与"第六次能源研究计划"相比，"第七次能源研究计划"新增了数字化和行业合作两个研究重点。德国联邦政府在 2018—2022 年间为该计划投入多达 64 亿欧元，比 2013—2017 年第六次能源研究计划期间的预算增加了 45%。

2018 年，"第七次能源研究计划"资助的最大的三个储能相关的研究项目主要是电化学储能和储氢技术，具体研究项目的资助情况和执行机构见表 4-18。

表 4-18 德国第七次能源研究计划对储能的资助情况

研究项目名称	研究领域	执行机构	资助金额
关于发展电池驱动的有轨机动车的研究	电化学电池；锂电池	Stadler Pankow GmbH	约 226 万欧元

续表

研究项目名称	研究领域	执行机构	资助金额
关于储氢材料的合成,储氢系统的模拟、设计、测试的研究	固体储氢技术	亥姆霍兹吉斯达赫材料和海岸研究中心	约 184 万欧元
关于各种钢材在氢气环境中的损伤模型研究	储氢技术	罗伯特·博世公司	约 117 万欧元

资料来源:德国研究项目数据库 EnArgus。

4.3.3 激励政策及电价机制

4.3.3.1 联邦层面

德国联邦政府出台的两轮光伏储能补贴计划,叠加分布式光伏上网电价的逐步退坡,直接推动了德国户用储能市场的崛起和发展,使其成为欧洲户用储能市场的"领头羊"。德国光伏储能补贴计划见表 4-19。

表 4-19 德国光伏储能补贴计划

序号	政策名称	发布机构	发布时间
1	德国小型户用光伏储能投资补贴计划	德国复兴信贷银行(KFW)联合	2013 年 5 月
2	德国分布式光伏储能补贴计划	德国联邦环境、自然保护和核反应堆安全部(BMU)	2016 年 3 月

(1)第一轮光伏储能投资补贴计划

2013 年,德国小型户用光伏储能投资补贴计划正式发布。该政策为功率 30kW 以下、与户用光伏配套的储能系统提供 30%的安装补贴,并通过德国复兴信贷银行(KFW)的"275 计划"对购买光伏储能设备的单位或个人提供低息贷款。

根据德国小型户用光伏储能投资补贴计划:①补贴额度方面,对于新安装光伏和储能系统的用户,补贴金额最高可达 600 欧元/kWp,对于在原有光伏系统基础上安装储能系统的用户,补贴金额最高可达 660 欧元/kWp;②补贴申请者资格方面,必须满足两个条件,申请者只能将最高 60%的光伏电送入电网,以及申请者的储能系统必须具备 7 年以上质保。

在德国小型户用光伏储能投资补贴计划实施期间,KFW 共为 19000 套光储系统提供了 6000 万欧元的补贴。其中,14%的新装户用光伏+储能系统得到了 KFW 的补贴;17%的已安装的光伏系统增配了储能。虽然 KFW 补贴计划在 2015 年 12 月中止,但是由于补贴申请者有 18 个月的电池采购期,因此该补贴的影响持续到 2017 年中期。

德国小型户用光伏储能投资补贴计划的设计初衷是为了帮助分布式储能进入市场,降低储能技术成本,促进储能的商业化应用。从 2015 年 12 月底该计划结束时的市场表现来看,这一目标已经实现。该补贴已经推动储能系统的成本降低了 25%,并催生了 4.5 亿欧元的投资。鉴于补贴的成功推动作用,业内呼吁延长该计划的有效期限。2016 年初,德国联邦经济事务和能源部在原有支持计划的基础上重新调整,发布了新一轮的光伏+储能补贴计划。

(2)第二轮光伏储能补贴计划

2016年3月1日,德国开始实行第二轮光伏储能补贴计划,补贴总额约3000万欧元,于2018年底截止。该政策适用于2012年12月之后安装且容量低于30kWp的光伏系统,因此,新安装光储系统或对现有光伏改造添加储能设备的家庭均可以向KFW提交申请新补贴计划的支持。

德国第二轮分布式光伏储能补贴计划的补贴率如表4-20所示。新的补贴政策延续了上一期的机制,补贴的形式主要是低息贷款和现金补助。对于不同时间提出的申请,可申请的补贴率(补助资金相对于储能设备价格的比例)不同。比如2016年3月1日到2016年6月30日期间,这一比例为25%。以后比例不断降低,2018年7月1日到2018年12月31日期间,降低到10%。

表4-20 德国分布式光伏储能上网电价补贴机制

时间	2016上半年	2016下半年	2017上半年	2017下半年	2018上半年	2018下半年
补贴率	25%	22%	19%	16%	13%	10%

为了减轻电网的负担,并在一定程度上反映出储能技术成本正日益下降的趋势,新的补贴政策为电池储能设置了更高的标准。获得资助的申请者,其回馈到电网的光伏系统功率应低于峰值功率的50%,在第一轮补贴规定的60%的基础上进一步降低,以促进居民更多地实现自发自用。另外,对储能系统质保期的要求也由原先的7年提高到10年。

总体来看,自2013年起实行的连续两轮光储补贴计划全面刺激了德国家用储能市场的爆发。在政策的带动下,2016年德国新增家用储能电池系统达到2万套。由于需求较高,2016年的项目预算额度在2016年10月初就已经被分配完,而2016年10月之后的光伏储能系统的申请只能等到2017年1月之后才能提交。

然而值得注意的是,有相当一部分安装了光储系统的家庭没有申请补贴。2015年,25%的新装户用光伏系统配备了储能,但仅有14%的新装户用光伏储能系统申请并获得了KFW的补贴,2016年也是类似的情形。造成这一现象的原因主要有两个:

其一是补贴政策对于合格条件的设定,使得相当一部分申请者不满足申请补贴的要求。例如,在光伏的整个生命周期内,安装者不能将超过50%的光伏电力回馈给电网。但储能系统的寿命远不及光伏系统,在储能系统寿命到期之后,如若光伏系统仍不能以超过50%的功率回馈电网,用户将陷入两难的境地。此项规定也成为光储补贴计划中明显不利于储能应用的一个条件。

其二是申请程序复杂,等待批复的时间过长。如果想要获得补贴,申请人需要在安装储能设备前,在个人的开户行提交一份储能设备补贴申请单。经过复杂的审批程序,申请人得到补贴拨款后,需要在18个月内完成储能设备的安装。针对上述复杂流程,一些大型能源供应商和光伏供应商已经通过提供成套光伏储能系统、提供全套安装服务、构建租赁模式等方式,帮助客户简化程序。

（3）光伏上网电价

上网电价（FIT）是一项鼓励居民安装屋顶光伏系统的激励措施，用于为馈入电网的每千瓦时光伏电提供一定额度的补贴。德国于1999年引入FIT，实施期限是20年。在FIT实施期间，由于高额的补贴标准，加之德国不断上涨的居民电价，极大地驱动了屋顶光伏市场的爆发。德国光伏FIT与居民零售电价的对比如图4-6所示。

随着光伏设备成本的下降，政府逐年降低了FIT补贴标准。在德国居民电价高企的市场环境中，向电网销售光伏电的吸引力日渐减弱，配套安装储能系统，实现高比例的自发自用以减少用户电费支出的模式受到越来越多用户的青睐。

2016年，德国屋顶光伏的FIT平均是12欧分/(kW·h)，而居民电价是29欧分/(kW·h)。如果用户选择将屋顶光伏系统所产生的电力进行

图4-6　德国光伏FIT与居民零售电价的对比
（F代表forecast，预测）

资料来源：RWTH Aachen，Apricum analysis

2025年的居民FIT：分布式光伏上网电价预测；

2025年的居民终端零售电价：假设每年3%的增长

自发自用，虽然会错失12欧分/(kW·h)的FIT补贴，但却可以节约29欧分/(kW·h)的电费开支，最终实现17欧分/(kW·h)的电费支出节省。而这个电费账单净削减量就是储能系统应用收益的直接体现。随着德国FIT和居民电价之间的差距不断加大，以及储能成本的快速下降，光伏储能系统自发自用模式在经济上将越来越具有吸引力。

对于德国家用储能市场而言，短期的发展驱动力来自光伏储能补贴计划的激励，中期的驱动力源于储能系统成本的快速下降，长期的发展动因仍将是德国逐年下降的FIT和高企的居民终端零售电价。在这些因素的驱动下，德国户用光伏储能市场有望在2030年前达到应用高峰。

4.3.3.2　州层面

联邦补贴退坡期间，德国部分州为了推动本地光伏储能市场，也出台了一些激励政策。德国典型州储能补贴计划见表4-21。

表4-21　德国典型州储能补贴计划

序号	政策名称	发布机构	发布时间
1	太阳能投资计划（Solar-Invest-Programmes）	图林根州政府	2016年11月
2	RENplus 2014—2020集中式可再生能源储能基金	勃兰登堡州政府	2017年初
3	并网光储资助计划	巴登-符腾堡州环境、气候和能源经济部	2018年3月
4	1000储能激励政策	勃兰登堡州经济和能源部	2018年3月
5	progres.nrw-市场流通计划（Markteinführung）	北威州经济、创新、数字化和能源部	2018年10月

（1）图林根州的"太阳能投资计划"

太阳能投资计划是德国图林根州一项光储资助计划，发布于 2016 年 11 月，主要面向个人、中小型企业、市政当局、住房及能源合作社。申请获得该计划资助的项目必须满足电池至少拥有八年质保、反馈给电网的功率低于 50%的峰值功率等条件。

2019 年 3 月 1 日，图林根州政府更新了该计划的部分资助条款，具体包括：

① 光伏设备资助金额可达设备成本的 30%（对于公民合作社、协会、慈善团体和慈善基金会，光伏设备资助金额可达 40%，带有储能设施的光伏设备资助金额可达 50%）。

② 储能设施资助金额可达设备成本的 30%（对于公民合作社、协会、慈善团体和慈善基金会，储能设施资助金额可达 40%）。

③ 每个项目的最高资助金额为 10 万欧元，总成本小于 1000 欧元的项目将不予资助。

（2）勃兰登堡州的"RENplus 2014—2020 计划"

2017 年初，勃兰登堡州政府在其"RENplus 2014—2020"计划中，拨款 5000 万欧元（部分资金来源于欧盟地方基础设施建设支持基金），支持应用在集中式可再生能源领域的储能项目。

勃兰登堡州的可再生能源发电比例高于德国全国的平均水平，因此，勃兰登堡政府鼓励通过在集中式可再生能源发电侧加入储能系统，来有效提高电网的灵活性和稳定性，延缓新建或升级改造基础设施的投资，并通过政府资金支持，缓解项目开发初期投资成本过高的问题，提高项目开发商的积极性。在这笔资金的支持下，勃兰登堡州已分别在新哈登贝格、费尔德海姆等地投运了三个储能项目，技术类型涉及电化学储能、"电制气"和储热。

（3）巴登-符腾堡州的"并网光储资助计划"

2018 年 3 月 1 日，巴登-符腾堡州环境、气候和能源经济部启动了"并网光储资助计划"，为新建光伏系统配套的储能提供资助。对于每千瓦时的可用储能容量，其可获得的补助不超过净投资成本的 30%。该计划旨在为光伏的进一步普及和储能规模的扩大提供新的动力。

该计划要求，电池储能系统必须能够稳定运行且能够接入电网，同时至少有 40%的发电量实现用户自用，才会获得资助。另外，该计划针对电池储能与电网之间的互动也做出了规定，包括：

① 储能设备的有功和无功功率能够由调度中心远程通信控制与调度，即能够依据电网电压和频率，调度与控制分布式储能设备为电网提供辅助服务。

② 入网的储能设备，必须满足"发电设备接入低压电网规范（VDE-AR-N 4105）"，同时安装运行的储能设备必须满足"低压电网接入运行规范（VDE FNN）"的要求。

③ 电池管理系统（BMS）必须与市场内其他主体使用相同协议或能够协议互通。

④ 电池需要质保十年，质保期间厂家负责维护更换，以保障入网功率。

⑤ 安装、运营需由具有资质的专业人员负责。

该计划自 2018 年启动，将持续到 2019 年底，具体资助由巴登-符腾堡州的激励银行（L-Bank）执行。从补贴力度来看，按照不同的申请日期，补助金额将随系统规模的不同而不同。巴登-符腾堡州光储补贴计划具体信息如表 4-22 所示。

表 4-22 巴登-符腾堡州光储补贴计划

申请日期	系统配置	补助金额	限额	备注
2018 年 12 月 31 日前	家用储能，光伏系统功率小于 30kWp	300 欧元/(kW·h)	最低补助 600 欧元；最高补助 7500 欧元	如果储能或能源管理系统具有预测运行策略（发电和/或用电预测），则单独给予 250 欧元的奖励
	商业储能，光伏系统功率超过 30kWp	400 欧元/(kW·h)	最低补助 7500 欧元；最高补助 60000 欧元	
2019 年 1 月 1 日之后	家用储能，光伏系统功率小于 30kWp	200 欧元/(kW·h)	最低补助 400 欧元；最高补助 5000 欧元	
	商业储能，光伏系统功率超过 30kWp	300 欧元/(kW·h)	最低补助 5000 欧元；最高补助 45000 欧元	

资料来源：Foerderdatenbank, Förderung netzdienlicher Photovoltaik-Batteriespeicher（VwV netzdienliche PV-Batteriespeicher）。

从执行情况来看，该计划自启动以来，已收到 1300 多份申请，申请补贴总额近 350 万欧元。已批准的项目（其中一些已经实施）包括 11.6MW 的光伏和 8.2MW·h 的储能。

（4）勃兰登堡州的"1000 储能激励政策"

2018 年 3 月底，德国勃兰登堡州经济和能源部推出"1000 储能激励计划（1000 Speicher）"，针对已有光伏系统通过改造新增储能系统或者新建光储系统，提供资金补贴。补贴将覆盖储能系统的采购、安装以及监测计量系统的费用。该计划旨在增加住宅用户对太阳能的自发自用率，同时缓解勃兰登堡州电网的压力。

自 2018 年 7 月 27 日起，符合条件的申请者可以向勃兰登堡投资银行（Investitionsbank des Landes Brandenburg，ILB）递交申请，计划的有效期至 2022 年 12 月 31 日。该计划能够为 1000 个符合条件的住宅侧储能用户提供补贴，补贴金额最高可达储能系统总成本的 50%，每份申请最高补贴额度上限为 7000 欧元，最低限额为 2500 欧元。

（5）北威州的"progres.nrw-市场流通计划"

北威州的"progres.nrw-市场流通计划"（Markteinführung）于 2018 年 10 月由北威州经济、创新、数字化和能源部（Ministerium für Wirtschaft, Innovation, Digitalisierung und Energie）提出，是一项对包括光储在内的 13 项高新环保技术提供资助的计划。该计划旨在加速高新技术的引进和推广，促进能源转型，降低二氧化碳排放。

计划中的光储部分主要针对个人和企业用户，该部分的申请持续到 2019 年 11 月 20 日。申请获得该部分资助的项目必须满足以下条件：
① 必须是新建光伏系统；
② 光伏设备在电网连接点的功率输出最多为总功率的 50%；
③ 该项目不能同时获得北威州其他资助项目的资助；
④ 光伏设备功率小于等于 30kWp，最多资助系统总成本的 10%；

⑤ 光伏设备功率大于 30kWp，最多资助系统总成本的 50%；
⑥ 最高资助金额不超过 75000 欧元。

从上述德国联邦政府和地方政府出台的政策来看，德国主要按照初始投资成本补贴的方式，对用户侧储能，尤其是与光伏联合配置的储能进行鼓励与支持。目前德国已经成为全球用户侧储能市场的典范，这和德国多年来的政策支持是分不开的。尽管联邦补贴已经于 2018 年底到期，但地方政策已经成为主力，有望推动德国用户侧储能实现进阶式发展。

4.3.4 电力市场规则

德国提出"去核"后，进一步提高了可再生能源发电所占的比例，也催生了利用储能解决可再生能源并网和输送瓶颈、提高可再生能源利用效率的需求。为了营造更有利于储能应用的电力市场环境，德国政府在用户侧降低 FIT 推动光伏自发自用，在辅助服务市场制订采购储能计划，修改市场规则确保储能等灵活性资源进入市场。

4.3.4.1 市场主体身份及双重税费

早期，在德国，关于储能的法律定义不明确且存在争议。联邦最高法院（Federal Supreme Court，BGH）认为，由于储能系统通常是将电能转化为化学能，之后释放回电网，存在一定的电能损失，具备了用电的特性，因此将电储能系统看作终端用户。而德国联邦储能协会（BVES）则不认同这一类别划定，认为无论是从能源政策的角度还是从科学的角度，将储能划类为用户都不合理。

由于定义不清，在早期实际项目开展过程中，储能系统在充电时被认定为用户，放电时被认定为发电设备，因此需要缴纳双重税费（包括税和附加费）。而传统化石能源在提供辅助服务时几乎可以免税，这直接造成了储能运营商的成本升高，进而限制了储能在市场中的竞争力。

2018 年底，在关于电力市场设计的欧盟三边谈判（Trilog-Verhandlung）中，欧盟议会和欧盟理事会最终同意取消储能设备参与电网辅助服务的双重税费。这一谈判结果将作为欧盟法规于 2019 年 1 月公开，是德国能源转型的重要一步，旨在能源市场中建立传统化石能源与新技术的公平竞争机制。这一新的政策将适用于包括调频辅助服务、电网阻塞调度等所有电网辅助服务，反映了在欧盟法规层面，将储能设备和传统发电设备公平对待的趋势。

因此，目前实际操作过程中，针对不同位置的储能系统，税费的收取按照以下原则进行：针对电网侧储能设施，参与调频辅助服务时，不收取过网费；针对用户侧储能系统，利用电网的电能进行充放电时，充电过程和放电过程只计算一次可再生能源附加费；如果用户侧储能不与电网发生互动，仅配合分布式发电进行自发自用，则不收取过网费，但仍要缴纳可再生能源附加费。终端消费者需要承担的能源税和附加费的变化如表 4-23 所示。

表 4-23 终端消费者需要承担的能源税和附加费的变化

项目	2017 年	2018 年	2019 年
可再生能源法附加费	6.88ct/（kW·h）	6.792ct/（kW·h）	6.405ct/（kW·h）

续表

项目	2017 年	2018 年	2019 年
电税	2.05ct/(kW·h)	2.05ct/(kW·h)	2.05ct/(kW·h)
热电联供法附加费	0.4438ct/(kW·h)	0.345ct/(kW·h)	0.280ct/(kW·h)
第 19 条附加费[①]	0.388ct/(kW·h)	0.370ct/(kW·h)	0.305ct/(kW·h)
营业许可附加费	0.11~2.39ct/(kW·h)	0.11~2.39ct/(kW·h)	0.11~2.39ct/(kW·h)
离岸电网附加费	0.028ct/(kW·h)	0.037ct/(kW·h)	0.416ct/(kW·h)
可关闭负载附加费	0.006ct/(kW·h)	0.011ct/(kW·h)	0.005ct/(kW·h)
总计	9.85~12.13ct/(kW·h)	9.72~12.00ct/(kW·h)	9.57~11.85ct/(kW·h)

① 指的是按照电网收费条例（Stromnetzentgeltverordnung，StromNEV）中第 19 条规定的，电网运营者向用电用户收取的附加费。

注：ct 为欧分。

4.3.4.2 辅助服务市场规则

（1）德国电力调频辅助服务品种

在德国，提供调频辅助服务是储能参与电力市场的重要应用场景之一。德国能源经济法规定德国电力市场必须具有常规储备电力，用于平衡电网频率波动并保证电网供电安全。根据启动时间和持续时间的不同，德国调频市场共有三种调频资源：一次调频、二次调频和三次调频。三种调频服务的主要特征及供应规则如下所示：

① 一次调频（primary reserve，也称一次备用）：0~30s 内启动，用于平衡短时间尺度的电网频率波动。

② 二次调频（secondary reserve，也称二次备用）：30s~5min 启动，用于平衡中时间尺度的电网频率波动。

③ 三次调频（minute reserve，也称三次备用）：15~30min 内启动，用于长时间尺度的电网干扰。

德国调频辅助服务的竞价规则如表 4-24 所示。

表 4-24 德国调频辅助服务的竞价规则

项目	一次调频	二次调频	三次调频（分钟调频）
响应时间	<30s，全自动响应	<5min，全自动响应	<15min，半自动响应
竞价方式	容量价格	容量及电量价格	容量及电量价格
竞拍时间	每周	每公历日[①]	每公历日[①]
竞拍时间段	1 周/连续进行	1d/分 6 个时间点段进行，每段 4h[①]	1d/分 6 个时间点段进行，每段 4h
调频方向	正向和负向（1 个产品）	正向或负向（2 个产品）	正向或负向（2 个产品）
最低功率要求	1MW	5MW	5MW

① 为 2018 年新制定的规则，于 2018 年 7 月 12 日开始生效，将在后文中详细介绍。

其中，一次调频市场非常适合发展 MW 级电池储能电站，主要是由于：①电池的高功率、快速响应等技术特性与一次调频市场的技术需求匹配度高；②一次调频市场的价格较高，能够覆盖电池的高成本。虽然一次调频服务的市场平均出清价格已经从 2015 年的 3600 欧元/MW 下降到 2016 年的 2500 欧元/MW，但考虑到电池储能的投资成本也在持续下降，因此在一次调频辅助服务市场未饱和前，其仍是电网规模电池储能收益的主要来源。

（2）混合价格竞价机制

近年来，随着一次调频辅助服务市场日渐饱和，越来越多的储能系统开始参与二次调频市场和三次调频市场。

根据以往二次调频和三次调频辅助服务的竞价机制，报价由两部分组成，即所提供服务容量的容量报价（欧元/MW）和被调用时的电量报价［欧元/(MW·h)］。所有的投标者首先按照投标容量和容量报价进行排序，按报价从低到高，所有投标容量都将被接受直到电网的容量需求得到满足为止。由于长期以来，判断是否中标主要基于功率价格，但结算时按容量价格和电量价格共同结算，导致 2017 年秋季，电网公司支付的电量价格过高，最高达到 77777 欧元/(MW·h)，因此联邦电网管理局决定修改规则，设立混合价格机制。

在混合价格机制中，由容量报价和电量报价共同决定是否中标，即功率价格和电量价格按一定比例因数计算出一个混合价格，混合价格由低到高排序，混合价格相同时，容量价格低的优先中标，而当容量价格也相同时，按照投标时间的先后顺序来决定中标。

随着混合价格机制的生效，电量价格将会反映出机会成本，这将很大程度上改变价格结构，容量价格可能升高，电量价格可能降低。对于机会成本较低的市场参与者，尤其是以高电量价格计算的非传统机组辅助服务提供商，会导致明显的不确定性和经济风险。新的竞价机制将增加市场成员间的竞争压力，从而使交易制度更高效，并降低调频成本。

（3）竞拍时间

除了竞价机制的调整，德国联邦电网管理局对二次调频和三次调频的竞拍时间也进行了调整。自 2018 年 7 月 12 日起，二次调频和三次调频的竞拍时间由每周改为每日进行。同时，其供应时间段也由原来的"每天 2 段，每段 12h"，改为"每天 6 段，每段 4h"。竞拍在交付日的前一周上午 10 点开始，在交付日前一日的上午 8 点结束。

这一规则修改，将带来两方面的影响：

① 有利于储能系统运营商在二次调频市场、三次调频市场和日前现货市场之间实现更有效的交易与报价策略优化，提高各收益流之间的协同。例如，二次调频市场的拍卖结果会在拍卖结束后的一个小时内、交付前一天上午 9 点之前公布，这些结果正好可以供投资者参考，为参与三次调频市场或者前一天的 EPEX 现货市场提供决策。这意味着，如果二次调频市场竞标失败，竞标者还可以寻找其他收益。

② 较短时间段的辅助服务品种能够降低对储能最小容量的要求。规则修改之前，在实际

操作中，三次调频容量经常被要求应具备持续超过 4h 的运行能力，在服务预审核阶段，供应商也被要求提供拥有这种能力的证明材料。因此，电网系统运营商认为，"超过 4h 的满负荷运行能力"应作为对储能容量的最低要求。而随着辅助服务品种时间窗口的缩短，系统运营商无需要求三次调频资源具备超过 4h 的持续运行能力，4h 的储能容量就能够满足要求。随着预审核相关要求条件的调整，在储能资产拥有者展示出稳定的充电策略的情况下，电网系统运营商甚至有望接受更小的储能容量。

（4）准入规模门槛

此前，二次调频和三次调频市场的最低投标规模是 5MW。但从 2018 年 7 月开始，经联邦电网管理局许可的小型供应商，有机会提供低于 5MW 的二次调频和三次调频服务。但该供应商在每个调频区域、每个供应时间段，针对每个调频产品，只能以单一竞价单元参与报价，以防止大储能电站拆分成小单元参与竞标。

降低 5MW 这个最低准入门槛是为了让分布式可再生能源设备、需求侧管理系统、用户侧电池储能设备等装机功率较小的运营商有机会进入辅助服务市场。该规则能够有效激发更小的聚合商参与辅助服务市场，推动更多项目实现收益叠加，同时也为电力市场引入更多辅助服务资源供应主体。

4.3.4.3 容量市场规则

德国电力市场自由化是从 1998 年 4 月对电力及天然气产业采用"能源产业法修订案（简称能源法案，EnWG）"开始的，能源法案的一个基本要求是将过去的区域性垂直垄断模式从组织形式、财务形式及所有权方面进行分拆，并使电网运营商从电力产业价值链的其他行业中独立出来。通过这种分拆，大的能源公司改变了其公司形式，并进行整合。到如今只有 4 个输电系统运营商（TSO）：Amprion、TenneT、TransnetBW 和 50Hertz，每个运营商都有各自的调度区域。

在最新的一轮 EnWG 的修订中，为应对德国冬季以电采暖设备为主的用电高峰，自 2020/2021 年的冬季起，将在电力市场之外建立一个额外的 2GW 冬季备用容量市场。除了常规能源机组，储能设施也被允许用来提供备用容量。德国的 TSO 将建立一个联合采购平台来进行此冬季备用容量市场的运作。平台从 2020 年 10 月 1 日开始正式运行。

4.4 澳大利亚政策

4.4.1 能源转型政策

为了促进可再生能源发展，2000 年澳大利亚通过了《可再生能源电力法 2000》[Renewable Energy（Electricity）Act 2000]，明确了具体可再生能源发展目标和措施，被称为强制性可再生能源目标（mandatory renewable energy target，MRET）。该法要求购电商要达成每年采购电量中的可再生能源电量达到一定配额的义务。

2009 年，澳大利亚发布《可再生能源电力法修正案 2009》，对 MRET 做了延续性更新，提出到 2020 年可再生能源电量消纳在总电量消纳中占比 23.5%，可再生能源发电量达到 45000GW·h 的目标。

2021 年，联邦政府进一步将 45000GW·h 的增量目标拆分为大型可再生能源发电 41000GW·h，以及小型可再生能源发电 4000GW·h。在此背景下，澳大利亚分布式光伏以及集中式可再生能源发展迅速，也催生了数万套与分布式光伏配套的小型家用储能系统的安装以及数个超大规模储能电站的投运。

2021 年 10 月，澳大利亚提出到 2050 年实现净零排放，预计未来储能在实现该目标的过程中将扮演愈发重要的角色。

4.4.2 储能技术研发及示范项目支持政策

澳大利亚联邦政府层面主要通过投入公共资金支持储能技术示范，并通过示范项目验证技术性能和适用场景。澳大利亚政府资助了三个关键的可再生能源投资机构——澳大利亚可再生能源署（Australian Renewable Energy Agency，ARENA）澳大利亚研究委员会（Australia Research Council，ARC）和清洁能源金融公司（Clean Energy Finance Corporation，CEFC）。

4.4.2.1 可再生能源署电池储能资金支持

澳大利亚可再生能源署是澳大利亚联邦各部门中对储能技术和产业发展支持力度最大的机构。该机构成立于 2012 年，旨在资助可再生能源技术的研究、开发和商业化。该机构为创新项目提供资金，避免这些项目难以吸引到足够的资金，或流失到海外市场。

截至 2021 年 7 月，ARENA 共资助了 586 个项目，总投资高达 17 亿澳元，项目涉及电池储能、生物质能、集中式光热、需求侧响应、分布式能源资源、电动汽车、地热能、氢能、抽水蓄能、太阳能、海洋能、风能、系统安全及可靠性等，其中电池储能类项目共 36 项，其中已完成 17 项，在投 19 项，总投资 2.1 亿澳元。2010—2021 年 7 月期间澳大利亚 ARENA 每年资助储能项目的金额如图 4-7 所示。截至 2021 年 7 月，ARENA 已经完成支持的电池储能项目以及正在支持的电池储能示范项目如表 4-25 及表 4-26 所示。

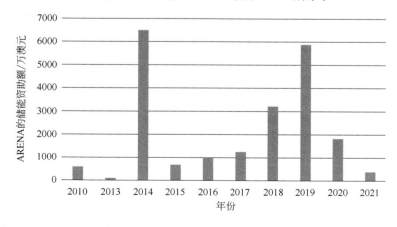

图 4-7　2010—2021 年 7 月期间澳大利亚 ARENA 每年资助储能项目的金额

表 4-25 ARENA 已经完成支持的电池储能项目一览（截至 2021 年 7 月）

项目名称	ARENA 提供的资金/澳元	项目总成本/澳元	主导机构
BMS-逆变器混合项目	338000	751113	Relectrify
电池储能系统性能标准	1440000	3164484	DNV-GL Australia Pty Ltd
Gannawarra 储能系统（GESS）	22734000	41191289	Edify Energy
使用太阳能和储能来减少峰值需求的项目	450000	1234000	United Energy Distribution Pty Ltd
澳大利亚储能委员会研究和报告	45000	45000	Smart Energy Council
Fulfil 项目	3075000	10793900	Smart Storage Pty Ltd
提供具有成本效益的电网支持的消费者能源系统	2894951	7991746	Australian National University
试用新的住宅太阳能光伏和电池模型	400000	2620000	Ergon Energy Queensland Pty Ltd（Ergon Retail）
储能测试设施和知识库	1441811	3264368	University of Adelaide
罗特尼斯岛水电和可再生能源 Nexus（WREN）项目	3754010	6094391	Hydro-Electric Corporation
弗林德斯岛混合能源中心	5500000	13380475	Hydro-Electric Corporation
用于商业可再生能源整合的储能	445446	1024578	AGL Pty Ltd
用于大规模储能的锂硫电池	830000	2070000	University of Technology Sydney
可重新部署的混合动力可行性研究	410309	820619	Laing O'Rourke
奥古斯塔港光热可行性研究	408100	1044504	Alinta Energy
UltraBattery 分布式光伏支持项目	583480	1464720	Smart Storage Pty Ltd T/A Ecoult
金岛（King Island）可再生能源一体化项目	5950450	17694282	Hydro Tasmania

表 4-26 ARENA 正在支持的电池储能示范项目一览（截至 2021 年 7 月）

项目名称	ARENA 提供的资金/澳元	项目总成本/澳元	主导机构
Relectrify 二次电池试验	1484560	3300000	Relectrify Holdings
AGL 电动汽车调度试验	2893638	8250940	AGL Energy Services
特斯拉虚拟发电厂项目	8200000	64170000	Tesla Motors Australia
钒液流电池储能和太阳能共址项目	5694000	20294660	Yadlamalka Energy
霍恩斯代尔储能升级项目	8000000	71000000	Neoen Australia
Alinta Fortescue 太阳能燃气混合项目	24200000	208300000	Alinta Energy
TransGrid Wallgrove 电池	10147919	65464077	TransGrid
Agnew 可再生能源微电网	13500000	111600000	Agnew Gold Mining Company
先进能源风能、太阳能和电池项目	3000000	12240718	PGWF Pty Ltd

续表

项目名称	ARENA 提供的资金/澳元	项目总成本/澳元	主导机构
Lake Bonney 电池储能系统	5000000	41600000	Infigen Energy
使命创新挑战——离网用电项目	228000	433000	The University of New South Wales
巴拉瑞特储能系统（BESS）	2264000	42660000	Spotless
用于商业可再生能源集成（ESCRI）第 2 阶段的储能	12000000	30000000	ElectraNet Pty Limited
奈良生态村智能电网项目	1384660	4732513	NEV Power Pty Limited
智能储钠系统	2704000	10592259	University of Wollongong
测试锂离子电池性能的项目	1290000	1943084	IT Power（Australia）Pty Ltd
NT 太阳能改造计划	35000000	62500000	Power and Water Corporation
库伯佩迪可再生柴油混合动力车项目	18410879	38860080	Energy Developments Ltd
豪勋爵岛混合可再生能源系统项目	4500000	11854000	Lord Howe Island Board（LHIB）

这些项目包括用户侧、离网地区和电网薄弱区的储能应用，也包括解决可再生能源更高比例渗透率以及储能进入市场障碍等问题的公用事业规模储能项目。

ARENA 对储能的支持主要集中在储能技术研发与示范应用方面，力图推动解决储能应用于高比例可再生能源场景中所面临的障碍，增加储能系统的应用收益，帮助降低储能的安装和并网成本。因此，申请 ARENA 资金支持的储能项目必须能够展现出可复制性、成本下降潜力以及在可再生能源领域的应用价值。ARENA 支持的各种应用场景的储能示范项目，对验证储能技术、推动储能在这些场景中的规模化应用发挥了重要的作用。

4.4.2.2　国家竞争性政府奖励计划

澳大利亚研究委员会（Australian Research Council，ARC）是除 ARENA 之外支持储能技术研发和示范项目的另一个澳大利亚官方机构。为进一步打造"智能澳大利亚"，澳大利亚研究委员会设立国家竞争性政府奖励计划（national competitive grants programme）。该项计划提供了 4.166 亿澳元的资金，支持包括光伏、储能等相关技术在内的基础和应用研究项目。目前这笔资金先后对 8 个从事储能相关研发项目的高校进行了支持，资助金额共计 411.7 万澳元，占总资金的 0.9%。尽管份额不高，但也在一定程度上促进了储能技术的基础研究与突破。ARC 支持的从事储能研发项目的高校一览见表 4-27。

表 4-27　ARC 支持的从事储能研发项目的高校一览

资助对象	资助金额/万澳元	资助目的
卧龙岗大学	65.2	应用于电动汽车和便携式电子设备的高性能锂离子电池技术
南澳大利亚大学	90.4	应用于储能和可穿戴式显示器的高分子导电材料

续表

资助对象	资助金额/万澳元	资助目的
科廷大学	65.2	基于金属硼烷的低成本、高性能储能解决方案
昆士兰科技大学	65.2	通过电子耦合和纳米工程改善光伏、储能和纳米设备的设计
南澳大利亚大学	33.2	环保型聚合物太阳能电池
新南威尔士大学	31.5	应用于太阳能电解水的阳极氧化方法和材料研究
昆士兰科技大学	31	应用于太阳能制氢的二维石墨碳氮化合物研究
新南威尔士大学	30	纳米无铅钙钛矿材料的开发及其在太阳能领域的应用研究

4.4.2.3 CEFC 创新资金

在澳大利亚，除了澳大利亚可再生能源署、澳大利亚研究委员会等政府机构制定并实施系统性的储能技术研究和示范应用支持计划，澳大利亚清洁能源投融资领域对储能项目的资金支持，也在很大程度上推动着澳大利亚储能技术研究和示范项目的开展。

清洁能源金融公司（CEFC）成立于 2012 年，是一家国有绿色银行，旨在促进清洁能源投资。ARENA 和 CEFC 共同管理清洁能源创新基金，该基金主要面向处于早期发展阶段需要成长资金的清洁能源项目，为其提供债务和股权融资支持。CEFC 利用约 80 亿美元支持了约 200 个大型项目和 18000 个较小规模的项目，包括商业太阳能和风能项目，以及储能和能效项目。

政府还立法要求 CEFC 管理 10 亿美元的电网可靠性基金。该基金旨在鼓励私人投资发电、储能和输电项目，以平衡电网供需以及保障低成本用电。

通过这些基金，CEFC 投资了 1.6 亿美元支持世界最大的储能项目——维多利亚大电池项目的设计、建设和运行。该项目规模 300MW/450MW·h，主要用于支持维多利亚和新南威尔士之间的电网互联，并帮助更高比例的新能源接入电网。

4.4.3 激励政策及电价机制

在澳大利亚联邦政府部门大力度支持储能技术研发和示范应用的同时，联邦机构及各州政府基于各自对储能的需求也出台了激励政策。

4.4.3.1 联邦激励政策

为支持 2030 年澳大利亚可再生能源发电比例达到 90% 的目标，澳大利亚绿党（Australian Greens）发布"电池储能支持计划"（the greens' battery storage program）。该计划为期五年，针对户用储能和工商业储能两类，进行补助和激励，力图驱动储能成本下降，帮助用户最大限度地提高可再生能源利用水平。

（1）户用储能

为鼓励普通家庭安装储能系统，澳大利亚绿党计划为个人用户提供 50% 的可偿付税收抵免，帮助降低户用光储系统成本。2016—2017 财年的最高抵免额度为 5000 澳元，此后抵免额度将逐年降低，2020年7月将降低到1500澳元，具体变化见表4-28。

对于低收入群体，澳大利亚绿党出台了低收入者光储补助政策（low income solar storage grant，LISS）。政策规定，年应税所得不足80000澳元的群体，除了可以获得税收抵免，还可以申请LISS补助。LISS补助额度也将逐年降低，2016—2017财年，LISS补助最高为5000澳元或系统成本的一半（取相对较低值）；2020年7月将降低到1000澳元。每年LISS补助的发放份额为20000个用户。

表4-28 澳大利亚绿党在户用储能方面的政策支持力度的变化

财年	2016—2017	2017—2018	2018—2019	2019—2020	2020—2021
税收抵免/澳元	5000	4000	3000	2200	1500
低收入者的光储补助政策（LISS）/澳元	5000	4000	3000	2000	1000

资料来源：Australian Greens。

（2）工商业储能

为鼓励工商业用户安装储能系统，该计划规定工商业领域的电池储能项目可以享受资产加速折旧，以降低税费负担。目前储能电池作为商业资产，折旧期超过15年，而在该政策下，电池资产可在3年内完成折旧。议会预算办公室预计未来4年将有30000个工商业储能项目得到支持，2015—2016年的预算超过3800万澳元。项目补贴资金将来自对航空、石油、天然气等化石燃料密集型行业现行的加速折旧优化政策改革后形成的资金池。考虑到未来10年储能电池成本会快速下降，因此项目的执行期暂定为5年，2020年对项目实施效果进行评估。

4.4.3.2 州级激励政策

以南澳、北领地、维多利亚州和新南威尔士等为代表的州或市政府主要从储能招标采购计划、区域储能安装补贴等方面入手，推动当地储能项目的落地。澳大利亚各州储能相关激励政策见表4-29。

表4-29 澳大利亚各州储能相关激励政策

州/区域	政策/激励措施	可再生能源目标
首都堪培拉	2500万澳元下一代电池储能计划，用户获得的补贴最高可达825美元/kW	到2020年100%
新南威尔士州	对购买并安装电池储能系统的家庭提供最高9000美元的贷款，对购买屋顶光储系统的家庭用户提供高达14000美元的贷款。高额FIT的关闭刺激着户用电池储能的投资	到2030年增加12GW可再生能源
北领地	Home Improvement Scheme此前为购买光伏和电池的人提供4000澳元的代金券，参与者被要求必须支付系统价格的50%以上	到2030年50%
昆士兰州	2018年提供免息贷款和返款以刺激电池的使用；凡是在州数据库上注册储能系统的所有者能获得50澳元奖励；为1000个家庭，提供最高3000澳元的退税和1万澳元的免息贷款	到2030年50%

续表

州/区域	政策/激励措施	可再生能源目标
南澳	家庭电池计划（HBS）：1亿澳元补助计划促进电池在4万个家庭的使用；1亿澳元CEFC贷款；1.5亿澳元Renewable Technology Fund支持大量的可调度的可再生能源项目；5千万澳元大规模储能基金	到2030年100%
塔斯马尼亚	"国家之电池"抽水蓄能可行性调查，提出20万澳元的微网试验项目	已经达到100%可再生能源
维多利亚州	针对典型项目，ARENA提供2500万澳元的支持，维多利亚政府提供2500万澳元的支持； 光伏家庭包：为年收入低于18万澳元的10万个家庭，提供50%的电池安装成本补贴，每个家庭不高于4835澳元	到2030年50%
西澳	拨款600万美元建立一个未来电池工业合作研究中心	支持国家可再生能源目标

（1）新南威尔士州

2017年7月，澳大利亚新南威尔士州计划与环境部发布"新南威尔士州家庭光伏电池指南（NSW home solar battery guide）"，为家庭用户在购买电池储能产品时提供决策依据。"指南"指导了超过35万户新南威尔士州已经安装屋顶光伏系统的家庭更规范、更有策略地安装储能，也填补了澳大利亚户用电池安装标准的空白。在激励措施方面，新南威尔士州政府发布7500万美元的新兴能源计划，为可调度发电技术的可行性方案研究和资本投资提供资助。目前该计划已经对5个项目进行了资本资助，对9个项目的可行性方案研究进行了资助，这些项目涉及抽蓄、电池、虚拟电厂和光热储热。另外，2020年，新南威尔士州政府在2018输电基础设施战略和2019电力战略两份文件的基础上发布了其电力基础设施路线图。该路线图承诺政府建立5个可再生能源区（REZ），一个电力投资保障计划和一个输电发展计划用于降低REZ的投资风险。该路线图旨在满足新南威尔士州能源安全目标，并规划未来十年增加12GW新容量，其中包括2GW储能。

（2）昆士兰州

昆士兰政府的可再生能源400保留拍卖计划（renewables 400 reverse auction program）为可再生能源和储能项目提供财政支持。2019年7月，该计划列出10个项目可获得财政支持，其中包括8个可再生能源加储能项目和1个独立电池储能项目。另外，昆士兰能源安全组也正在积极开发本州的抽蓄容量。

（3）维多利亚州

维多利亚政府，除了为Gannawarra储能项目和Ballarat储能项目提供拨款之外，还为已有光伏系统并增配储能的维多利亚州家庭提供退税。继1万户家庭项目示范成功之后，光伏家庭计划进行了扩大，为符合条件的家庭提供高达4174美元的补贴/退税。电池计划主要用于支持高光伏渗透率和人口增长的地区。

（4）南澳大利亚州（简称南澳州）

南澳州政府已经拨付 1 亿美元推动家庭电池计划，为 4 万个家庭提供安装电池储能系统的补贴。家庭能够通过该计划获得较低成本的融资，以支付补贴没有覆盖的系统成本，也可以用于购买新的或者更多的光伏板。南澳政府已经支持特斯拉安装 5 万套 Powerwall 电池，并将其聚合为 250MW/650MW·h 的虚拟电厂进行运营。

（5）首都堪培拉

首都堪培拉政府在 2016 年初启动了下一代电池储能计划，这是世界上最大的家用电池推广项目之一。该项目耗资 2500 万美元，支持向 5000 个堪培拉家庭和企业提供 36MW 分布式电池储能。目前该计划正在开展第五轮电池供应商项目建议书征集。

4.4.3.3 光伏上网电价

在澳大利亚，光伏上网电价（FIT）逐步退坡或结束，是用户侧储能应用的重要推动力。澳大利亚的光伏上网电价是一种州级小型技术补贴。许多州的 FIT 在 2016 年底结束或被大幅削减。澳大利亚州级 FIT 电价标准和结束时间见表 4-30。

表 4-30 澳大利亚州级 FIT 电价标准和结束时间

州	FIT 类型	表计类型	项目最大容量	FIT	结束时间
维多利亚	过渡型	净计量表	5kW	25 澳分/(kW·h)	2016.12.31
	标准型	净计量表	<100kW	按照零售电价进行 1:1 补贴	2016.12.31
南澳	Group 4	净计量表	10kW（45kW·h/d）	16 澳分/(kW·h) +零售商最低电费	2016.09.30
新南威尔士	Solar Bonus Scheme	累加计量表	10kW	60 澳分/(kW·h)（大部分用户）	2016.12.31
	Solar Bonus Scheme	累加计量表	10kW	20 澳分/(kW·h)（少部分用户）	2016.12.31

虽然 FIT 结束之后，用户仍然能将所发光伏电力销售给电网，但价格将会显著降低，这对用户的电费账单将造成明显的影响。预计一个 3kW 的悉尼光伏系统业主每年的电费账单将上升 2400 澳元。为了避免电费账单上涨，光伏业主有以下几种解决途径：

① 更换电表：若用户以前装的电表是累加计量电表，建议换成净计量电表或者智能电表。
② 比较电力零售商：寻找最适合用户自己或光伏回购电价最高的电力零售商。
③ 增容光伏电力系统：光伏价格正在降低，增容光伏，最大限度地使用所发的电。
④ 增加电池储能：增加光伏发电的自消纳水平。

FIT 大幅降低甚至取消无疑将刺激光伏业主对电池储能系统产生更大的兴趣，推动光伏电力更多地进行自发自用，尤其是在电价较高的负荷高峰时段，光伏自发自用能够帮助用户大幅节约电费。目前在澳大利亚，包括 sonnen battery、LG Chem、Enphase AC Battery、Tesla Powerwall 2 等在内的户用储能系统成本正在大幅度下降，户用储能的安装应用正在澳大利亚各州日渐流行起来。

4.4.4 电力市场规则

澳大利亚国家电力市场（national electricity market，NEM）覆盖五大区域，包括昆士兰州（QLD）、新南威尔士州（NSW）、维多利亚州（VIC）、南澳大利亚州（SA）、塔斯马尼亚州（TAS）。西澳大利亚州和北领地未与 NEM 连接，其电网体量较小且实行不同的市场交易制度。

NEM 市场中累计安装 67GW 发电容量（包括屋顶光伏），包含 295 个大型发电单元，1020 万个用户，2020 年总电力消费 190TW·h，2020 年最大电力需求 35043MW。澳大利亚现货市场由澳大利亚能源市场运营机构（Australian Energy Market Operator，AEMO）组织。AEMO 利用预测及调度工具以 5min 为间隔跟踪电力需求、发电商报价和电网线路容量，并按照价格由低到高对发电机组进行调度排序，直到满足负荷需求。NEM 的结算周期为 30min，每个 NEM 区域为一个价区，有其单独的现货价格。2020—2021 年度的现货市场最高限价为 1.5 万澳元/(MW·h)，2021—2022 年度将提升至 15.1 万澳元/(MW·h)，最低限价为 -1000 澳元/(MW·h)。

储能正日益成为澳大利亚国家电力市场（NEM）的一个重要组成部分，但储能作为新兴技术，在融入 NEM 方面还存在诸多障碍与问题。目前澳大利亚正在开展电力市场规则修改，通过提供清晰的价格信号、明确的身份、有效的激励机制以及更多的收益来源，帮助储能进入 NEM 并获得收益。这些规则包括：成本疏导机制、5min 结算（5MS）机制、综合资源提供者（IRP）市场主体身份、系统完整性保护计划（system integrity protection scheme，SIPS）等。

4.4.4.1 辅助服务市场规则

（1）辅助服务市场成本疏导机制

如表 4-31 所示，澳大利亚调频辅助服务市场可以分为市场化辅助服务市场（FCAS）和非市场化辅助服务市场。前者主要包括调节调频市场（regulation FCAS）和应急调频市场（contingency FCAS）两大类，共 8 个细分市场，主要通过电力市场进行交易和支付；后者主要包括电压控制、黑启动等服务，基于 AEMO 和市场注册参与方之间签署的合同进行服务执行和费用支付。

表 4-31 澳大利亚辅助服务市场类别

辅助服务类型		服务说明	市场
市场化辅助服务市场	调节调频（regulation FCAS）	增加容量，提升频率使其靠近 50Hz	向上
		降低容量，降低频率使其靠近 50Hz	向下
	应急调频（contingency FCAS）	紧急事件时在 6s 内提供调频服务（快速服务）	向上
			向下
		紧急事件时在 60s 内提供调频服务（慢速服务）	向上
			向下

续表

辅助服务类型		服务说明	市场
市场化辅助服务市场	应急调频（contingency FCAS）	紧急事件时在5min内提供调频服务（延迟服务）	向上
			向下
非市场化辅助服务市场	网络支持与控制辅助服务（network support and control ancillary services, NSCAS）	由AEMO采购，用于控制网络不同节点的电压，并将电流控制在标准范围内	无功
			切负荷
	系统黑启动辅助服务（system restart ancillary service, SRAS）	发电机组重启，使输电系统在重大机组脱网后恢复供电	黑启动

在电力系统日常运行期间，调节调频服务需要连续运行，以调整由于供需不平衡带来的微小频率偏差。应急调频服务主要用于管理由于需求和/或供应突然或计划外的变化带来的较大频率偏差。与调节调频服务相比，应急调频服务通常被调用的频次相对较少。

如表4-32所示，调节调频辅助服务成本由带来频率偏差的市场参与者进行支付，即由"肇事者"承担。向上应急调频辅助服务成本由发电商支付，向下应急调频辅助服务成本则由用户支付（通常是零售商）。FCAS与能量市场联合优化出清，以最小化总成本。辅助服务市场成本的有效疏导是保障储能等资源获得可预期收益、降低投资风险的重要保障之一。

表4-32 澳大利亚辅助服务成本回收方式

辅助服务类型		支付方式	支付对象	成本疏导方式	成本分摊主体
市场化辅助服务	调节调频（regulation FCAS）	基于市场出清价格和每个调度间隔提供的服务量进行支付	接受调度的（scheduled）相关市场发电商/市场用户	"肇事者"承担，如有剩余，剩余部分由所有市场用户按照用电量分摊	向上服务成本由市场发电商和市场小型发电聚合商分摊；向下服务成本由市场用户分摊
	应急调频（contingency FCAS）	基于市场出清价格和每个调度间隔提供的服务量进行支付	接受调度的（scheduled）相关市场发电商/市场小型发电聚合商/市场用户	按相关市场参与者用电/发电的比例进行分摊	有独立MPF的市场参与方或者没有独立MPF的市场用户承担
非市场化辅助服务	NSCAS	基于AEMO和注册市场参与方之间的合同协议条款进行支付	签订合同的相关市场注册参与方	按照受益区域内相关市场参与方的用电量按比例进行分摊	仅市场用户承担
	SRAS	基于AEMO和注册市场参与方之间的合同协议条款进行支付	签订合同的相关市场注册参与方	按照受益区域内相关市场参与方的用电量按比例进行分摊	市场用户和市场发电商按照50/50进行分摊

注：MPF为相关市场参与者的标准化市场参与者因子。

（2）开放电力辅助服务市场

目前，额定容量5MW及以上的储能电站可以通过注册成为市场主体参与辅助服务市场，主要参与 FCAS。但早期澳大利亚辅助服务市场并未向储能开放。2016 年 11 月 24 日，澳大利亚能源市场委员会（AEMC）发布"国家电力修改规则 2016"，其中涉及辅助服务解绑规则（ancillary services unbundling rule），力图将辅助服务从能源供应体系中分离出来，并开放给新的市场参与者，即市场化的辅助服务提供商。在当时大型发电企业主导调频辅助服务（frequency control ancillary services，FCAS）供应与价格的情况下，该政策的实施意味着调频辅助服务可以由各类发电机组、储能、虚拟电厂等市场参与者共同提供。

新的辅助服务方案的制定既能帮助澳大利亚能源市场运营商（Australian energy market operator，AEMO）获得更加多样化的资源调控电力系统频率，还有助于增加 FCAS 供应、稳定调频服务市场的价格。

规则实施后，电池储能和虚拟电厂逐步进入电力市场，市场份额逐步提高，电池储能的市场份额从 2018 年第四季度的 12%上升到 2020 年第四季度的 26%。燃煤发电机组、燃气机组和水电的市场份额持续下降。2020 年第四季度，南澳州霍恩斯代尔电池储能电站全部容量投入运营，是辅助服务市场中电池储能份额持续上升的主要原因。图 4-8 展示了近年来澳大利亚辅助服务供应资源在市场中的份额变化。

从辅助服务市场成本变化趋势来看，FCAS 成本呈显著上升态势。2015 年，FCAS 成本共计 6300 万美元，仅占 NEM 能量成本的 0.7%，到 2020 年，FCAS 成本达到 3.56 亿美元，5 倍于 2015 年的水平（2020 年第一季度 FCAS 成本占 NEM 能量成本的 5.4%）。上升的 FCAS 价格是吸引大量电池储能和需求响应资源、虚拟电厂进入市场的重要驱动力。

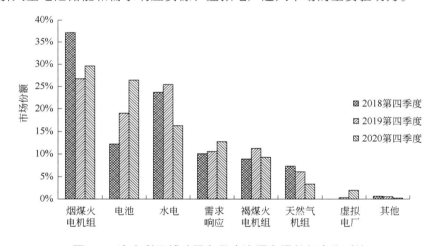

图 4-8 澳大利亚辅助服务供应资源市场份额变化对比

（3）取消本地调频辅助服务最低采购限制

南澳州较为著名的"风电场+储能"项目是 Neoen 公司拥有并运营的南澳州霍恩斯代尔电站。该电站的电池储能由特斯拉提供，放电功率为 100MW，容量为 129MW·h，与 300MW 的霍恩斯代尔风电场共享一个 275kV 接入点。

过去，当海伍德区域联络线处于相当紧急状况时，南澳州电力系统会发生区域分离，澳大利亚国家电力系统运营商 AEMO 必须至少在本地采购 35MW 的调频辅助服务资源来维持本地电网频率稳定。但由于该区域中调频服务供应商非常有限,因而服务价格高昂。2017年9月14日,南澳电网发生紧急事件时,调频服务价格超过9000澳元/(MW·h),导致一天的本地调节调频辅助服务采购成本高达650万澳元。

然而,霍恩斯代尔电站投运并参与电力市场之后,有效地将调节调频辅助服务的平均价格降低至248澳元/(MW·h)(2018年1月14日的价格)。AEMO预计霍恩斯代尔电站在(本地采购限制的)5h的时间里为系统节约了350万澳元。

霍恩斯代尔电站运行效果显著,已经带来监管制度的变化,AEMO已经移除了35MW本地调频辅助服务资源最低采购量这一限制,有效地减弱了部分辅助服务供应主体带来的市场力。

4.4.4.2 现货市场规则

(1) 能量市场价格上下限设置

现货市场价格波动是能量市场的自然特征,可以引导市场主体投资新的发电容量。回顾澳大利亚过去十年,2016年是现货市场高价格出现最为频繁的一年,共有796个结算周期的现货价格超过300美元/(MW·h),36个结算周期的现货价格超过5000美元/(MW·h)。尽管近些年来发生现货价格高于300美元/(MW·h)的频次整体趋于下降,但现货价格超过5000美元/(MW·h)的结算周期数并未减少(2018年有32个结算周期,2019年有30个结算周期,2020年有34个结算周期)。另外,澳大利亚森林大火和风暴导致新南威尔士州与维多利亚州于2020年1月4日发生市场脱离,维多利亚州与南澳州从2020年1月31日至2月17日发生脱离,进而导致上述时间内现货市场价格达到1.47万美元/(MW·h),接近市场最高限价。

价格波动的另一个表现是现货市场负电价出现的频次增多。2019年现货价格为负的情况显著增加,并持续到2020年。2020年,5个州现货市场负电价出现3662次,创下历史纪录,比2016年高出3倍以上。由于南澳州的风电和光伏普及率较高,因此2020年近一半的负电价出现在南澳州。NEM中的发电商供应发电量的市场最低限价是-1000美元/(MW·h),负电价本质上表明发电商宁愿选择付费发电,也不愿意停机。针对不同机组,其可能具有申报负电价的不同动机。如大型基荷燃煤机组为确保连续运行并避免关闭数小时后重新启动带来的高成本,会选择申报负电价。由于风机和光伏板不会产生较高的启停机成本,且运行成本接近于零,因此在风资源或光照资源丰富时,风电/光伏发电商可以申报负电价,以保证能被调度。一些风电/光伏运营商可以通过出售可再生能源证书的方式获得收入,因此即使批发市场价格为负,也可以获得利润。

未来随着可再生能源接入NEM的比例持续增加,现货市场预计出现负电价的频次将持续增加,同时价格波动将愈发剧烈,这为储能在能量市场中获得收益提供更广阔的空间。

(2) 5min结算机制

2020年7月,澳大利亚能源市场委员会(AEMC)宣布,将从2021年10月21日起实施澳大利亚国家电力市场(NEM)现货价格的5min结算机制。

澳大利亚实行区域电价,每个州为一个价区。系统出清时,每个区域中选取一个参考节点，以结算周期内（每30min）该参考节点出清价格（每5min）的加权平均价格作为对应区域的区域电价，区域内各节点的价格由参考节点的价格乘以区域内对应的损失系数得到。

现行的30min结算期始于1998年，本质上是在每30min内取六个5min出清价格的平均值。之所以采取每30min结算一次，主要是因为多数分时电表是以30min为间隔进行数据读取。

随着可再生能源发电的不断增长以及化石燃料发电设施（包括燃煤电厂）的退役，系统对使用灵活且响应迅速的技术的需求越来越强烈，30min为一个结算周期的价格机制已经无法反映价格的快速波动，并激励电池储能系统等快速资源响应价格，从而也限制了能量套利机会。而5min结算机制，一方面与目前的5min调度间隔更匹配，另一方面，也意味着增加结算周期的粒度，能够呈现更准确的价格信号，更好地补偿储能等快速调节资源在几个交易间隔内快速充放电提供的服务，进而增加其盈利能力。根据墨尔本能源研究所的分析与模拟，在5min结算机制下，电池储能的应用收益将有望提升5倍以上，达到617澳元/(kW·h)，同时还能将尖峰机组的最高合同服务价格降低三分之一。

总体而言，该项规则的修改将有利于储能系统、需求响应服务等快速、灵活资源在市场中提供服务，进而促进资本对这些技术的投资。另外，由于该规则的修改将增加储能在NEM能量市场和FCAS的套利机会，因此也会影响市场化辅助服务品种和非市场化辅助服务品种的费用支付及成本分摊。

4.4.4.3 电力市场其他规则

（1）综合资源供应商（IRP）市场主体身份

由于澳大利亚国家电力法（NER）早期发布时，市场中储能较少，因此NER中并未过多考虑储能。随着接入电力系统的储能越来越多，在主体身份不明确的情况下，储能通常以两种不同市场身份类别（发电商和用户）注册并参与NEM，基于储能两种市场主体身份的系列问题也逐渐暴露出来。

首先，储能分摊非能源成本的方式与其他市场参与者存在不同。非能源成本是指AEMO通过市场化辅助服务（如调频市场）、非市场化辅助服务（如黑启动）以及监管机制管理电力系统时涉及的技术成本。一般来说，AEMO会根据相关交易间隔（目前为30min）内市场参与者的用电量和发电量按比例向参与者回收这些服务和机制的成本。但电网规模电池储能是根据注册的两类市场主体身份（发电商和用户）进行充放电的，因此在发电和放电时均需要缴纳非能源成本。而其他市场参与者，包括发电商、用户和小型发电聚合商（MGSA）在市场中是以单一身份进行注册的，因此，其费用主要是基于用电量和发电量的净电表（即用电量与发电量之间的差值）计量数据进行缴纳。这就使得储能与其他市场参与者在分摊非能源成本方面存在不公平。

其次，现有身份框架下，储能必须按照负荷和发电两种类型分开进行市场竞价，不能将其合并为单一报价，AEMO也只能将其按照负荷和发电分开进行排序调度。另外，在结算时，储能需要按照负荷和发电分别计算"边际损失因子"。"边际损失因子"由AEMO进行计算并每年4月1日发布，反映的是电力在进行输配时由于电阻等物理因素造成的"损失"。在AEMO

与市场主体进行交易结算时会引入该因子，进而影响市场主体收益。因此，在考虑两次"边际损失因子"的情况下，储能的收益受到较大影响。

最后，对于包含储能或者不包含储能的混合系统来说，系统内的不同技术均需要进行分开竞价、发电排序和调度。如一个混合系统中包含电池储能和风电场，则风电场必须和电池储能进行分开竞价等市场活动，使得混合系统整体或者部分接受调度的灵活性受到限制。

基于上述问题，2019年8月23日，澳大利亚能源市场运营商（AEMO）向AEMC提交市场规则更改请求，以支持储能系统参与NEM。AEMC启动名为"Integrating energy storage systems into the NEM"的规则修订计划，并在广泛征集意见之后，于2021年9月形成规则决议草案。在草案中，AEMC提出以下规则修订内容：

① 引入一个新的市场主体类别，即综合资源供应商（IRP），允许储能和混合系统注册为单一市场主体身份，而非两个不同的类别。

② 明确适用于不同技术配置的混合系统的调度义务，包括直流耦合系统，以便系统运营商灵活选择系统所包含的技术是接受完全调度还是接受半调度❶。

③ 允许混合系统在连接点之后管理自身的电量，即在系统安全裕度内，"总体"实现调度一致性。

④ 明确适用于电网规模的储能单元和混合系统的性能标准，这些标准可以用于测量储能或混合系统中部分技术在连接点的性能。

⑤ 将现有的小型发电聚合商转移到新类别之下，并推动新的小型发电单元和/或储能单元的聚合商在IRP类别下注册（注意新的聚合商仍然可以注册为市场用户）。IRP类别下注册的单元，能够以发电和负荷的形式提供市场辅助服务。

⑥ 针对非能源成本回收，该规则草稿提出，无论参与者注册为什么市场主体类别，新规则将根据市场参与者的用电量和发电量回收非能源成本。所有市场参与者的用电量和发电量采取分别计量的方式，取消之前在一个连接点或一个市场参与者的多个连接点之间进行净计量的规定。这里计量的电量不包括连接点之后的所发电量和用电量，如屋顶光伏在本地消纳的电量。

该规则决议草案能够简化储能在电力市场中的注册流程，更好地将储能等双向资源融入NEM中，提高利益相关方参与市场的清晰度和透明度，为所有参与者创造更公平的竞争环境，进而支持电力系统向接入更多可再生能源过渡。AEMO预计该项规则修改将给NEM电力系统带来诸多变化，同时也会带来1900万～2870万美元的初期成本投入，但经过整体评估之后认为，规则修改带来的收益将远超成本投入，因此AEMC将推动该规则决议于2023年4月28日发布终稿。

---

❶ 市场中注册的发电单元通常被划分为完全调度（scheduled）发电单元、半调度（semi-scheduled）发电单元、不调度（non-scheduled）发电单元。其中，完全调度发电单元指的是参与中央调度的发电单元；半调度发电单元指的是参与中央调度但与完全调度机组相比，满足调度目标的义务性较低的发电单元；不调度发电单元指的是不参与中央调度的发电单元。AEMO通过NEM调度机（NEMDE）执行中央调度，以每5min的时间间隔调度市场参与者平衡电力市场实时供需。

（2）系统完整性保护计划

2016 年南澳州大停电事故发生后，为了避免再次发生由于多个发电机组脱网带来的大停电事件，在 AEMO 的支持下，南澳州输电网络服务供应商 ElectraNet 公司于 2017 年 12 月开发并实施了系统完整性保护计划（system integrity protection scheme，SIPS）。该计划包括三个渐进的阶段：

阶段一：触发快速响应，电池储能系统注入能量。
阶段二：触发减负荷，削减南澳州区域内 200～300MW 负荷。
阶段三：失步跳闸，即断开外部连接点，南澳州区域发生孤岛效应。

目前，特斯拉位于南澳州 Hornsdale 风电场的 100MW/129MW·h 储能电站参与了 SIPS，是该计划第一阶段的重要参与主体，以保护南澳州与维多利亚州之间的 Heywood 连接线。尽管 SIPS 预留了该电站 70MW 的容量，但在 ElectraNet 发送信号的 250ms 以内，该储能电站能够为 Heywood 连接线提供 70～140MW 的容量支持。

尽管 SIPS 是南澳州政府应对未来日益增多的可再生能源带来的电网安全事件的重要手段，但该项计划在设计时没有考虑一旦南澳州电力系统从 NEM 中脱离出来之后应该采取何种措施，因此，2018 年 11 月 5 日，AEMO 向 AEMC 提交升级 SIPS 的申请，并要求在预测到将迎来破坏性大风天气时限制 Heywood 连接线的外来电规模。

借鉴南澳州 SIPS 经验，维多利亚州政府委托 AEMO 开展 SIPS 服务采购计划，以降低夏季高峰用电期间的断电风险，如图 4-9 所示。维多利亚州的火电机组大多服役年限已久，存

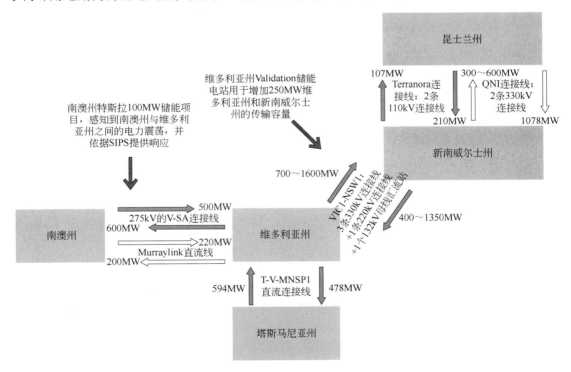

图 4-9 澳大利亚各州互联情况及储能提供 SIPS 服务对互联的影响

在供应安全风险，加之气候变化带来的极端炎热天气越来越频繁，维多利亚州急需增加新的容量满足本州的供电安全与稳定。AEMO 目前已经选定 Neoen 公司建设 300MW/450MW·h 的电池储能项目，并与其签订 SIPS 服务供应合同预留该储能项目 250MW 的容量，用于提升维多利亚州-新南威尔士州的连接线容量。当发生系统紧急事件时，如输电线跳闸时，AEMO 需要 15min 的时间保障系统安全，并避免维多利亚州-新南威尔士州连接线过载，进而避免大规模停电。电池能够连续以 250MW 的功率放电 30min，用于保障系统稳定，为 AEMO 调整系统潮流或安排其他应急计划提供时间裕度。

根据合同，250MW 储能容量将在澳大利亚夏季期间（11 月 1 日至次年 3 月 31 日）提供 SIPS 服务，其余 50MW 由系统运营商管理并进行商业化应用。非夏季期间，储能电站的全部容量均可以用于商业用途。SIPS 服务的成本为 8480 万美元，按照 10.5 年合同周期进行支付。根据澳大利亚环境、土地、水和规划部（DELWP）委托独立第三方机构开展的研究，该项目产生的总成本包括政府成本（DELWP 的合同管理成本）、采购成本（AEMO 和 DELWP 的采购前成本和采购成本）以及用户成本（项目服务费疏导到用户侧的成本、AEMO 的合同管理成本），总收益包括用户收益和市场收益，前者包括项目带来的用户电费节约收益、避免停电收益；后者包括调度成本节约、其他机组的燃料费与运维费节约带来的调度收益以及减少需求侧响应服务费带来的收益。其中，用户电费节约收益最多，占总收益的 86%，其次是避免停电收益和调度成本节约，均为 5%，最后是分别占总收益 3% 和 1% 的其他机组的燃料费与运维费节约带来的调度收益，以及减少需求侧响应服务费带来的收益。通过评估得出 SIPS 服务的成本收益比是 1:2.4，系统性收益远高于项目产生的总成本，具有较高的经济可行性和价值。SIPS 产生的成本将通过电力用户的电费进行回收。

4.5 日本储能政策

日本是世界主要能源和可再生能源市场之一，同时也是智能电网和储能技术的领先者之一。日本除了计划在未来几十年内广泛实施智能电网技术之外，也将实现从核能和化石燃料能源向高度分散的可再生能源基础设施的转变。这种转变不仅会在电网级公用事业层面上产生影响，还会在地方层面和住宅层面上产生影响。

日本在新能源利用与储能领域采取较为集中的管理模式，日本经济产业省（METI）是该领域最大的权利机构，新能源产业技术开发机构（NEDO）是对新能源和储能领域影响力最大的组织。

经济产业省决定着整个日本的经济、贸易和产业的发展方向。其前身为国际贸易和产业部，早在第一次能源危机后，就开始在战略层面发展新能源和储能。该机构全部资金来自日本政府，肩负着制定所有行业的发展政策、明确研究与开发的战略方向的责任。

NEDO 的主要任务是发展新能源、节能技术，验证技术效果，引入并推广新技术。NEDO 作为经济产业省的下属机构，执行其产业战略。NEDO 与产业、学院紧密合作，制定优先发展的技术路线图并开展研究与开发。NEDO 采取"选择并专注"的模式，即对一种技术的支持会是长期的，从开始研发一直到这种技术实现商业化。

4.5.1 储能技术研发及应用计划

4.5.1.1 储能相关研发计划

近年来的日本储能相关研发计划见表 4-33。

表 4-33　近年来的日本储能相关研发计划

序号	政策名称/主题	发布机构	发布时间
1	2050 年能源与环境创新战略计划	日本政府	2016 年
2	构筑利用氢能的离网型分布式可再生能源系统	日本环境省	2018 年
3	固态锂离子电池研发计划	日本经济产业省和日本新能源产业技术开发机构	2020 年

（1）2050 年能源与环境创新战略计划

2016 年发布的《2050 年能源与环境创新战略计划》提出，到 2050 年，研发出低成本、安全可靠、快速充放电的"新一代储能电池"技术，使其能量密度达到当下锂离子电池水平的 7 倍，即 700Wh/kg 左右，成本降至十分之一，小型电动汽车续航里程达到 700km 以上，支撑实现更大规模的可再生能源并网。

日本政府 2016 年财政预算中，与储能相关的财政补贴涉及电池和氢能利用两个方面。2016 年，政府新增 32 亿日元（约 2 亿人民币）预算，用于储能电池的发展。经济产业省指出，产学要紧密联合，在现有锂离子电池的能量密度和续航里程（能量密度：60~100W·h/kg；续航里程：120~200km）两个方面实现重大突破。具体目标为：到 2020 年，研发出"先进锂离子电池"，能量密度提升至 250W·h/kg，续航里程提升至 250~300km；到 2030 年，推出"创新型储能电池"，性能翻一番，能量密度达到 500W·h/kg，续航里程达到 500km。

（2）构筑利用氢能的离网型分布式可再生能源系统

考虑到未来可再生能源在电力装机中的比重不断增大，在不依靠大电网的情况下，政府鼓励通过灵活应用电池储能、氢能等技术将可再生能源作为供电和供热源。为此，日本环境省划拨 600 万日元财政预算，用以支持构建利用氢能的离网型分布式可再生能源系统。

整套系统包括电池储能系统、水电解装置、氢气储罐、燃料电池和供水罐，结合分布式可再生能源发电设备，系统既可以利用可再生能源进行电解水制氢，为燃料电池供给氢气，也可以用电池储能系统存储剩余的光伏电力，在需要时释放。为推广应用这套系统，环境省对于引入氢能设备的用户提供 2/3 的成本补贴。

（3）固态锂离子电池研发计划

电池约占电动车成本的 30%，且直接影响着电动车的安全性能和续航里程。为加强对下一代动力电池开发的投资，日本经济产业省和日本新能源产业技术开发机构（NEDO）均计划推动开发固态电池技术（solid-state batteries）。固态电池是一种使用固体电极和固体电解质的电池，相较液态电池，固态电池电化学稳定性相对较好，不仅能够提高电动汽车的驾驶里程，充电速度也比现有锂离子电池更快。

在技术方面，NEDO 计划在 2022 年实现核心技术的产业化应用，目前已经进行到第二阶段。第二阶段项目的总预算为 100 亿日元，共有 23 家汽车、电池、材料企业和 15 家高效、公共机构参与［如丰田、尼桑、本田、松下、汤浅、日立、Murata（村田）、雅马哈、旭化成、住友矿业、大日本印刷公司、Toppan Printing、东丽工业、Nippon Shokubai（触媒化工）、三井化工、富士、三菱化工、Kuraray（可乐丽）、日产化工、Idemitsu Kosan（出光兴产）、三井矿业等］，以解决固态锂离子电池在大规模生产过程中面临的技术瓶颈，涉及固态电解质、活性材料包覆、电解质-电极界面等。在产业投资和风险方面，经济产业省则加强了确保用于制造电池的稀有金属和其他关键材料的供应保障。另外，该计划的目标是到 2030 年电池包成本降低到 10000 日元/（kW·h），相当于现在的 1/3，并实现 10min 快速充电，这将加强对下一代动力电池开发的投资，并进一步扩大电动汽车的使用和减少温室气体排放。

4.5.1.2　储能项目支持政策

日本储能项目支持政策见表 4-34。

表 4-34　日本储能项目支持政策

序号	政策名称/主题	发布机构	发布时间
1	示范项目支持资金	日本经济产业省（METI）	2017 年
2	私营企业建设分布式能源系统的支持政策	日本资源能源部、节能新能源部、环境局	2018 年

（1）示范项目支持资金

为了减少温室气体排放，可再生能源的利用必不可缺。从地域来看，很多离网地区建设电力基础设施的难度大且投资高，在此类地区高效利用可再生能源需要储能系统的参与。对于非离网区域，需要推进自发自用，以减少用户用电成本和电力系统运行负担。为此，日本计划拨款 60 亿日元支持 2018—2022 会计年度期间的储能系统示范项目建设与验证分析。

对于离网地区的可再生能源项目，政府将对在用户侧安装应用的储热系统、能源管理系统、储电系统、远程操控系统以及电动汽车充电设备等提供资金支持，以帮助系统成本降至现有柴油发电价格水平以下，并且验证示范项目的实施效果。

对于非离网地区的可再生能源项目，政府将对已有或者改造建筑时安装的储热系统、储电系统、能源管理系统、电动汽车充电桩等设备提供相当于系统投资 50% 的资金支持。支持资金还将用于对上述已实施的示范项目进行数据采集和监控，以通过示范项目做好分析和验证工作。

除以上政策和资金支持外,日本经济产业省还为能源使用合理化项目提供资金补贴,2017 会计年度总预算规模为 672.6 亿日元,2018 会计年度的总预算规模进一步提高,达到 733.5 亿日元。虽然 2017 年仅有少量储能项目获得该补贴,但该政策却是日本政府推动能源合理化使用的重要政策之一。

（2）私营企业建设分布式能源系统的支持政策

日本大地震后,为了能够有效且迅速地普及分布式可再生能源的应用,促进新能源的就地消纳,降低二氧化碳的排放,日本资源能源部、节能新能源部、新能源系统课、环境局地球温室效应治理办公室联合划拨 21 亿日元,对于在区域内建设高效利用可再生能源电力、综合效率出色的热电联产和用于自产自销的分布式能源系统的私营企业给予一定的补贴,补贴额度在 2/3、1/2、1/3 以内。

日本储能市场中不仅活跃着日本国内的光伏企业、车企,还活跃着国际玩家,包括 Moixa、Tesla、阳光电源等。这些企业在布局新项目、发布新产品等方面非常活跃。例如,2019 年 12 月三菱汽车公司（MMC）宣布为其在爱知县的冈崎电动汽车制造工厂安装一套储能系统,帮助工厂减少碳排放,并满足冈崎工厂的用电高峰需求。项目由一个 3MW 的太阳能光伏系统（PV）和 1MW 的锂电池储能系统（BESS）组成。其中,该锂电池储能系统由三菱欧蓝德插电式混合动力汽车（PHEV）退役下来的锂电池组成,从而进一步发挥动力电池的梯次利用价值。同年 4 月份特斯拉（Tesla）在日本部署了一个新的 Powerpack 系统,为日本大阪的一列火车提供备用电力,以应对紧急情况,并降低高峰能源需求,系统规模为 7MW·h。

4.5.2 电力市场规则

日本电力市场规则见表 4-35。

表 4-35 日本电力市场规则

序号	政策名称/主题	发布机构	发布时间
1	光伏固定上网电价（FIT）政策	日本经济产业省（METI）	2012 年开始启动
2	可持续的开放创新行动计划	日本经济产业省（METI）	2014 年

4.5.2.1 光伏固定上网电价（FIT）政策

日本于 2012 年 7 月 1 日启动光伏固定上网电价（FIT）政策,大于 10kW 的光伏系统上网电价为 40 日元/(kW·h),补贴 20 年;不足 10kW 的光伏系统上网电价为 42 日元/(kW·h),补贴 10 年。此后,上网电价的水平每年调整。

先期高额的补贴标准极大地促进了日本国内光伏市场的迅猛发展,然而可再生能源上网制度和高昂的固定上网电价也带来了新的问题。一方面,太阳能光伏的过度建设和并网给电网稳定运行带来了压力,电网公司不得不要求独立光伏发电商必须装配一些电池储能系统来提升电网的稳定性；另一方面，可再生能源发电补贴资金成本累加到电费中，增加了国民的负担。

为此，日本经济产业省对可再生能源收购制度和固定上网电价机制进行了改革，将此前从成本角度出发确定可再生能源收购价格的方式调整为通过企业间竞价决定，并且设定了中长期收购价格的发展目标。2017年2月，日本内阁会议通过了关于可再生能源收购制度和上网电价的法律修正案，明确了上网电价的降价幅度和时间表。根据修正案，10kW以下、未采用电力控制装置的住宅用太阳能系统的FIT将从现有的31日元/(kW·h) 下调至28日元/(kW·h)；采用电力控制装置的住宅光伏系统的FIT从33日元/(kW·h)下调至31日元/(kW·h)；10kW以上的非住宅型系统的FIT将从24日元/(kW·h) 下调至21日元/(kW·h)。规模2MW以上的系统将按原定规划纳入竞标制度，且投标起拍价为21日元/(kW·h)。此外，经济产业省还要求在2016年8月1日以后申请并网的光伏项目要在3年内完成并网，否则将取消FIT支持。2016—2019年期间日本光伏上网电价调整见表4-36。不断下降的FIT，已经间接促进了分布式光伏配置储能的发展。

表4-36 2016—2019年期间日本光伏上网电价调整

形式及规模	系统范围	2016FIT /[日元/(kW·h)]	2017FIT /[日元/(kW·h)]	2018FIT /[日元/(kW·h)]	2019FIT /[日元/(kW·h)]
住宅光伏	不含PCS	31	28	26	24
	含PCS	33	30	28	26
	不含PCS，含双发电系统	25	25		24
	含PCS，含双发电系统	27	27		26
非住宅光伏 10kW~2MW		24	21	未公布	
非住宅光伏 2MW以上				通过投标方式确定收购价格	

注：PCS为逆变器。

4.5.2.2 可持续的开放创新行动计划

2014年，日本经济产业省在可持续的开放创新行动计划（sustainable open innovation initiative，SII）的支持下，实施2014财年可再生能源发电设备并网事故应急响应补贴政策。对向日本电力公司出售电力的可再生能源发电设备给予储能系统安装补贴，解决负荷低谷期电网系统的多余电力消纳问题，降低短期发电波动。

该计划的补贴总金额为265亿日元。对于储能系统，用户可申请到的最高补贴额度为150000日元/(kW·h)，每个项目的补贴上限为5亿日元。针对个人用户和中小型商业用户，补贴可以达到储能系统购置成本的50%；针对大型商业用户，补贴可以达到储能系统购置成本的1/3。

目前，日本尚未开始将储能用于辅助服务，以提高电网灵活性。日本已经放开了零售用电，同时也在拆分发电、输电和配电。预计2020年底至2024年，日本将打开灵活性市场，这将成为电池和需求响应资源进入电力市场的主要驱动因素。

4.6 韩国储能政策

4.6.1 储能技术研发及应用计划

韩国的储能技术研发及应用计划见表 4-37。

表 4-37 韩国的储能技术研发及应用计划

序号	政策名称	发布机构	发布时间
1	智能电网国家路线图	韩国政府	2010 年 1 月
2	储能技术研发及产业化战略计划	韩国知识经济部	2011 年 5 月
3	2011 绿色能源战略路线图	韩国知识经济部	2011 年 6 月

4.6.1.1 智能电网国家路线图

2010 年 1 月，韩国政府发布了《智能电网国家路线图》，目的是到 2030 年建成全国范围的智能电力网络系统。

韩国政府计划从 2009 年 12 月到 2013 年 5 月，在济州岛内总投资 2395 亿韩元，打造由 168 家电力、通信、家电等企业共同参与的"济州岛示范园"。该项目包含智能电网控制、电动汽车基础设施、可再生能源发电和储能设备的建设和应用。截止到 2011 年 6 月，三星已经在该项目中安装了 20 套 3kW/7kW·h 家用储能系统，另外 30 套在 2012 年进行安装；用于电网稳定和快速充电站的 600kW/150kW·h 储能系统在 2010 年 11 月开始运营；在 2011 年 5 月，三星还完成了 800kW/200kW·h 储能系统安装用于风电平滑及移峰输出。

另外，韩国知识经济部宣布在建筑物建造领域引入智能电网，并扩大能源管理技术在高耗能大型建筑物上的运用。韩国政府计划从 2011 年 6 月到 2014 年 5 月三年时间投资 750 亿韩元，用于促进韩国微型能源技术网络（K-MEG）的技术研发，在短期内实现建筑物能源管理系统（BEMS）技术的商用。除此之外，韩国政府还将通过示范项目检验相关技术和应用，完善相关制度，指定专门的城市普及智能电网及其商用。

4.6.1.2 储能技术研发及产业化战略计划

2011 年 5 月 31 日，韩国知识经济部发布《储能技术研发及产业化战略计划》。根据该计划，韩国政府到 2020 年将分别在技术研发和设备投资上投入 2 万亿韩元和 4.4 万亿韩元，来加大储能系统项目建设力度，在锂离子电池、氧化还原液流电池、超级电容器、飞轮储能、压缩空气储能领域中选定 4 项重点技术进行重点支持，以发展其国内的储能技术及产业。

此项投资是迄今为止韩国政府在储能行业最大的投资计划，其中大约三分之一用于科技研发，其余资金将直接用于支持储能项目。该项目不仅确保了韩国电网接纳更多的可再生能源发电并网，保持电网的稳定可靠，也同时推动确立了韩国作为全球领先储能系统制造商的地位。

4.6.1.3　2011绿色能源战略路线图

2011年6月21日，韩国知识经济部公布了其筹划的《2011绿色能源战略路线图》。

该路线图列出了太阳能、风能、燃料电池、煤气化联合发电（IGCC）、生物燃料、二氧化碳的捕捉和封存（CCS）、绿色燃料、储能、高效率新光伏、绿色能源车、节能建筑、热泵、核电、智能输电网和清洁火力发电共15个绿色能源领域；选定包括燃料感应太阳能电池核心材料等光伏领域96个技术、CCS储存空间技术等59项技术、风力发电用深海漂浮结构等85项技术作为主要支援和研究对象，并为上述技术及有关部件、材料的研发制定了各年度研发日程、业务战略、投资额等内容。

在储能技术方面，该路线图提出到2015年达到480亿美元的电力储能市场规模，短期研发锂离子电池在家庭、可再生能源、电动汽车等方面的应用，长期则集中力量以锂离子电池的大容量化为主要方向，开发和普及大容量电力储能系统。

韩国储能政策针对性很强、国家重视程度高，把推进储能产业发展的基本着眼点设定在应对本国能源供应不足、逐渐摆脱能源进口依赖的问题上。通过将新能源开发和储能产业发展上升到国家战略的高度，韩国主要通过出台新能源法案、制定专门的储能政策和发展计划的方式来推动储能产业的发展。

韩国知识经济部作为政府机构代表，还制定了专门的储能发展规划，并投入大量资金支持技术研发，以及济州岛智能电网与储能相结合的试点项目建设，同时为推广储能设备安装制定惩罚制度，体现了韩国政府希望通过储能市场化、产业化应用来开发可再生能源和提升本国能源供应能力的愿望。

4.6.2　电力市场规则

韩国近期电力市场规则见表4-38。

表 4-38　韩国近期电力市场规则

序号	政策名称	发布机构	发布时间
1	电费折扣计划	韩国电力公司	2015年
2	电力事业法	韩国政府	2018年6月

4.6.2.1　电费折扣计划

2015年，韩国电力公司（Korea Electric Power Corporation，KEPCO）开始实施电费折扣计划。这是支持用户侧储能系统（不含家庭）达到经济可行性的政策之一。该计划的初衷是根据用户侧储能系统对于电力系统的贡献，例如降低用户高峰用电、增加电力系统灵活性、提高负荷管理能力等，为储能投资者设计的激励计划。

电费折扣计划提出对储能设备充电的基本电费和电量电费给予一定的折扣。如果储能系统是在峰值负荷时段放电来降低峰值负荷的,则会通过峰值负荷的降低量给予基本电费一定的折扣。另外,储能系统在低谷时段充电的电量电费也会有一定的折扣。具体折扣情况见表4-39。

表4-39 韩国电费折扣计划一览表

阶段	电费折扣计划	折扣		有效期
		基本电费	电量电费	
第一阶段	电量电费的折扣计划生效	—	10%	2015.1.1—2017.12.31
第二阶段	基本电费的折扣计划生效	100%	—	2016.4.1—2026.3.31
第三阶段	临时性提高折扣力度并引入权重因子	300%	50%	2017.1.1—2019.12.31
第四阶段	延长第三阶段的适用期限	300%	50%	2017.1.1—2020.12.31

资料来源:KEPCO。

在韩国,电力用户(不含家庭用户)包括:合同功率在4~300kW之间的工业用户(A)、300kW以上的工业用户(B)、低于1000kW的教育类用户(A)和1000kW以上的教育类用户(B)。每类用户的电费由两部分组成,分别是基本电费(按照高峰负荷收费)和电量电费(按照实际用电量收费),电费情况会根据其选择的电压等级以及用户用电的季节和时间段的不同而不同。

在这种电价体系中,采用储能充放电方案主要是通过削峰和转移负荷来降低电费。基本电费的降低主要通过储能放电削峰来实现,电量电费的降低主要通过负荷转移来实现,电量电费各时段的划分如表4-40所示。因此,储能运营商将会根据实际运行情况,设计一个最佳的充放电计划,确定是通过将有限的储能资源用于削峰来降低基本电费,还是通过负荷转移的方式来节省电量电费,从而最大化储能的收益。

表4-40 电量电费各时段的划分

类型	夏天/春天/秋天 (6—8月/3—5月/9—10月)	冬天 (11—次年2月)
谷段	23:00—次日09:00	23:00—次日09:00
平段	09:00—次日10:00 12:00—次日13:00 17:00—次日23:00	09:00—次日10:00 12:00—次日17:00 20:00—次日22:00
峰段	10:00—次日12:00 13:00—次日17:00	10:00—次日12:00 17:00—次日20:00 22:00—次日23:00

资料来源:KEPCO。

自电费折扣计划实施以来,其适用范围和有效性逐步得到拓宽和加强。最初,该计划只针对储能充电的电量电费给予10%的折扣,到2016年才扩展到基本电费,2017年1月开始,韩国政府实施了临时性政策,增大折扣力度,以提高整个电费折扣计划的有效性,同年5月宣布,临时性上调折扣的有效期延长一年。随着折扣力度的提高,韩国还引入了权重,进一步加大电费折扣计划的力度,权重的大小取决于电池容量与电力用户合同功率的比值。具体权重见表4-41。

表4-41 电费折扣计划的权重

电池容量/合同功率	权重
≥10%	120%
5%~10%	100%
≤5%	80%

资料来源:KEPCO。

自2014年开始,用户可以将用户侧储能中的电能出售给KEPCO,功率上限为1000kW,在这种情况下,每年可以出售给KEPCO的电力要低于其每年存储的总电量的50%,售电量的结算按照系统边际价格计算。然而,2015年以来,边际价格一直低于高峰时段的电价,用户侧储能的经济性不佳。随着电费折扣计划的启动,在高峰负荷时段,自用储能设备中存储的电力,通过降低峰值和负荷转移,可以在基本电费和电量电费上获得一定折扣,显著提高了用户侧储能项目的盈利水平。

相关测算结果显示,就目前的电价体系和电费折扣计划而言,安装储能系统,对于合同功率超过300kW的企/事业单位极具吸引力,特别是重工业企业,其基本电费较高,在6590~9810韩元/(kW·h)[约合38.64~57.52元/(kW·h)]不等,除了利用储能削减基本电费,还可以从非高峰用电和高峰用电间的价差中获取收益,最大价差能到135韩元/(kW·h)[约合0.79元/(kW·h)]。另外,商业客户有潜力成为储能的第二大受益者,这类客户的高峰时间段较长,削减基本电费的潜力也很大。

根据电费折扣计划,从2021年起,基本电费的折扣将退坡至当前水平的1/3,电量电费的折扣将从50%退坡至10%,可能会导致储能失去投资吸引力。但Mirae Asset Daewoo Research却认为,储能市场仍将保持快速可持续的发展,储能技术成本的下降速度足以抵消折扣退坡的速度,并且预估韩国工业和一般商业用户的储能市场容量将会达到15~20GW·h。韩国储能发电成本的下降趋势如图4-10所示,不同储能安装成本水平下的回收期如表4-42所示。

总而言之,电费折扣计划的推行,缩短了储能项目的投资回收期,使用户侧储能的投资更具吸引力,因此也促进了近两年韩国用户侧储能市场的快速发展,2018年,韩国在该领域的新增投运规模超过2.5GW·h,主要是该计划促进一些重工业企业开展的项目,储能规模大多在50MW·h,部分项目情况见表4-43。

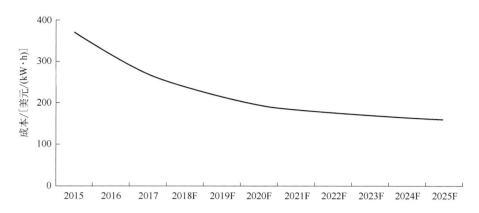

图 4-10　韩国储能发电成本的下降趋势

（F 代表 forecast，预测）

资料来源：Mirae Asset Daewoo Research

表 4-42　不同储能安装成本水平下的回收期

安装年份	储能安装成本/[韩元/(kW·h)]	回收期/a
2018 年	600000 500000	3.5～5.2 2.6～4.0
2019 年	600000 500000 400000	4.4～6.0 3.5～4.8 2.5～3.6
2020 年	500000 400000	4.2～5.5 3.3～4.4
2021 年及之后	500000 400000	4.5～5.8 3.6～4.7

资料来源：Mirae Asset Daewoo Research。

表 4-43　2018 年部分用户侧储能项目情况

项目名称	项目地点	项目状态	储能规模	项目投资方
OCI 多晶硅工厂储能项目	群山市	2018 年 2 月发布	51MW·h	韩国 OCI 公司（OCI Co.）
双龙水泥工厂储能项目	江原道，东海	2018 年 3 月投运	22MW·h	韩国双龙水泥工业公司（Ssangyong Cement Industry Co.）
DEP 集中式光储项目	中南道，当津市	2018 年 4 月发布	24MW·h	韩国 Dangjin Eco Power 公司
SeAH Group 五大生产基地储能项目	浦项市、群山市、昌原市	2018 年 7 月发布	34MW/175MW·h	麦格理资本集团（Macquarie Capital）
斗山重工工厂独立式储能电站项目	昌原市	2018 年 5 月发布	70MW·h	韩国 SK E&S 公司
现代集团大规模光储项目	瑞山	2018 年 4 月发布	130MW·h	现代集团

资料来源：CNESA 全球储能项目库。

4.6.2.2 电力事业法

在韩国,《电力事业法》(The Electricity Business Act)及其下属的总统和部长法令共同构成了管理韩国电力部门的关键立法。《电力事业法》的框架是基于韩国政府 20 世纪 90 年代末提出的放开韩国电力市场的政策举措,主要规定包括:授权参与特定电力业务(特别是发电、输电、配电和零售业务)的牌照、保护电力客户、禁止某些不公平活动、推动批发电力市场、明确电力监管机构的组成和职责,以及安全管理电力设备。

2018 年 6 月,韩国《电力事业法》进行了最新一轮的修订,自 2018 年 12 月起生效,为小规模电力经纪业务和电动汽车充电业务建立了许可制度,以促进新的电力业务的建立。小规模电力经纪业务主要收集来自新能源或可再生能源发电设施、储能设备以及电动汽车产生或存储的电力,同时将这些电力在韩国电力交易中心(KPX)进行电力交易;电动汽车充电业务则主要为电动汽车提供电力。这两种业务都必须在韩国贸易、工业和能源部(MOTIE)注册。

4.7 欧盟政策

4.7.1 能源结构及储能发展政策

4.7.1.1 欧洲能源技术战略规划(SET-Plan)

发展低碳经济模式是欧盟追求的前瞻性目标之一,欧盟针对这一目标设立了一套广泛的政策架构,包括达到 2020 年气候和能源目标、制定碳排放交易机制等。

为加快具有成本效益的低碳能源技术的开发和部署,欧盟委员会于 2007 年 11 月底提出了一项综合性能源科技发展战略——欧洲能源技术战略规划(European Strategic Energy Technology Plan,SET-Plan)。为配合 SET-Plan 的实施,欧盟从 2008 年开始草拟 SET-Plan 关键能源技术路线图,在与欧洲各能源技术平台、行业协会及成员国等开展持续的讨论后,于 2009 年 10 月发布了七个低碳能源(包括太阳能、风能等)技术路线图,以提高技术成熟水平为目的,推动这些技术在规划期至 2050 年期间达到较大的市场份额。

SET-Plan 路线图对每项低碳能源技术均提出了战略目标、技术目标,以及将在未来十年实施的研究、开发、示范及市场推广的行动计划,同时,对实现上述目标公私部门所需要的投资额进行了预估,并对每项行动提出了需要达成的关键性能指标,以利于考核评估。路线图将这些行动分成了三大类:

(1)研发计划

包括:研究机构及大学等开展的基础与应用研究项目,小规模中试项目,材料、部件的测试设施项目。

（2）示范计划

由技术的实际测试与大规模示范组成，特别是验证技术的规模可行性，为技术从研究向市场转化搭建桥梁。

（3）市场推广计划

将产品从示范阶段向市场成功转化，这类行动项目涉及对有可能成为未来能源体系支柱的一些关键概念进行可行性示范并积累经验，如可融合不同电源的虚拟电厂、大规模城市光伏系统及其他节能措施。

4.7.1.2 欧洲储能技术发展路线图2030

2013年，欧洲储能协会（European Association for Storage of Energy，EASE）与欧洲能源研究联盟（European Energy Research Alliance，EERA）联合发布了"European Energy Storage Technology Development Roadmap Towards 2030（《欧洲储能技术发展路线图2030》）"。路线图旨在描述2020年、2030年欧洲对于储能的需求，最后还提出了相关建议。

路线图主要描述了储能在欧洲电力和能源系统，包括发电、输电、配电和用电侧中的应用场景，以及未来储能技术将会面临的挑战以及未来十年最具发展前景的技术。此外，路线图还总结了SET-Plan对于每种储能本体技术（按照化学类、电化学类、机械类、储热和电磁类进行了划分）的性能在当前、2030年及未来的性能目标。结合欧洲正在向无化石燃料过渡转型的大背景，路线图给出了未来储能在欧洲发展的几点建议：

① 2年内，启动小到中型电网级储能试点、示范项目；积极开展小规模并网型电池储能项目，测试不同技术在电力系统不同环节的功效；通过模拟储能性能和应用潜力，开展大规模地下储热研究；开展热管理和工业废热储能的试点项目；鼓励建模描述储能技术的性能和运行情况，以及储能对于维持电网稳定及降低发电成本方面的贡献；支持基础材料和设备的研发；维持对新技术、尚未被验证或概念型技术的实验规模的开发及评估；加强教育与培训。

② 2~5年内，设计储能进入电力市场的规则；给予储能进入电力市场一定的激励；启动储热研究，获得不同储能配置的实践经验；启动中到大型地下储热实验，研究储能在不同地质条件下的性能；评估电-气模式对于降低系统成本和二氧化碳排放的价值；继续基础材料的开发。

③ 5~10年内，基于第一阶段的项目，支持新的大规模示范项目；继续基础材料研发并评估新的概念性技术；将不同的储能技术交互应用在电网中提供辅助服务和负载转移应用。

4.7.1.3 清洁能源一揽子计划

欧盟是应对气候变化和提倡清洁能源转型的倡导者。2016年，欧盟委员会提出"面向所有欧洲人的清洁能源组合（clean energy package for all Europeans）"的一揽子计划，希望通过此方案来加速欧洲的清洁能源转型步伐。此方案中最重要的内容是：

① 2030年实现温室气体排放量至少减少40%（相对于1990年水平）。

② 2030年欧洲的全部电力装机中可再生能源的比例将达到32%，并且将能效提升32.5%。

2019年12月，欧盟委员会提出了新的"欧洲绿色协议（European green deal）"，这将成为新时期欧洲气候政策的纲领性文件，其中最重要的目标有两个：a. 温室气体减排目标相对于2016年更进一步，实现2030年温室气体排放量较1990年至少减少60%；b. 2050年欧洲将实现"碳中和"目标。

在实施层面，欧盟委员会在2020年3月将上述目标纳入了欧洲第一部《气候法案》中，该法案将赋予2050年实现碳中和的法律约束力，并确保欧盟今后的所有政策制定都基于这同一个目标。

能源系统进一步脱碳对于实现2030年和2050年的气候目标至关重要。各经济领域能源的生产和消费占欧盟温室气体排放总量的75%以上。在法规层面，欧盟将重新修订之前的能源基础设施监管框架（包括泛欧能源网络TEN-E条例），在符合共同利益的项目列表中（PCI）加入包括电化学储能、储氢、压缩空气储能等设施，将石油和天然气项目从PCI合格项目列表中删除。最终目标是使TEN-E立法与欧盟气候变化目标相一致。

4.7.2 资金支持政策

欧盟有关储能的资金支持类政策见表4-44。

表4-44 欧盟有关储能的资金支持类政策

序号	政策名称	发布机构	发布时间
1	欧洲投资银行研究与创新项目贷款	欧洲投资银行	2010年
2	INTERREG	欧洲区域发展基金（ERDF）	2014年
3	Horizon 2020	欧洲委员会	2014年
4	"下一代欧盟"经济复苏资金支持	欧洲特别委员会	2020年

早期欧洲范围内发布了一系列资金支持计划，面向英国、德国等欧盟国家开放申请，包括欧洲投资银行研究与创新项目贷款、INTERREG、Horizon 2020等。欧洲投资银行研究与创新项目贷款为私营和政府所有的公司或在欧盟开展研究和创新技术的实体提供贷款，覆盖可再生能源发电、基础设施和创新技术等领域；INTERREG作为专门用于可持续发展的"欧洲区域发展基金"的一部分，支持地区间的合作项目，要求引入至少三个不同的欧洲国家，并合作3~5年时间；Horizon 2020为挖掘特定研究领域新知识体系或技术可行性的项目提供支持，领域包括降低能源消费和碳排放、低成本的低碳电力供应、替代燃料和移动能源、欧洲智能电网、新的知识和技术、能源与IT的创新结合等。

2020年7月，欧盟各国在欧盟特别峰会上就新冠疫情后的大规模经济复兴计划达成了"历史性协议"，这项协议主体为总额18243亿欧元的一系列财政计划，其中包含欧盟框架预算——长期财政框架10743亿欧元，与旨在协助欧盟进行疫情后重建的复苏工具——"下一代欧盟"计划7500亿欧元。计划将在2021—2027年实施。

预计约四分之一的复苏资金会流向推动欧盟绿色能源发展相关的项目，具体包括设立"战略投资工具（strategic investment facility）"投资清洁能源技术，成立由政府、大学和企业组成的"清洁氢联盟（clean hydrogen alliance）"，以及支持电池产业的研发。

另外，欧盟委员会制定了一个新的计划名为"地平线欧洲"。该计划中研究与创新预算（R&I）增加到近 1000 亿欧元，其中专门用于能源、交通和气候的研究与创新预算，约 150 亿欧元。欧盟委员会还发起了清洁能源工业论坛，旨在加强欧洲的工业基础，并在清洁能源转型的关键领域（可再生能源、建筑和电池）中提高其在整个价值链中的竞争力。此外，SET-Plan 旨在通过协调国家研究工作并促进能源项目的融资，来促进低碳技术的开发和部署，改进新技术并降低其成本。其目标是通过支持最有影响力的技术来促进整个欧洲的创新伙伴关系，这些技术将有助于欧盟向低碳能源系统的转型。

此外，在具体的储能技术研发方面，欧盟委员会在 2021 年 2 月批准提供 29 亿欧元（约 35.2 亿美元）资金，用于支持电池储能技术方向的研究。12 个欧盟成员国（奥地利、比利时、克罗地亚、芬兰、法国、德国、希腊、意大利、波兰、斯洛伐克、西班牙和瑞典）将在电池制造的四个核心阶段（原材料开采、电芯设计、电池组系统和回收供应链）投资并研究新的解决方案。

4.7.3 电力市场规则

根据 2017 年 11 月 23 日颁布的欧盟法规（EU）2017/2195，欧盟建立了一个电力平衡市场，并颁布相关的市场交易规则。该市场称为"频率控制备用（frequency containment reserves, FCR）"，作用相当于一次调频。该市场的建立旨在整合欧盟调频资源，促进有效的竞争，基于透明和技术中立的原则，鼓励新的调频资源如电化学储能的加入，强化欧洲同步电网的运行安全。

该市场目前涉及来自 7 个国家的 10 个输电网运营商（TSO），分别来自奥地利（APG）、比利时（Elia）、瑞士（Swissgrid）、德国（50Hertz, Amprion, TenneT DE, TransnetBW）、丹麦（Energinet）、法国（RTE）和荷兰（TenneT NL）。10 个运营商联合采购总共 3GW 的 FCR 容量。当前，FCR 拍卖每天都在进行，其中德国、法国为主要提供方，分别为 601MW 和 536MW。

FCR 的采购和出清在 Regelleistung 平台上举行。在 2019 年 7 月 1 日之前，FCR 提供者需要提前一周完成投标。这种模式使得投标方需要"猜测"投标价，这令投标价不能代表 FCR 资源的实际优劣次序。随后在 2020 年 6 月 30 日，FCR 的投标改为实际执行的前两天完成，并且 FCR 的交割执行时间由一周改为 24h。在 2020 年 7 月 1 日，FCR 投标时间线再次发生变化：FCR 的投标截止日期从提前两天改为提前一天，并且市场参与方可以每天竞拍 6 个 4h 交割期，而不是竞拍一个完整的 24h。这一演变为市场参与者提供了更高的灵活性，令其可以在同一天内参与其他市场，实现收入来源的多样化。

4.7.4 其他政策及市场规划

4.7.4.1 意大利

（1）储能市场相关政策

意大利是电网级储能项目装机规模仅次于德国和英国的欧洲国家。考虑到西西里岛、撒丁岛等意大利南部海岛地区人口超过意大利总人口的10%，但是来自亚平宁半岛的外部能源电力输入和能源供应保障却明显不足，储能在意大利海岛电力输配领域拥有较大的应用空间。

从2010年起，西西里岛、撒丁岛等意大利南部海岛地区大力发展可再生能源提高当地供电独立性，意大利输电系统运营商（TSO）Terna公司开始面临巨大的并网消纳压力和严重的输电线路阻塞问题。Terna在全欧洲范围内发布了两个储能项目发展计划。其中一个项目是电网开发计划（grid development plan），利用35MW钠硫电池储能系统缓解电网输电线路阻塞，目前项目已经完全建成投运。另一个项目是海岛偏远地区电网防护计划（grid defense plan），项目第一阶段名为Storage Lab，规模16MW，综合运用锂离子电池、液流电池、超级电容器等混合储能技术；项目第二阶段建设规模24MW，致力于推进储能在调频、延缓电力系统升级改造方面的示范应用。

尽管Terna规划建设的储能系统规模占到意大利储能市场总规模的90%，但是在意大利正在有越来越多的可再生能源开发商、公用事业公司加入储能电站和户用储能系统的开发建设中。意大利最大的公用事业公司Enel正在西西里岛和亚平宁半岛大规模开展储能与大型风光电站联用的示范项目，包括波坦察省18MW风电场的2MW·h锂离子电池储能项目和西西里岛10MW光伏电站的1MW·h镍镉电池储能项目等。需要说明的是，目前在意大利，储能虽然可以解决可再生能源发电不均衡以及由此导致的电网阻塞和在目前实时市场被惩罚的问题，但是仍未能实现商业化应用，未来还需要通过成本降低、制度优化等多方面努力，共同推动商业模式的建立。

在户用光储方面，意大利是欧洲光照条件最好并且居民电费最高的国家之一［接近25欧元/（kW·h）］，相较于SSP（Scambio sul Posto）光伏发电净计量计价制度下平均12~14欧元/（kW·h）的上网电价收入，户用光伏自发自用已经表现出良好的经济性，意大利户用光储应用已经可以实现6~8年的投资回报期。目前户用屋顶光伏系统安装规模超过50万套，意大利也成为颇具吸引力的户用光储市场。2016年以来Sonnen、Tesla、ABB、Leclanché等储能企业纷纷加大了意大利户用储能市场的开发力度：Sonnen继德国、奥地利、瑞士之后，将意大利纳入首批推广"Sonnen Community"平台的市场，集成户用储能系统参与电网服务；Tesla在意大利市场推广销售Powerwall储能系统；ABB选取意大利作为锂离子电池储能系统React的首发市场；2016年仅Sonnen和Tesla的户用储能系统在意大利的销售量就超过5000套。

近两年，意大利储能快速发展，特别是用户侧储能的快速崛起，主要得益于补贴政策的激励。自2016年起，意大利北部的伦巴第大区地方政府就开始为购买成套光储系统的用户，或者为已有光伏系统购买配套储能系统的用户提供补贴，减轻购买压力的同时，也可以提升光伏发电的自消费率，从而节省电费。该计划共提供400万欧元，为与光伏系统结合的储能项目（容量上限20kW）提供最高3000欧元的补贴支持，最多可覆盖50%的系统投资。补贴计划的推行，也使得意大利成为继德国、英国之后，欧洲又一大用户侧储能市场。

（2）电力市场规则

2017年，意大利能源署（GSE）公布了一个针对可再生能源发电系统配备储能的新规则。

新规则减少了储能系统安装前的申报流程，确保光伏电力可以在自由市场销售，并为储能系统并网提供便利。

此外，意大利能源和天然气监管委员会（AEEGSI）还发布了"Deliberation 300/2017/R/EEL"，试点开展可再生能源发电机组与储能联合参与由国家电网运营商 Terna 运营的辅助服务市场（MSD）。试点将为储能参与辅助服务市场设置最低门槛标准，为储能获取额外价值收益创造平台。

意大利电力输电系统运营商 Terna 也启动了一项试点计划，使用包括储能在内的规模总计 230MW 的快速备用单元（fast reserve unit，FRU）向电网提供二次调频和调压服务。在触发快速备用需求后的 1s 内，FRU 将做出与频率误差成正比的连续自动响应。根据 Terna 的研究结果，以化石燃料为主的传统电厂的减少，以及可再生能源的快速发展，进一步增加了电网对平衡服务的需求。而为了确保电网频率稳定，需要引入一种"快速备用"服务，这种"快速备用"服务不会取代一次调频机组，但可以做补充，从而通过改善电力系统应对干扰的动态响应来提高电网的安全性。

4.7.4.2 法国

（1）储能市场相关政策

在法国，核电是主要的电力来源，为法国本土提供了约 70%的电力供应，加之水力资源丰富，因此法国本土的储能需求规模较小且可以主要通过抽水蓄能得到满足。对于拥有较多离网岛屿的法国、意大利等国家，利用储能系统支撑可再生能源发电正成为提高能源供应独立性的重要途径，通过配合可再生能源发电，以帮助其实现离网独立电力供应。

从 2009 年起，法国开始实施一系列"可再生能源发电+储能"的海岛示范应用项目和招标采购计划。以科西嘉岛、瓜德罗普岛等为代表的一系列岛屿都在积极开发适合岛屿电力系统的光伏、风电技术，并且从规划设计之初就将储能包含在内，以应对高峰负荷需求和多变的天气，为海岛微网系统提供灵活性保障。

2011 年 3 月，法国政府发布《上网电价政策》（新），根据新的光伏发电补贴政策，每年的光伏安装限额是 500MW，所有安装光伏系统的地面及超过 100kW 的屋顶系统将享受 0.12 欧元/（kW·h）补贴；9kW 以下光伏建筑一体化补贴为 0.464 欧元/（kW·h）；100kW 以上的工程要实行招标。

（2）电力市场规则

法国电力市场规则涉及"频率控制备用（frequency containment reserves，FCR）"、"自动频率恢复备用（automatic frequency restoration reserve，AFRR）"，或"替代备用（replacement reserve，RR）"等内容。FCR 等效为一次调频，AFRR 等效为二次调频，RR 等效为三次调频。

以法国输电运营商 RTE 的平衡需求为例，图 4-11 展示了 RTE 在欧洲层面（Regelleistung 平台）或自主采购的不同平衡服务。自动频率恢复备用的年采购量最少有 500MW，旨在电网出现事故时在 15min 之内将频率恢复至正常范围之内。

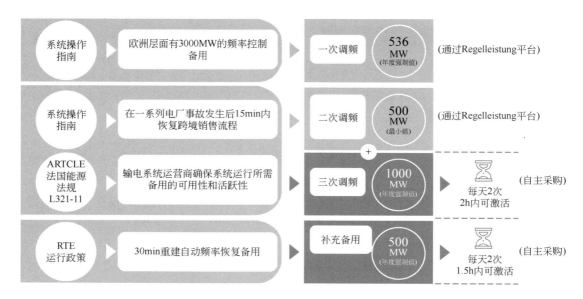

图 4-11 法国输电运营商 RTE 的平衡服务

图片来源：RTE

在法国，辅助服务正朝着对储能更友好的方向发展。根据法国能源监管委员会（CRE）的建议，自动频率恢复备用（AFRR）在 2021 年中期向法国的储能开放。其他 RTE 自主采购的平衡服务也会陆续向储能开放。

除了二次调频，容量市场也正在越来越多地向欧洲的储能系统开放。以法国为例，自 2019 年以来，法国已经进行了 4 次容量市场竞拍，4 次拍卖活动中有 2 次为电池储能系统授予了总共为 253MW 的容量合同（2021—2027 年和 2022—2028 年）。

容量合同采用与差价合同相同的原则，也就是和电能现货市场中的中长期合同与现货竞价之间的关系类似，储能容量须在每个年度进行的日前或实时容量市场中竞标并中标。2021—2027 年和 2022—2028 年 2 次容量合同拍卖的平均结算价格为 20000 欧元/（MW·a）。

在两次容量市场拍卖中，规定只有碳排放不超过最高限额才有资格参与拍卖，这实际上也决定了只有清洁型的灵活性资源如电池储能才具备资格。这也表明了欧洲在市场规则上对朝着有利于储能参与的方向进行设计。

第5章 储能技术应用概述

5.1 储能技术的应用分类

由"1.2.1.2 储能应用规模分布"小节可知,CNESA全球储能数据库按照以下三个维度对储能项目的应用进行分类。

按照项目接入位置,即新型储能项目的接入点与计量表的位置关系,分为电源侧、电网侧及用户侧。

按照储能项目应用场景,分为独立储能、风储、光储、工商业储能等30余个场景。

按照储能项目提供的服务类型,可划分为支持可再生能源并网、辅助服务、大容量能源服务(容量服务、能量时移)、输电基础设施服务、配电基础设施服务、用户能源管理服务六大类。

其中,针对输电基础设施服务和配电基础设施服务,储能技术主要作用分别是缓解输配电阻塞、延缓输电网以及配电网升级;在可再生能源并网方面,储能主要用于平滑可再生能源输出、吸收过剩电力减少"弃风弃光"以及及时并网;针对大容量能源服务,储能技术的主要作用是电网调峰、提供容量充裕度;针对辅助服务,储能技术主要用于调频、备用、黑启动、调压等;针对用户能源管理服务,储能主要用于负荷侧削峰填谷、需求侧响应以及能源成本管理。

从各应用领域中的技术分布上看,锂离子电池、铅蓄(炭)电池、压缩空气储能、液流电池是应用最多的三类新型储能技术。其中,锂离子电池在输电基础设施服务、配电基础设施服务、支持可再生能源并网等方面均占据着绝对主导的地位,其技术份额均超过了90%。在辅助服务领域近乎100%采用锂离子电池技术。而在中国用户侧的工业、偏远地区(无电人口)、数据中心、军方等领域,铅蓄(炭)电池和锂离子电池的应用则相当,这些用户侧场景通常需要长时间的备电,且是铅蓄电池较早实现应用的领域。

5.2 储能细分应用场景解析

本小节从 30 余个储能应用场景中,选取 7 个典型细分应用场景进行技术需求、商业运营模式及应用难点与问题的解析。

5.2.1 集中式光伏配储能场景

储能在新能源领域既有功率型应用也有能量型应用,这是由新能源发电的波动(频率波动、出力波动等)在数秒到数小时之间造成的。在实际工程项目的应用中对光伏以能量型应用为主,对风电以功率型应用为主。

部分新型储能技术因其快速响应、爬坡功率大等特点可在大规模新能源并网中发挥有功功率波动平抑、一次调频支撑、被动响应无功支撑和计划出力跟踪等功能,主动支撑电网稳定运行,降低新能源机组波动性,提升其可控、可计划性,减小电网对新能源机组的调度难度。另外,大规模的新型储能还可实现弃风、弃光回收功能,在限电情况下一定程度挽回业主损失电量。因此,新型储能技术在大规模新能源并网的应用,可以在保证新能源穿透率的情况下,提高电网系统运行的稳定性,并提高入网电能质量。

5.2.1.1 技术需求

相比于其他领域,储能在光伏并网应用中需要满足一些特殊要求:由于新能源电站所处地理位置较为偏远,储能系统需满足配置灵活、安装方便、使用寿命长等特点,以缩短建设周期,并尽可能做到减少维护或免维护;另外新能源电站环保要求较高,储能电池、装置在选择时应尽量具备绿色无污染等特点。集中式光伏应用场景中储能系统 PCS 应具备的基本功能及储能在集中式光储应用场景中的系统性功能需求如表 5-1 和表 5-2 所示。

表 5-1 集中式光伏应用场景中储能系统 PCS 应具备的基本功能

功能	描述
并网充电	充电分为四个阶段,分别为预充、快充、均充和浮充
并网放电	具备恒流放电或恒功率放电功能
无功功率补偿	与电网调度系统及能量管理系统配合,可实现快速的无功功率输出,避免负荷低压脱扣及电压崩溃
孤网运行	计划性孤岛时,可按照设定的条件脱离主网,在容量允许范围内为负荷及其他电源提供稳定的电压和频率
完善的自检	能对二次控制回路的开入和开出、CPU 进行自检,对三相电网电压、操作电源等外部电量进行检测,防止设备损坏
黑启动	与后台监控系统配合,在电网失电的情况下离网启动
通信	具备以太网、RS485 接口,支持 MODBUS 协议;IEC61850/GOOSE 标准和 IEC61850/MMS 标准,便于接入外部监控系统和控制系统

表 5-2　储能在集中式光储应用场景中的系统性功能需求

功能	描述
削峰填谷功能	与电网调度系统及能量管理系统配合，可按照历史曲线或实时负荷进行调峰，实现"削峰填谷"
调频功能	与电网调度系统及能量管理系统配合，可参与电网的二次调频
平滑间歇式能源系统的输出	与能量管理系统配合，能够平抑间歇式能源（风电、光伏）的输出功率，提高系统的稳定性
多机离网并联技术	采用集散式协调控制，由协调控制单元给各变流器发统一的脉冲，从而实现多组变流器能够按照统一的电压、频率运行
并离网切换	储能变流器能够实现并网运行/离网运行的快速切换，实现对负载的不间断供电

储能系统的放电以低倍率 0.5C、1C 为主，PCS 接入方式则主要采用百千瓦级多机并联经过升压接入 6kV 或 10kV 母线。目前，锂离子电池储能在集中式光伏应用场景中应用较多，近两年，液流电池和压缩空气储能解决弃电的项目也开始增多。另外，超级电容器在功率波动平抑，铅碳电池在弃风、弃光回收等应用场景也有案例。

5.2.1.2　商业运营模式

储能能够为集中式光伏带来的收益主要包括如下几个方面：

（1）削峰填谷

光伏电站加装储能系统后，能够将弃光电量作为储能充电电量，在中午光伏发电出力受限期间吸收，在早晚非限电时段内放出。利用储能系统对电量的时间转移功能，即可以解决自身引起的弃光限电问题，又可以将不连续、不稳定的光伏转化成连续、稳定的优质电能进行输出。

（2）参与一次调频

在《电力系统网源协调技术规范》中，提出新能源（风电场、光伏发电站）通过保留有功备用或配置储能设备，并利用相应的有功控制系统或加装独立控制装置来实现一次调频功能。按照这条规定，100MW 光伏电站若要参与低频响应，在不考虑限电情况下，预留 10% 的容量，按每天备用 8h 计，则每年少发 2920×10^4 kW·h。针对上网电价较高的光伏电站，配置 10% 额定容量的储能设备，较保留有功备用可能更经济。

（3）跟踪计划出力

储能系统响应速度快（毫秒级），调节能力强，控制精确，具有双向调节能力。利用储能系统对光伏实际功率与预测功率之间的差额进行跟踪补偿，可以间接提高光伏发电的预测精度。

从商业模式来看，初期储能设备供应商与新能源场站企业主要签订能源管理合同，通过节约弃光量进行收益分成。而 2019 年，西北地区率先推出"共享储能"模式，使得储能电站所有者可以从市场化交易和电网直接调用两条途径获得收益。图 5-1 展示了共享储能的商业模式。

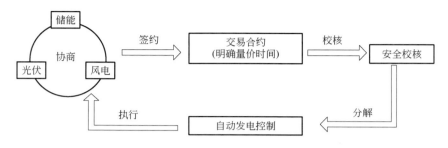

图 5-1 共享储能的商业模式图

① 市场化交易 是指新能源和储能通过双边协商及市场竞价形式，达成包含交易时段、交易电力、交易电量及交易价格等内容的交易意向。如以新能源批复电价为 1.15 元/(kW·h) 计算，通过双边协商，储能电站得 0.80 元/(kW·h)，新能源场站得 0.35 元/(kW·h)。

② 电网直接调用 是指市场化交易未达成且条件允许时，电网按照约定的价格直接对储能进行调用，在电网有接纳空间时释放，以增加新能源电量。

目前这两种模式均已获得西北能监局的批准，并写入文件对外发布，为共享储能盈利奠定坚实的政策基础。

5.2.1.3 应用难点和问题

从技术上来看，储能系统在光储并网应用中可采用直流母线和交流母线两种方案，如图 5-2 所示，这两种方案均存在各自的技术问题。

交流母线方案不受改造限制，容易控制，输出特性好，但存在如下问题：

① 需新增升压变压器和交流高压侧接入配电设备，电缆用量多，系统投资高。

② 光伏组件和储能系统之间的功率变换和升降压环节多，储能效率低。

③ 占地面积大，需要规划专门场地。

④ 如果是原有电站改造，则新增的储能容量超出了电站原有出线容量，且交流侧并网设备涉及电网报批手续（基本不具备可行性）。

直流母线方案具备容易改造、效率较高、并网特性好等特点，但存在的问题包括：

① 协调控制较难，需与光伏逆变器交互，且只能与特定的逆变器配套，直流变换器 (DC-DC) 与逆变器需要通信。

② 无法进行规模化应用。

另外，发电侧使用的储能电池基本沿用了动力电池的技术方案，存在循环寿命短、投资成本较高、存在一定的安全隐患等问题。需要储能厂家针对发电和输、配电领域开发出长时间大容量、短时间大容量、高功率的储能产品，加强储能电池在高安全性、高能量密度、长寿命、低成本等方面的技术研究，配合储能系统集成与电网智能控制技术的发展，实现储能与现代电力系统协调优化运行。

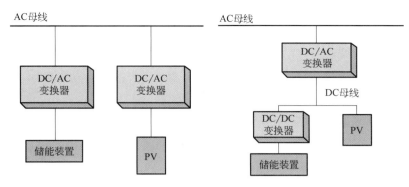

图 5-2 储能在光储并网场景中的两种技术解决方案

从收益机制上来看，降低被考核风险带来的效益难以有效评估，没有补偿机制衡量储能所实现的价值，如提高跟踪计划出力、改善电力输出质量、减少火电备用容量、增大环境效益等。以华能格尔木储能项目为例，该项目仅有减少弃电带来的收益，项目的投资回收期约为 15 年，全寿命周期内暂无法实现盈利。

另外，储能与可再生能源场站作为联合体接受电网运行调度时，并未作为特殊的"电厂"对待，在接入方式、运行控制、涉网保护及安全防护等方面继续沿用可再生能源场站的标准，没有体现联合体的优越性。

最后，光储电站参与辅助服务的机制尚未捋顺，电源侧储能获得调频、调峰、黑启动等额外收益的渠道尚未完全建立，保证光储电站的收益机制缺失。

5.2.2　AGC 调频辅助服务场景

5.2.2.1　技术需求

自动发电控制（AGC）调频作用时间短，功率需求高，能量需求低，因此高倍率储能电池是较为合适的选择。针对高倍率电池在集装箱成组时，通常应增加单独风道设计，提高系统安全性能。储能系统的放电以 2C、4C 等高倍率为主，PCS 接入方式为百千瓦级多级并联经过升压接入 6kV 或 10kV 母线，或通过高压级联接入 10kV 并网。图 5-3 示意性地展示了火

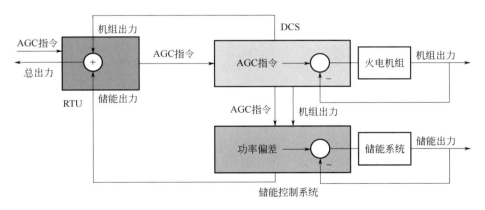

图 5-3　火储联合调频系统运营模式图

RTU—远程终端单元；DCS—分散控制系统

储联合调频系统运营模式，现有大部分项目中储能一般按火电装机的 3%×0.5h 的方案进行配置。

5.2.2.2 商业运营模式

火储联合调频获得的收益，多数情况下电厂与投资者之间按照 2∶8 比例分成，但由于成熟市场电化学储能参与火电机组调频项目已经基本饱和，建设区域也从华北电网向蒙西电网、南方电网向其他省份分散，利益分成模式逐渐趋向多元化。投资者为了获得市场，分成比例不断压低，甚至出现收益分成倒挂现象，给项目的投资回收增加了更多的不确定性。

5.2.2.3 应用难点和问题

（1）收益存在不确定性

由于储能联合火电机组进行调频的收益受火电机组性能、发电计划、机组检修、煤质优劣、实际调度策略等诸多实际工况因素的影响，且最终的收益须在火电厂运营商和储能系统运营商之间进行分摊，因此，对储能项目运营商来说，相较于理想假设场景的测算，投资回收期会更长。

（2）市场空间小

由于调频的效果随着电力区域的扩大而逐步增加，实际上调频是具有 1+1＞2 的效果，在大电网的背景下，由于可以进行多种方式的调频，二次调频的需求会小于各个小电网单独需求的总和，因此调频的实际市场规模要小。此外在现有补偿机制的作用下，只有配套储能的电厂数量少才能获利，一旦大范围的电厂都配备储能，那彼此的调频效果接近，将导致最后谁都无法获利。此外调频效果的最优情景并非是储能等快速调节资源占 100%，根据 PJM 的测算，快速调节资源在调频市场中占比在 25%～40% 时效果最优，因此在该市场大规模布置储能可能会有过剩风险。

（3）政策风险高

政策的变动对调频市场的影响较大，目前电力辅助服务的供应和结算尚未实现市场化，未来随着电改进一步加深，电力市场建设逐步完善，市场化的辅助服务市场有望建立，从国际经验来看，相比"计划体制"，市场化的辅助服务机制对调频市场规模有一定的抑制作用。

5.2.3 工商业用户侧储能

5.2.3.1 技术需求

工业及园区用户侧储能及商业楼宇用户侧储能应用场景分别如图 5-4 和图 5-5 所示。工商业侧储能单元可接入用户侧交流母线低压侧，与用户共用上级升压变，也可作为独立的基本单元经储能系统自身升压变接入用户侧上级高压交流母线并网点。

在针对工商业用户侧的储能系统进行设备选型与设计时，要基于高安全、低成本、长寿命、易回收等原则，对消防、温控、最优容量配置、最佳控制策略、放电深度策略、循环次数、模块组装等进行要求和设计。

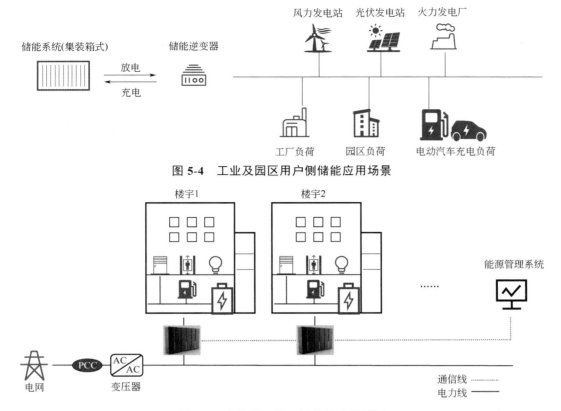

图 5-4 工业及园区用户侧储能应用场景

图 5-5 商业楼宇用户侧储能应用场景

（1）储能容量一般配置原则

①充电功率＜变压器可用容量，放电功率＜负荷功率；②考虑最佳放电深度；③功率、容量配比需考虑峰平谷时长及恒流、恒压充电时的电流特性。

（2）系统充放电 SOC 方面

过充/过放会影响正极不可逆反应及电解液分解等；通过电池在充放电过程中进行不同 SOC（荷电状态）的 DCR（直流阻抗）测试可知，电池在 5%～95% SOC 范围内时 DCR 较小且平稳，0%～5%和 95%～100%时 DCR 急剧上升，所以一般储能系统运行 SOC 窗口范围为 5%～95%或 10%～90%。

（3）温度控制方面

从充电/放电倍率温升曲线看，不同倍率温升差异较大，主要体现在：高温会加速电芯衰减，影响电池寿命，低温对电池可放容量影响较大。因此，系统温度控制在 25℃为宜，储能系统需配置温控系统。

（4）压差控制方面

压差是衡量系统运行稳定性、衰减一致性的关键指标，需要电池管理系统的被动/主动均衡管理对电芯不一致性起一定的矫正作用。

而针对储能功率的需求,要结合用户的典型有功负荷曲线图以及峰谷负荷差进行设计;针对储能容量的需求,要基于变压器容量、电费清单(峰谷时间)进行设计;针对储能工作模式的设计,则要结合实际情况,明确可获得效益叠加、峰谷套利、需量节省、需求响应、配电增容中的哪一类收益。

5.2.3.2 商业运营模式

理想情况下,工商业侧储能的盈利模式包括峰谷套利、需量电费管理、动态增容、电网辅助服务、提高新能源自用率等。但目前,大多数的工商业侧储能项目主要是基于当地的峰谷电价差,针对典型日负荷曲线,利用电池储能系统充放电控制,实现园区/用户负荷用电的削峰填谷,以此降低园区/用户负荷购电成本,进而获得收益。

在运营模式上,工商业侧储能项目主要采用两种模式,即 EMC 模式和 EPC 模式。

(1) EMC 模式

EMC 模式主要指的是由第三方投资运营,在工业用户提供场地内建设储能系统,与工业用户业主分享利润。EMC 模式中的利益分享方式分为三类:①投资方向用户支付租金;②投资方与用户按照商定的比例分享项目收益;③工业用户享受峰时放电电价打折。

(2) EPC 模式

EPC 模式是指由用户自行投资运营,储能设备或系统集成方负责项目建设及维护,工业用户获得项目收益。

从已经开展的项目来看,目前市场上主要以 EMC 模式为主,代表企业包括南都电源、中天科技等企业。运营方与用户签订能源管理合同(一般为 10~20 年),按照约定价格在高峰时段向其供电。这种模式下,客户资源垄断性高,合作关系确立后,合同结束前无法更换合作方。

5.2.3.3 应用难点和问题

工商业用户侧领域已经投运了大量的储能项目,综合安装、建设、运行各个环节来看,已经逐渐暴露出一些问题。

(1) 技术层面来看

运营过程中暴露出来的技术问题包括:(风道设计不合理/空调负荷过度设计/模组散热能力不足导致的)热管理失效、(BMS/PCS/空调/SCADA)死机、电磁干扰、断路器/接触器保护不合格、探头/传感器失效、平期充电时超过客户最大需量等问题。

(2) 流程规范层面

① 已建设投运储能项目还存在绿化非法占用、改变占地用途、消防手续不全等问题,非"合理合法"建设普遍存在,因政策制度缺失,土地规划、消防、城市管理等部门都难为储能项目办

理合法手续，正常情况下还要对地上储能项目予以查处，这成为阻碍储能技术应用的关键问题。一线城市虽有大量地下空间，但由于土地成本高昂，此部分空间常被用作车位等经营服务使用，改造建设储能项目不仅增加了项目投资还可能损失其他收益；特别是对锂离子电池来说，由于缺乏标准，建筑内建设电池储能项目还受安全风险制约，系统集成商和用户都难以承担安全风险责任。

② 操作规程缺失。目前尚没有形成统一的储能电站建设、调试、运营操作规程，导致各子系统供应商在系统出现问题时相互推诿，难以界定责任。

（3）经济性层面

从经济性角度来看，主要存在的问题包括：

① 技术工程成本不可控导致的交付成本超支。

② 部分省份峰谷价差小，导致项目投资回报期长，储能价值回报低。

③ 储能项目盈利模式过于单一，目前全国大多数地区尚未开展需求响应，已经开展需求响应的地区补贴力度小，额外收益来源有限。

5.2.4 光储充一体化场景

5.2.4.1 技术需求

传统充电站通过配电网供电，站内通常设有多台直流充电机，普遍存在以下问题。

① 用电功率大，对电网造成冲击，支付容量费用高。以深圳前海月亮湾充电站为例，该充电站拥有 89 个充电桩，装机容量 14MW，需缴纳容量费 322000 元。

② 充电站很大比例是在峰价用电，不利于降低用电成本。

③ 受已有配电容量限制的地方建充电站，扩容难。

④ 电网停电情况下，存在应急充电的需求。

⑤ 存在需要改善电能质量的需求，如长圳充电站因无功补偿而被罚款。

将光伏、储能和充电站结合建设，利用电池储能系统吸收低谷电，并在高峰时期支撑快充负荷，同时以光伏发电系统进行补充，有效减少快充站的负荷峰谷差，提高系统运行效率，这种光储充一体化模式的系统拓扑图如图 5-6 所示，目前光储充一体化主要采用两种技术方案，即交流侧接入和直流侧接入。

（1）交流侧光储充一体化电站

交流侧光储充一体化电站可以实现：①平滑充电站用电功率，减少对电网的冲击；②利用平价电、兼容变压器容量，降低用电成本；③具备应急充电和不间断充电能力；④改善充电站电能质量。

（2）直流侧光储充一体化电站

直流侧光储充一体化电站，除了可以实现上述四种功能之外，还可以实现：①高电压母线，高频化储能，降低建站成本；②储能模块化，支持不同类电池和电池梯次利用；③提升光伏发电、储能、场站等的效率；④支持电动汽车入网技术（V2G）应用。

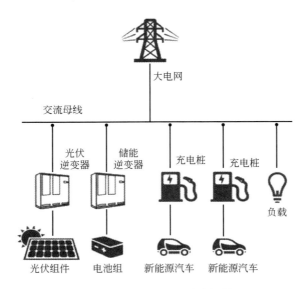

图 5-6　光储充一体化系统拓扑图

光储充一体化系统的不同技术方案见表 5-3。

表 5-3　光储充一体化系统的不同技术方案

序号	技术描述	交流配网	直流配网
1	用户侧接入方式	交流单点耦合	交流多点耦合
2	新能源互联互通	受限接入电源	友好型配网
3	用户侧储能规模	<2MW·h	100MW·h 级
4	能源转换方式	DC-AC-DC	DC-DC 全直流
5	光储充一体化	交流融合控制	直流融合控制
6	储能安装条件	受设备尺寸限制	无设备尺寸限制
7	光伏安装条件	电网限制接入	即插即用无限制
8	电网增容规模	交直流耦合容量	电池充放电倍率
9	光伏发电可控	即发即用不受控	高峰可控使用
10	车辆充电管理	无序，有冲击	有序，零冲击

5.2.4.2　商业运营模式

（1）运营模式

在正常情况下，光储充一体化电站并网运行，光伏发电系统优先为电动汽车充电桩和场站内负荷供电，电能供给不足时则由电网供电；光伏发电功率较大时，满足场站内电动汽车及负荷用电需求后，则为电池储能系统充电，多余的电力通过双向电能计量系统送入电网。夜间电动汽车充电桩及场站负荷用电优先由电池储能系统供给，功率不足或电能质量不满足要求时再向电网购电。当电网故障停止供电时，光储充一体化电站中的监控装置需检测到异常情况，并自动断开光伏发电的系统并网侧开关及负荷侧开关，维持电动汽车充电桩和光伏控制室的电力供应，确保充电站供电的持续可靠性。

（2）商业模式

光储充一体化电站可以产生的增值收益包括：①光伏发电仅在高峰自用，降低了电费支出；②储能全天 24h 参与售电，提高了供电可靠性；③支撑 10min 快速充电与车辆电池保养应用场景。从图 5-7 某直流光储充电站投资收益来看，在用电高峰时段，光储峰值售电收入和充电售电服务收入远高于其他时段。

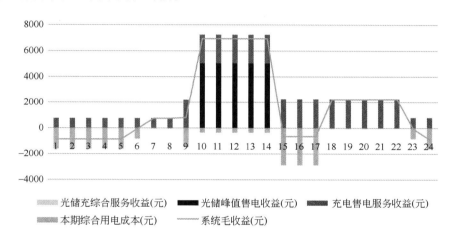

图 5-7　直流光储充电站投资收益

5.2.4.3　应用难点和问题

光储充涉及光伏、充电、电动汽车、储能、配网等多个领域，对于开发商的整体项目把控能力、运营商的监控、运营能力等要求较高，需要跨学科、跨专业的业务整合和人才资源。

初期设备投资压力大。充电桩运营企业本身就存在投入大、成本回收慢等问题。将成本较高的储能纳入整个体系中，使得整体项目初期投资更高，对投资者的融资能力要求高。

5.2.5　微电网储能场景

5.2.5.1　技术需求

微电网，也被称为分布式能源孤岛系统，通过将发电机、负荷、储能装置及控制装置等系统地结合在一起，形成一个单一可控的单元，从而向用户供给电能和热能，某离网型微电网系统拓扑图如图 5-8 所示。微电网中的电源多为微电源，即含有电力电子界面的小型机组（小于100kW），包括微型燃气轮机、燃料电池、光伏电池以及超级电容器、飞轮、蓄电池等储能装置。微电网接在用户侧，具有低成本、低电压、低污染等特点。微电网既可与大电网联网运行，也可在电网故障或需要时与主网断开单独运行。

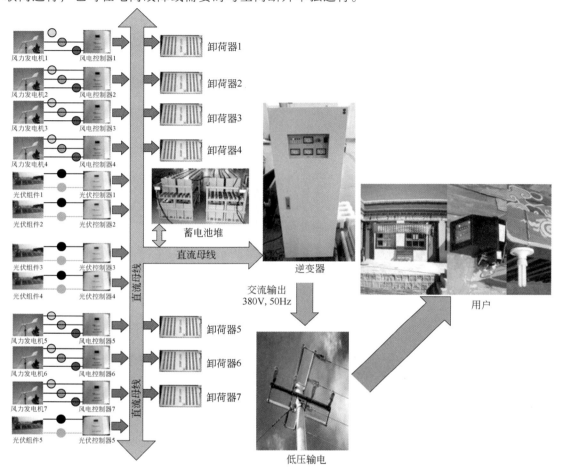

图 5-8 某离网型微电网系统拓扑图

由于微电网的电网结构小，稳定性差，加之含有具有波动性的新能源，因此其稳定性需要储能系统进行保障。储能在微电网中的应用既有能量型也包含功率型。在微电网领域应用中，储能系统的放电倍率以 0.5C 及以下为主，PCS 以百千瓦级即插即用小容量 PCS 为主。

电化学储能在微电网中的作用主要包括四点：

（1）提供短时供电

微电网在并网-离网切换过程中，往往会有一定的功率缺额，在系统中安装一定的储能装置，能保证在这两种模式转换下的平稳过渡，保证系统的稳定。另外由于外界天气会导致新能源经常没有电能输出,这时也需要储能系统向用户供电。

(2) 电力调峰

由于微电网系统自我调节能力差,电源、电网、负荷任一环节波动都会对微电网的稳定运行造成十分严重的影响。储能系统可以有效平衡源网荷之间的不平衡,并在负荷高峰时回馈给微电网以调节供应与需求。

(3) 改善微电网电能质量

微电网必须满足自身负荷对电能质量的要求,保证供电电压、频率、停电次数均在一定范围内。储能系统可以提供快速功率缓冲,吸收/补充电能,提供有功、无功功率支撑,稳定电压波动,解决电压骤降/跌落问题。储能也能为微电网解决一些谐波治理的问题,从而改善微电网电能质量。

(4) 提升微电网性能

由于电源,尤其是可再生能源电源的间歇性和不可控性,输出的电能可能随时发生变化,这就需要储能发挥过渡作用,稳定微电网的性能。

5.2.5.2 商业运营模式

包含储能的微电网项目主要位于偏远地区、海岛或电网无法延伸的区域。通常这类项目的落地会有政府的支持,商业模式的塑造对项目的依赖性强。以下采用二连浩特新能源微电网项目案例进行说明。

2017年9月19日,内蒙古自治区发展和改革委员会发布《关于二连浩特可再生能源微电网示范项目有关电价和结算办法的批复》(内发改价字〔2017〕1162号),就二连浩特可再生能源微电网示范项目电价和结算办法进行批复,为该项目明确了四大收益点,见表5-4。

表5-4 二连浩特可再生能源微电网的收益

收益	政策利好
可再生能源价格补贴	该微电网项目中的新能源发电项目按程序列入国家可再生能源补贴目录,享受可再生能源价格补贴
余电上网收入	二连浩特微电网与蒙西电网联网,按照"供需基本平衡,多余电力上网,主网补充调节"的模式运行,总发电量的75%在微电网内就地消纳,其余25%电量上送蒙西电网
免征基本电价	在微电网发展初期,输配电价按照微电网接入蒙西电网对应电压等级的电度电价执行,免征基本电价
内部销售电价收入	由微电网运营管理企业与电力用户协商确定交易价格,但不得高于政府规定的同类用户的用能价格

在国家能源局和地方政府的各项利好政策的支持下,结合项目区的光伏资源优势,对微电

网项目进行测算，在微电网给用户的供电价格控制在 0.3 元/（kW·h）时，投资商、电网企业、用电企业、地方政府等各方都有较好的效益。

5.2.5.3 应用难点和问题

（1）技术层面

储能产品的方案设计成熟度、可靠性、不同场景适用性、安全性、绝缘、散热、保温等都需要持续提高，才能实现在高温、低寒、风沙、海洋环境等各类场景的无人值守和智能化运行。另外，在某些微网项目中，可再生能源的渗透率高，对微网电能质量管理与控制、谐波与谐振抑制技术等提出了更高的挑战。

（2）经济性层面

目前各类微网的应用场景复杂，初始投资成本高，构建合理的经济收益模型难度大，除了国家/地方政策支持的少数项目具备有限程度的经济性，大多数微网项目，在政策缺失的情况下，盈利性难以保证。

5.2.6 通信基站场景

5.2.6.1 技术需求

储能设备是新能源基站的重要组成部分，直接影响基站运行的稳定性与可靠性。目前新能源基站中使用的蓄电池多为传统铅酸蓄电池。据统计，基站中供电系统的故障有 50%以上是由蓄电池组故障或由蓄电池维护不当造成的，直接经济损失巨大。据估计，大部分基站蓄电池存在电池容量下降快、使用寿命短、环境污染严重等问题。经过 1～4 年的使用，蓄电池容量只有其标称容量的 50%左右，有的只有 30%～40%，远远达不到设计使用要求。主要原因在于新能源基站工作条件恶劣以及铅酸电池固有性质（固/液相变化、扩散传质、温度变化、大电流充放电、过载、充放电深度）会直接影响电池寿命。另外，铅酸电池能量效率低，造成本来成本较高的新能源发电经铅酸电池蓄电后损失了一大半，浪费资源。因此，开发新型长寿命、高效率、高可靠性、低成本的储能设备非常必要。

目前，中国铁塔已在全国大量基站中使用了梯次电池。与传统的铅酸电池相比，梯次电池性能在以下方面具有优势：

（1）循环寿命长

传统铅酸电池的循环寿命为 300 次，削峰填谷使用期限不到 1 年。而梯次电池，目前质保寿命在 1500 次以上，使用时间可达 4 年以上。

（2）耐高温

铅酸电池稳定工作的温度范围 25～28℃，温度升高会损坏电池，缩短电池使用寿命。磷酸铁锂电热峰值可达 350～500℃，电池工作温度范围宽（-20～+55℃）。

（3）占地小

铅酸电池产品质量比能量为 32~37W·h/kg（0.2C，25℃），体积比能量为 70W·h/L。高能量密度磷酸铁锂电池产品质量比能量可超过 130W·h/kg（0.2C，25℃），体积比能量为 210W·h/L，占地较小。

（4）采购成本低

目前梯次电池的采购价较低（有的厂家以 0.2 元/（W·h）的价格采购），尽管未来有再次更换电池的可能性，但随着大规模动力电池的退役，梯次电池成本有望进一步降低。

（5）绿色环保

磷酸铁锂电池含重金属与稀有金属较少，无毒（SGS 认证通过），而铅酸电池中却存在着大量的铅，在其废弃后若处理不当，仍将对环境造成二次污染。

针对通信基站（如宏基站）的储能方案指在储能系统的基础上，利用大数据、云平台等先进技术为通信基站提供安全、可靠、智能的节能管理服务。一般情况有两种技术解决方案，分别如图 5-9 和图 5-10 所示。

① 技术方案 1：开关电源+储能+智能终端，适用于开关电源具备控制功能的基站。

② 技术方案 2：储能+PCS+智能终端，适用于新站或户外基站的改造。

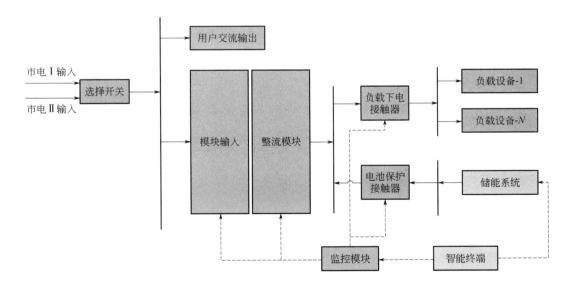

图 5-9　通信基站储能技术方案 1

对比两种方案，第 1 种方案成本低，施工周期短，控制简单，但不足是停电后交流负载无法供电。第 2 种方案的优点是系统结构简单，控制功能多样，可接纳新能源的同时能够实现优质供电，且所有负载能够实现无缝切换；缺点是初期投资成本高，改造施工复杂。

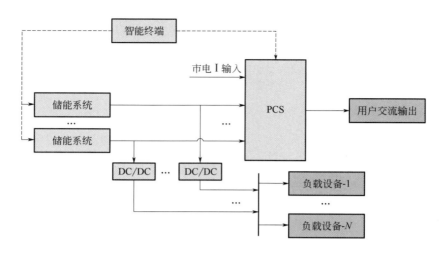

图 5-10　通信基站储能技术方案 2

5.2.6.2　商业运营模式

（1）运营模式

通信基站用储能系统主要发挥三个方面功能。

① 备用电源。储能系统仍然具有电池的备用电源功能，可保证市电断电时基站的及时电力供应。

② 错峰储能。储能系统利用大数据的先进技术，根据实际情况进行错峰充放电，利用峰谷价差来节省电费。

③ 需求响应。通过大数据的计算分析，在保证电池后备能力的前提下，进行自动化需求响应，获得额外补贴。

（2）商业模式

电池资产功能的拓展，推动了铁塔公司改变传统的运营模式，一方面铁塔公司可引入合同能源管理模式，通过电费节约与运营商进行分成；另一方面也可自身作为运营商，以削峰填谷+备用为运营基础，盘活分散式的储能资产未来参与需求响应、电力市场交易，获得额外收益。

5.2.6.3　应用难点和问题

（1）项目开发

由于通信基站的站址条件多样，如有的基站建设在楼顶或承重较弱的地段，有的安装在地价较高的地段，将备用电源电池改造或安装新的性能较好的储能电池，可能面临站址条件不支持、新增占地费用较高等问题。

（2）技术或产品选择方面

虽然未来电动汽车会产生大规模的退役动力电池，但是由于目前尚无法对电池健康状况和安全性进行精确预测，增加了梯次电池在通信基站中应用寿命以及成本的评估难度。另外，目前铁塔公司已经明确利用退役锂电池替代传统铅酸电池进行电力备用和削峰填谷，因此，对于非锂电储能技术厂商来说，在该领域推广项目的机会很少。

梯次利用的市场风险主要来源于梯次利用环节电池性能降低与技术成本增加之间的矛盾。一方面退役动力电池大幅衰减后的容量和寿命将在很大程度上限制其应用场景，同时不得不面对成本快速降低、性能大幅提升的新电池的竞争和压力；另一方面退役动力电池的回收、运输、电池测试、筛选、系统重组和安全管理等环节技术难度大、工艺复杂，又会带来成本增加和技术不确定性。因此，在开展梯次利用之前有必要首先明确若要在技术经济性、寿命等方面具备与新电池相抗衡的竞争力，在具体应用场景中，梯次电池应当具备何种性能表现。

5.2.7 数据中心场景

5.2.7.1 技术需求

一般数据中心会配备不间断电源（UPS）以保证重要设备不断电。通常UPS的后备时间为15～30min，搭配另一备用——柴油机，UPS主要是在停电后、油机启动前供电。

传统数据中心大部分采用铅酸电池，而近年来UPS存在的问题逐步显现，包括：①电池在使用周期甚少放电，成为睡资产，形成资源浪费；②在低负载率时，电池的容量被极大浪费；③电池处于浮充状态，电池的健康状况不明；④电池的使用4～5年就要更换。

针对这些问题，业内提出储能型UPS的方案，即增加UPS的电池容量，利用峰谷电价充放电，每天放出部分电池电量，余下电量满足UPS的后备时间。在该方案中，针对电池储能的选择，一般遵从"安全可靠性>价格>长寿命质保期>占地空间"的优先级顺序，且要满足以下数据中心UPS的要求：

① 后备时间方面：应满足短时间大电流放电，浮充寿命长，UPS能够显示电池剩余后备时间。

② 使用环境方面：要求固定式安装，环境温度保持在20～25℃；实际放电次数很少，放电深度较浅。

③ 电气规格方面：电池串联只数多，直流总电压高达400～600V；UPS快速充电，充电功率弹性可调整。

5.2.7.2 商业运营模式

（1）收益点

从储能型UPS的功能出发，可以看到其项目收益点主要包括：①提供不间断的后备备电能力，保障数据中心的供电安全与稳定；②削峰填谷，节约电量电费；③提供更大的输出功率，满足负载峰值运行，降低电费支出；④参与实现电力需求侧响应。

（2）商业模式

储能系统运营商进入数据中心领域之后，将其固有的模式也一并引入其中。以南都电源为例，南都电源已经由"提供产品"向"提供储能+备电服务"转变，标志着南都"投资+运营"储能商业化模式进入数据中心市场，实现了互联网数据中心（IDC）领域的削峰填谷储能应用。

5.2.7.3 应用难点和问题

数据中心 UPS 储能主要存在的应用难点包括：

① 安全性方面，储能充放电由软件控制，可能存在管理系统死机，引发故障。

② 能耗方面，储能系统充放电效率有待提高，因为数据中心自身空调能耗非常高，加装储能后，数据中心总耗电量增加 10%～15%。

③ 改造难度大，可利用空间及安装条件受限。一般而言，数据中心建设在室内，用于 UPS 改造的空间以及外部安装条件非常有限。

④ 标准缺失。目前尚没有关于 UPS 储能的设计、消防、安装、运维等方面的标准，项目落地过程阻碍较大，后期运维风险高。

第6章 电源侧储能项目案例解析

6.1 英吉沙光伏储能项目

6.1.1 项目背景及简介

英吉沙光伏储能项目是在 2019 年 2 月 27 日新疆维吾尔自治区发展改革委下发《关于在全疆开展发电侧储能电站建设试点的通知》（以下简称"通知"）后进行科研、申请及建设工作的。"通知"旨在鼓励光伏电站合理配置储能系统，鼓励储能与光伏电站作为联合体参与电网运行优化，接受电网运行调度，实现平滑出力波动，提升消纳能力。

英吉沙 20MW 并网光伏电站配套 3MW/6MW·h 储能电站布置于英吉沙 20MW 光伏电站 35kV 升压站围墙外东北侧，占地面积约为 675m²。本次项目储能系统由储能逆变功率单元（PCS）、储能电池系统（含储能电池和电池管理系统）、监控系统、消防系统、温控系统、照明系统等主要组件构成。项目现场见图 6-1。

图 6-1 英吉沙光伏储能项目现场

6.1.2 项目运行及功能实现

本项目储能系统包括三个 1MW/2MW·h 的储能子系统，采用集中布置、交流侧并网方式。三个子储能系统在 10kV 交流侧并联后，以 1 回新建集电线路接入英吉沙 20MW 光伏电站 10kV 母线侧、本次扩建的 10kV 间隔。储能电站设置能量管理系统（EMS），实时响应系统调度命令，将总的出力命令分解后下发给各 PCS，对储能电池进行充放电控制。储能电站主要是作为光伏电站的联合体参与电网运行，接受省调的运行调度管理，实现平滑出力波动，提升消纳能力。

储能系统的主要功能是：①解决光伏电站弃电问题，促进区域电网新能源消纳；②提高光伏功率预测精度，降低电网考核处罚。后期随着市场与政策的调整，考虑增加对电力系统黑启动、调峰、调频辅助服务等功能。储能电站与光伏电站一起接受上级的调度，上级下发总的调度命令至光伏电站监控系统，其将 AGC 命令下发给储能协调控制器，控制器根据电网需求与并网点出力参数，来实时调节储能系统出力特性，使整个光伏电站并网点的出力特性与调度下发的调度曲线一致或接近，达到减少弃光、平抑出力波动的目的。

6.1.3 项目投资及收益情况

本项目静态投资 1295.49 万元，收益来源主要是配置储能系统后，可保证 100h 优先发电。目前，光伏电站全年理论发电量为 2626.13×10^4 kW·h，弃电总量为 264.59×10^4 kW·h，弃电率约为 10.08%。配建 3MW/6MW·h 储能电站后，在 100h 优先发电政策的支持下，前五年电站每年增加上网电量 251.67×10^4 kW·h，五年后每年增加上网电量 131.81×10^4 kW·h。将弃电量减少至全年发电量的 2.46%，运行期 12 年，若上网电价按 1.15 元/（kW·h）（含税）进行测算，在计算期内每年考虑到减免考核收益 12 万元，计算投资回收期为少于 10 年。

6.1.4 项目经验启示

储能系统的引入可以将光伏电站的多余电能储存起来，待需要时释放，在解决光伏发电存在的间歇性和不稳定性的同时，使调节更灵活，间接提高了发电效率及电网接入的友好性。本项目配置储能设施后，弃光率可降至 2.46%，提高了上网发电量，降低了系统罚则考核带来的经济损失。

未来，在新能源场站辅助服务补偿标准明确的情况下，结合各地出台的储能政策，将储能投入辅助服务功能，使场站获得效益提升，是缓解新能源电站运行压力，同时提升新能源集中地区电网接纳能力的有效模式。另外，随着储能电池技术的日渐成熟，其成本会随之下降，储能电站商业化效益更加明显，逐步具有一定的推广价值。

6.2 安徽蒙城风电储能项目

6.2.1 项目背景及简介

风电波动性和间歇性制约高比例新能源消纳，电网调峰、调频压力巨大。发展新能源侧储能不仅是新能源发展和高效消纳的需要,也是保障未来大电网安全稳定运行的需要。针对风电场出力性能不稳定、一次调频性能差,且不具备紧急功率支撑能力等,该储能项目旨在实现风储联合运行下的快速一次调频和紧急功率支撑,改善风场出力性能,并参与辅助服务市场,显著提高风电等可再生能源的消纳水平,具有一定的经济效益和社会效益。

蒙城县小涧二期风电场项目分设小涧和许疃两个风电场,在风电场升压站交流 35kV 按照风电场装机容量的 20%、时长 1h 配置储能,即分别配置 30MW/30MW·h 和 10MW/10MW·h 的储能容量。项目现场见图 6-2,风场升压站电气主接线示意图见图 6-3,小涧升压站 30MW/30WM·h 系统电气布置及现场见图 6-4。

图 6-2 安徽蒙城风电储能项目现场

图 6-3 风场升压站电气主接线示意图

6.2.2 项目运行及功能实现

该项目主要实现风储一次调频、减少弃电、提高自动电压控制(AVC)、提升风功率预测补偿、补偿无风时段站用损耗、提高暂态快速控制功能。调度方式主要分为以下两种，如图 6-5 所示。①调度统调模式：调度只控制风电场，储能与风机指令内部协调控制。②调度直调储能模式：储能系统直接接受并执行调度指令。

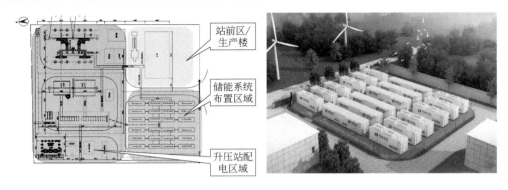

图 6-4 小涧升压站 30MW/30WM·h 系统电气布置及现场

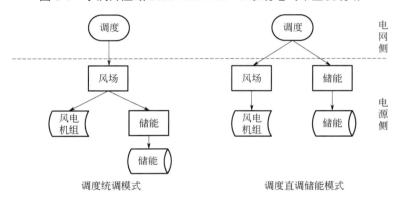

图 6-5 两种调度模式示意图

6.2.3 项目投资及收益情况

该项目总投资 8178.3 万元。根据华东能监局"两个细则"的要求，本储能项目可带来的主要收益如下。

（1）参与安徽电力调峰辅助服务市场收益

远期储能接受调度直调，按照《关于公开征求对电化学储能电站参与安徽电力调峰辅助服务市场规则条款意见的公告》，储能可参与电力辅助服务市场，并取得相应收益。电储能调峰是指蓄电设施在电网调峰能力不足时段，根据调度指令减少放电功率或者增加充电功率，提供调峰辅助服务，申报价格最高不超过 0.80 元/（kW·h），一天充放一次，按 360 天计算，考虑储能损耗，每年调峰收益约 985 万元。

（2）补偿无风时段站用损耗收益

储能在谷段充电，在峰价时间内，减少无风时的场用损耗购电，即保证并网点不以电网倒吸收功率，在平电价时段，根据储能剩余电量补偿部分平价时段无风时的场用损耗购电，可获得 6 万元/月收益，每年约 72 万元。

（3）风电场提前并网发电收益

由于该储能项目实施，风电场可享受提前一年并网发电的政策，按每年约 $4\times10^8\mathrm{kW\cdot h}$ 的发电量，取得相应收益。

6.2.4 项目经验启示

本项目针对风场出力性能差、对电网支撑弱等问题，实现了风储联合的稳态、暂态紧急的多维度控制，实现电网调峰、调频及紧急功率支撑等功能，一次调频时间小于 30ms，同时探索出风场损耗补偿策略，节省电费。项目在策略优化、效率提升、经济效益等方面在当时均具有行业引领性，对促进风储模式应用具有重要推广价值。

6.3 青海鲁能海西州多能互补项目

6.3.1 项目背景及简介

国家发展改革委、国家能源局在《关于推进多能互补集成优化示范工程建设的实施意见》中提出，建设多能互补集成优化示范工程对于建设清洁低碳、安全高效现代能源体系具有重要的现实意义和深远的战略意义。鲁能集团在青海海西州的多能互补集成优化示范项目，建设风电 400MW、光伏 200MW、光热 50MW、储能 50MW。鲁能海西州多能互补示范工程，通过构建"风电+光伏+光热+储电"优化互补系统，提升整体效率，减少弃风弃光，弃风小于 5%，对外输电通道容量小于发电容量的 40%。本项目中混合储能系统主要用于实现虚拟同步、减小弃风弃光率，从而达到促进可再生能源消纳的目的，混合储能系统具备多种应用模式：虚拟同步控制、跟踪发电计划、支持 AGC 二次调频等。项目现场见图 6-6，储能系统集成方案见图 6-7。

图 6-6 青海鲁能海西州多能互补项目混合储能系统现场

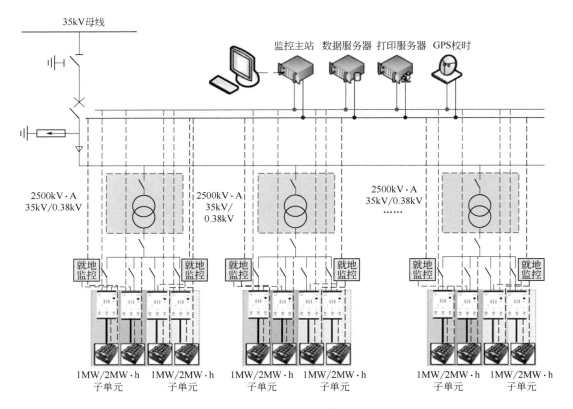

图 6-7 青海鲁能海西州多能互补项目混合储能系统集成方案

混合储能系统属于新兴技术领域，通过开展混合储能系统示范应用，可加强储能技术和设备的研究，提高发电的稳定性，进而促进新能源技术的开发应用，对实现经济和技术指标综合优化具有重要意义。

6.3.2 项目运行及功能实现

项目中混合储能系统与风、光、热系统配合，接受站级调度。储能系统主要用于实现虚拟同步、减小弃光率，从而达到促进可再生能源消纳的目的。多能互补储能系统具备多种应用模式，包括但不限于虚拟同步控制、跟踪发电计划、支持 AGC 二次调频等。

（1）虚拟同步功能

储能系统采用虚拟同步机技术模拟同步发电机的特性，可以经逆变器实现对电网的友好接入。在具备虚拟惯量后，电池储能系统可以参与电网的一次、二次调频。采用虚拟同步机后的电池储能系统可以自动追踪电网的电压变化，实现主动的电压调节。

（2）准确响应功率指令

功率指令跟踪功能指储能系统及时、准确响应上层监控系统下发的功率指令，完成各储能单元间的实时功率协调控制和能量优化管理，以使储能系统可以安全、稳定、可靠地并网运行。

(3) 削峰填谷

在电网负荷低谷和高峰时段启动储能装置进行充放电，结合光热电站的调峰作用，储能系统削峰填谷功能实时满足上层调度系统下发的储能系统功率需求命令，即实时响应上层下发的削峰填谷计划对应的功率命令值，以保证削峰填谷的应用效果。

(4) 平滑风光功率输出

风光发电与储能进行互补，平滑新能源发电波动，储能监控系统内的自动平滑程序根据运行要求，按照设置好的平滑范围控制储能机组吞吐风光发电电力，实现多时间尺度平滑风光发电出力波动在规定范围。因此，风光发电经过储能控制平滑后波动率降低。

(5) 跟踪计划发电

综合管控系统基于日前风光预测功率情况，制定风光热储的调度计划。储能电站监控系统依据上层调度下发的当日调度计划，通过控制储能电站的充放电功率，实现跟踪调度发电计划的功能，控制联合功率输出满足计划跟踪要求。

(6) 参与系统调频

支持自动发电控制（AGC）功能即实时满足上层调度系统下发的储能系统功率需求命令，实时响应上层调度下发的支持 AGC 计划相对应的功率命令值。联合控制模式需与运行模式相匹配，例如，平滑模式仅适用于储能与风、光单独或联合控制时的配合，频率调整则只适用于储能单独控制。

6.3.3 项目投资及收益情况

该项目是国家首批多能互补集成优化示范工程中第一个正式开工建设的多能互补科技创新项目，建成后年发电量约 $12.625\times10^8\text{kW}\cdot\text{h}$，每年可节约标准煤约 $40.15\times10^4\text{t}$，将有效减少燃煤消耗，降低大气污染。但该项目经济性较差，储能电站投资回收期超过 10 年。

6.3.4 项目经验启示

本项目中的大容量电池储能系统的应用模式、电池储能系统统一调度与能量管理技术可在类似的储能电站中推广应用。项目中的多能互补储能系统商业模式可为同类项目提供借鉴。参与电力辅助服务方面，西北能监局发布了青海电力辅助服务市场化建设的机制和运营规则，政策对储能给予了与发电企业、售电企业、电力用户平等的市场主体身份。多能互补示范项目中的混合储能既可以在集中式间歇性能源发电基地等发电侧参与削峰填谷，参与电力市场竞价，并在低电价时段充电在高电价时段放电，也可在电网侧，以独立市场主体身份为电力系统提供调峰调频辅助服务。

6.4 山西老千山混合储能一次调频项目

6.4.1 项目背景及简介

山西老千山混合储能一次调频项目主要研究飞轮+锂电池混合储能装置平抑风功率波动的可行性，风电场与储能技术相结合，在提高电网一次调频性能的前提下，最大限度减少弃风。项目系统由飞轮储能系统、锂电池系统、辅助系统组成。项目实施方案见图6-8，项目现场见图6-9。

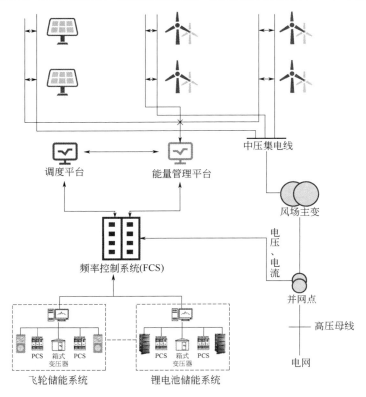

图 6-8 混合储能风电一次调频项目实施方案

图 6-9 混合储能风电一次调频项目现场

6.4.2 项目运行及功能实现

本项目旨在融合两种储能技术的不同特点,组成混合储能,对平抑风电输出功率波动、减少弃风量都具有重要的理论意义和现实价值。在风场一次调频指令是升负荷时,优先使用飞轮储能响应出力,如遇到较长时间的指令,在飞轮能量用尽时调用锂电池储能进行补充。在满足电网一次调频要求的前提下,尽可能减少锂电池动作次数,延长其使用寿命。在风场一次调频指令是减负荷时,首先给储能充电。储能充电电量满后,电网频差还存在,一次调频指令也仍然存在,这时风场再执行减负荷指令。在满足电网一次调频要求的前提下,最大限度减少风场弃风。

6.4.3 项目投资及收益情况

该项目投资 2000 万元,可实现的收益包括:①满足国家标准要求,满足并网试验要求,减少考核费用;②减少机组启停次数,降低风电机组折旧率,延长使用寿命,延长发电时长;③增加储能系统后,风电机组无需预留备用容量进行调频,增加发电容量;④减少弃风电量,增加经济收入,在储能项目正式运营两年后,减少的弃风电量费用即可冲抵初始投资成本。

6.4.4 项目经验启示

混合储能系统于 2020 年 7 月完成了 35kV 并网试验,是国内首次混合储能技术在发电侧一次调频领域的应用,也是国内首个完成 35kV 电网并网试验的兆瓦级飞轮储能系统,不仅对解决新能源一次调频任务具有现实意义,也对推动整个储能产业市场交易多元化具有创新意义。未来,随着辅助服务市场的不断完善,以及储能技术的不断升级,这一创新模式将为储能打开更多的应用机会和价值收益,也将有助于开启混合储能的新时代。

6.5 北京石景山热电厂储能联合调频项目

6.5.1 项目背景及简介

中国新能源发电装机容量一直呈高速上升态势,而风能、光伏等可再生能源发电与用电负荷需求不相适应的特征,为电力系统的可靠运行带来新的挑战,调度机构通过人工调度计划和自动发电控制(AGC)两种手段结合控制频率波动。

在华北电网区域内,AGC 调频早期均是由火电厂通过响应指令发电来完成,煤耗增大、机组磨损严重,火电机组出力"慢"等问题凸显,火电厂的调节效果与电网的 AGC 调节需求也存在较大差距。新型储能系统的快速反应、精确动作以及长寿命等优良特性非常适用于电力系统调频服务。根据华北电网的 AGC 运行方式以及华北区域 AGC 辅助服务补偿规则,石景山热电厂建设 1 套 2MW/0.5MW·h 的大功率储能系统,与火力发电机组联合协调运行,共同响应华北电网调度下发的调频任务。

6.5.2 项目运行及功能实现

根据现行 AGC 相关规则以及对储能系统进行优化运行控制，火电和储能的综合有功功率输出能够更好地响应电网 AGC 指令。AGC 运行模式下火电机组连接与控制系统构成见图 6-10。项目将为电厂带来净利润增长、机组磨损降低、燃煤利用效率提高等益处。

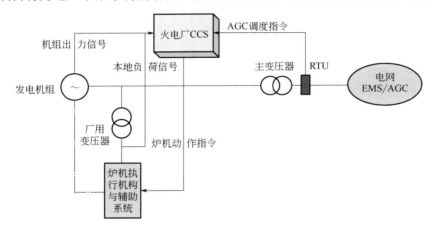

图 6-10　AGC 运行模式下火电机组连接与控制系统构成
CCS—协调控制系统；RTU—远程终端单元；EMS—能量管理系统；AGC—自动发电控制

6.5.3 项目投资及收益情况

该项目经济核算是基于电网 AGC 调度考核系统按照国家能源局"两个细则"文件所规定的计算方式，结合电网调度指令进行测算。从 2014 年 6 月投运后的综合情况分析，单日 K_p 值由原来平均 3.4 左右提升至平均 4.6 左右，最高达 5.0 以上，技术性能指标提升 35.29%，日补偿费用由原来几千元最高可提升至 2 万～4 万元左右，仅 2014 年 10 月 3 日机组单机 AGC 补偿就突破 120 万元，机组 AGC 调节性能位列华北电网第一名。该项目总投资为 2260 万元，考虑贴现率及成本，项目投资回收期为 5 年左右。

6.5.4 项目经验启示

储能参与调频，对于改善机组在负荷频繁密集变化时的负面影响也有重大贡献，如发电机端部振动磨损情况明显改善、炉制粉系统设备磨损程度明显好转。技术指标和经济指标大大超过投运前水平，显著提升电网频率控制效率。项目施工安装灵活，占地面积小，运行维护简便且费用低，系统可靠性高。

本项目成果在电力系统全网应用，有益于提高全系统的电网频率及联络线功率管理水平，降低可再生能源发电输出电压波动对电网所造成的巨大负面影响，减少对火力发电厂和柴油发电机的供电依赖。作为国内首个储能电力调频商业化示范项目，项目实施为储能技术的产业化发展寻找到新的商业机会，有力带动了国内储能应用模式的快速突破。

6.6 广东珠海重型燃机黑启动储能项目

6.6.1 项目背景及简介

2017年强台风"天鸽"正面登陆袭击珠海市,造成珠海市及澳门特区大面积的输电线路受损、电力供应中止,严重制约了地区抢险救灾进度。之后粤澳两地就提升供电工程防灾减灾能力形成共识——"强化珠海本地支撑电源建设,具备孤网运行能力及黑启动功能"。

提升黑启动能力是南方区域电力负荷中心珠三角地区电网的强烈需求。珠三角地区本地电源以火电机组为主;电力供给对外依存度高,西电东送主要依靠常规直流输电,本身就需要坚强的交流电源;同时广东地区海上风电规划容量巨大且发展迅速,同样依赖于外部交流电源提供运行电压。在电网停电事故时,依靠当地发电机组快速恢复局部电力供应显得尤其重要。燃机电站具有启动速度快、辅机设备少、靠近负荷中心等优点,是除水电机组外最佳的黑启动电源。

此外,横琴热电公司是对澳供电的重要电源,2018年6月,横琴热电完成了FCB(机组快速减负荷)功能改造及试验,机组正式具备孤网运行能力。在此基础上实现黑启动,即可大幅提升对澳供电可靠性。随着储能技术成熟和成本下降,采用电化学储能系统优化燃机调频性能和实现重型燃机黑启动功能的储能应用方案具有了可行性和经济性。

本项目位于国家电投集团珠海横琴热电有限公司,由1套22MW/20.49MW·h电池储能系统组成,其中包括14MW磷酸铁锂电池和8MW钛酸锂电池,采用合同能源管理方式。项目于2021年1月参与南方电网调频市场,2月完成电厂全黑状态下黑启动试验,成为国内首例由电化学储能系统黑启动9F级重型燃机的成功案例,也是首个储能联合机组调频和黑启动多模式应用实践范例。本项目现场见图6-11,储能系统一次系统拓扑结构见图6-12。

图6-11 珠海横琴储能调频黑启动项目现场

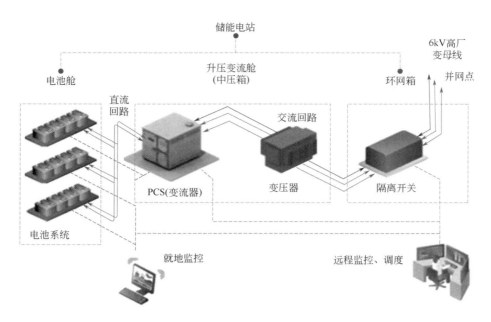

图 6-12 储能系统一次系统拓扑结构

6.6.2 项目运行及功能实现

本项目基本运行策略为：当电厂和电网确认系统处于全黑状态时，电厂调整厂用电接线方式，检查设备运行状况，仅恢复机组黑启动所必需的厂用负荷；储能系统利用柴油机或逆变单元供电恢复自身站用电，实现自启动；应用虚拟同步机模式的储能系统零起升压，恢复机组厂用电；燃机采用正常方式启动至全速空载状态；发电机出口断路器同期合闸，储能系统切换为恒功率控制模式，机组厂用电交还至燃机发电机供电，燃机发电机工作于孤岛控制模式；合闸线路出口断路器进行线路空充，恢复局域电网及重要负荷，逐步扩大电网恢复范围。结合燃机启动特点，储能侧提高对冲击电流、谐波负载的带载能力，电厂侧改造启动逻辑，减小电流冲击强度。

钛酸锂+磷酸铁锂混合储能的运行策略为：当 22MW 参加机组辅助 AGC 调频服务时，首先控制 14MW 磷酸铁锂电池与 8MW 钛酸锂电池同时全响应出力支撑，其余时间磷酸铁锂电池系统充当短时的功率支撑，钛酸锂电池系统负责全过程的功率协调，从而减少磷酸铁锂电池系统的磨损，相对延长磷酸铁锂电池系统的寿命周期，延长项目运营期限，降低后续维护投入成本。

6.6.3 项目投资及收益情况

本项目收益来自南方统一调频辅助服务市场收益。电厂与储能系统投资方签署能源管理合同，储能系统投资方提供设备，负责工程建设及运维服务，从调频市场获取收益与电厂之间进行分成。

储能系统联合机组参与南方区域统一调频辅助服务市场，同时储能系统协助机组调频提高了机组 K 值，增加了调频服务中标概率，大幅提高了机组调频收益。储能系统还可以协同机组提供黑启动服务能力补偿。根据国家能源局南方监管局《关于调整广东部分辅助服务补偿标准的通知》，获得黑启动收益。

6.6.4 项目经验启示

本项目建设使横琴热电机组成为珠三角地区优质调频电源，缓解广东电网调频压力，同时增加了珠三角地区黑启动电源数量和容量，提高了机组乃至整个广东电网的安全稳定性。储能联合机组调频和黑启动多模式应用提升了储能系统投资的经济效益，有利于储能技术的进一步推广应用。

第7章 电网侧储能项目案例解析

7.1 镇江电网侧储能电站示范工程

7.1.1 项目背景及简介

基于镇江东部地区 2018 年夏季高峰期间存在实际负荷缺口,且江苏电网可再生能源消纳难度加大、电网安全稳定问题突出的现状,结合电化学储能电站建设周期短、布点灵活优势,在镇江东部地区实施储能项目,旨在填补负荷缺口,最大化发挥储能调节效益。项目于 2018 年 5 月开工建设,采用"分散式布置、集中式控制"方式,在镇江大港新区、丹阳市和扬中市新建 8 个储能电站(建山、丹阳、大港、北山、长旺、新坝、三跃、五峰山),建设周期约 2 个月,2018 年夏季高峰前实现整体投运,总规模 101MW/202MW·h。示范工程储能电站现场见图 7-1,储能电站技术方案见图 7-2。

(a) 三跃10MW/20MW·h储能电站

(b) 五峰山24MW/48MW·h储能电站

图 7-1 镇江电网侧储能电站示范工程现场

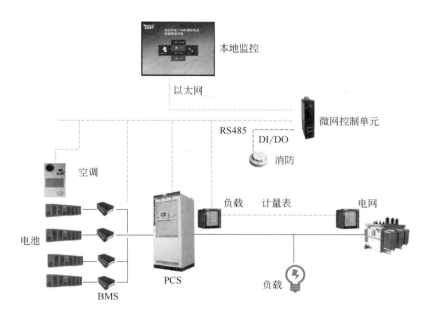

图 7-2 镇江东部电网侧储能电站技术方案

7.1.2 项目运行及功能实现

项目通过系统调峰、系统调频、系统调压、紧急控制和黑启动等方面的储能应用，缓解镇江地区 2018 年电网迎峰度夏供电压力，提高镇江东部电网的调峰调频能力，为可再生能源的规模开发提供支撑，实现聚合调度和应急控制。为满足系统调峰需求，同时兼顾储能电站调频功能，要求储能电站在调峰时的荷电状态控制在 25%～75%；充电时段为 2:00～6:00、腰荷 13:00～15:30，充电至 75%的荷电状态；放电时段为早峰 9:30～11:00、晚峰 20:00～22:00，放电至 25%的荷电状态。

7.1.3 项目投资及收益情况

项目总投资约 7.6 亿元，一方面可以替代可中断负荷终端及光纤接入的投资，参照江苏"源网荷储"系统投资，储能替代投资约 4300 万元；另一方面，储能电站接入 10kV、35kV 配电网，减小上级电网建设规模，替代电网投资约 3 亿元。另外储能电站可削减 100MW 尖峰负荷，相应可减少电网装机容量，按照替代抽水蓄能或燃机考虑，可替代投资约 4 亿～8 亿元。储能电站还可削减火电厂因调峰调频形成的燃煤耗费 5300t，可削减二氧化碳排放 1.3×10^4t，削减二氧化硫排放 400t。

7.1.4 项目经验启示

该项目的运行经验可指导电网侧储能规划布局和调度控制，提高规划投资效益和精准性，提高电网运行灵活性及供电服务水平。基于该项目形成的技术规范可引导设备厂家开发适应电网侧应用要求的设备，指导储能电站设计，推动电网侧储能应用。编制的电网侧储能标准有助于促进电网侧储能的规模化，标准化应用辅助能源主管部门进行电力规划。

7.2 霍恩斯代尔电力备用项目

7.2.1 项目背景及简介

2016年9月28日下午,超强台风袭击南澳大利亚州(简称南澳州),南澳州发生大规模停电事故,风电机组大规模脱网等一系列故障造成了时间长达50h的全州大停电。2016年,澳大利亚南部地区新能源发电占比高达48.36%,此次停电事故是世界上第一次由极端天气诱发新能源大规模脱网导致的局部电网大停电事件。

为避免2016年夏季的大规模停电再次重演,提升南澳州电网稳定性,南澳州政府广泛寻求解决方案,计划部署电网级储能方案,储能容量需求至少要达到100MW。参与储能项目的竞标者有90多个,最终特斯拉中标,提供容量为100MW/129MW·h的Powerpack储能系统,该系统与南澳詹姆斯敦附近的霍恩斯代尔风电场(所有者为法国可再生能源公司Neoen)进行连接,储能项目由特斯拉负责建设,Neoen负责运营管理,同时具备调峰、调频、电压支撑、黑启动等功能。

2020年9月,项目完成了额外的50MW/64.5MW·h的扩建,使项目容量增加了50%,并保持了1.3h持续时间。项目现场见图7-3。

图7-3 南澳州霍恩斯代尔电力备用项目现场

7.2.2 项目运行及功能实现

南澳大利亚州引入了系统完整性保护方案(SIPS)来缓解导致系统大规模断电发生的条件,即如果以下三种情况同时存在,南澳州电网可能面临较高的频率变化率(RoCoF)和全州停电的风险:

① 低惯性,异步发电+互联线路送入电量的份额比同步发电高。
② 高进入电量穿过海伍德连接点(连接南澳州与维多利亚州的275kV输电线路)。
③ 南澳州中多台发电机组的"不可信"损失。

如果这三种情况同时发生,则存在通过海伍德连接点的电流量发生极端情况的风险,导致其在保护方案下跳闸。这种情况下的连接处跳闸将导致南澳州网络突发孤岛事件,并以非常高的频率变化率降低频率,从而导致全州系统失电的风险。

SIPS 旨在快速识别可能导致南澳州和维多利亚州之间失去同步的风险。它旨在通过调度电池快速注入电力和甩负荷（如果需要）来纠正这些情况，以帮助重新平衡南澳大利亚的供需并防止海伍德互连器的丢失。

霍恩斯代尔电力备用项目是 SIPS 第一阶段的主要参与者。在 ElectraNet 发送信号的大约 250ms 内，项目将放电输出至 100MW。实际放电功率将取决于其当时的运行状态。根据 SIPS 指令，其最小放电功率将是南澳州政府预留的 70MW 容量，但如果当时项目为其全部容量充电，放电响应可能高达 140MW。

在 SIPS 事件期间，项目将为电网连接处提供近乎瞬时的 70～140MW 支持。这会避免 SIPS 计划中第 2 阶段的启动，即削减南澳州 200MW 负载（取决于应急事件的时间和大小）。

SIPS 的创建使得项目在维护南澳州系统安全性和可靠性方面发挥关键作用。使用结果显示，该电池系统可有效缩短供电中断时间、应对夏季负荷高峰，从而保障南澳州电力基础设施的安全运行，大大降低全州电网的不稳定性，并大幅降低了频率控制辅助服务（FCAS）市场的成本。项目响应电网跳闸事故的实际运行情况见图 7-4。

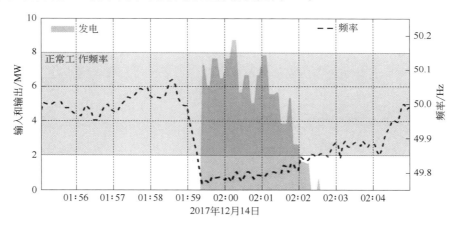

图 7-4　霍恩斯代尔电力备用项目响应电网跳闸事故的实际运行情况

7.2.3　项目投资及收益情况

虽然该项目由建设商 Neoen 负责运营，其参与市场的地位独立，可参与多项服务。项目通过与南澳大利亚州政府签订 400 万美元/年的合同，一方面，可向政府提供 70MW、持续时间 10min（11.7MW·h）的电力服务，以确保电网稳定，并防止风力突然下降或出现其他电网问题时，启动其他发电机时切负荷造成的停电；另一方面，可将 30MW、持续 3h 的电力容量（90MW·h）用于客户能源管理服务，在低价时储电，在需求高时售电。

从储能系统盈利模式来看，特斯拉公司在霍恩斯代尔部署的电池储能系统在无补贴的情况下建造，从设计到全面运营用时 4.5 个月，耗资 9100 万美元。项目运营以来年收入约为 2400 万美元。收入主要来自客户能源管理服务、维持电网稳定收入、频率控制和辅助服务（FCAS）收入。

7.2.4 项目经验启示

该项目定期为较小的频率干扰提供应急调频服务,并根据需要偶尔响应大型应急事件,防止大规模断电事件的发生。项目同时为发电、电网、用户多方提供服务,具备调峰调频、电压支撑、黑启动等功能,并按照服务效果拿到相应的收益,其明确"谁受益、谁承担"的原则,对我国储能项目建设发展有一定参考价值。

7.3 AI POWER 储能+虚拟变电站项目

7.3.1 项目背景及简介

项目实施地位于河北省石家庄市,针对配电网末端供电可靠性低、分布式电源消纳能力弱等问题,通过储能系统的建设,结合当地分布式光伏资源,基于云边协同控制机制,可以减少电网投资,增强投资精准度,同时提高供电可靠性。项目于2019年12月开工建设,2020年2月份完成调试,3月份进入运行阶段。储能系统采用2MW·h磷酸铁锂电池,总计可以提高15km、10kV线路下的接近1MW装机负荷的供电可靠性,同时提高分布式光伏消纳能力,预计提升20%。项目主要成效包括提高供电可靠性,延缓电网投资,提高分布式光伏接入电能质量等,提升光伏本地消纳能力。本项目现场见图7-5。

图 7-5　AI POWER 储能+虚拟变电站项目现场

7.3.2 项目运行及功能实现

项目以"边缘控制服务中心"为核心,构建"源网荷储用"智能协调虚拟变电站,提出"源储互济"和"即断即愈"的有源配电网运行策略,将传统配电网改造为"可并网、可离网、运行方式灵活、供电能力强、可靠性高"的"有源自治自愈配电网"。

虚拟变电站在发生外部故障时,在保证电网安全运行和检修工作人员人身安全的情况下,能够进行一键黑启动。在大电网恢复送电后,自动并网。实现独立运行控制、自适应并离网保护等一系列边缘控制服务，提升了配电网的供电可靠性。同时，通过"配电网边缘控制服务中心"，可在电网不同运行方式下，根据电网潮流大小和方向，分布式发电功率预测等数据，对运行策略进行实时优化，实现平滑联络线功率，保证电力电量平衡。"配电网边缘控制服务中心"将采集开闭所及上级变电站的保护自动化装置信息，针对配电网末端各种类型故障情况，进行故障研判。根据不同故障情况，针对储能、分布式电源提供不同的控制策略，形成合理的调度机制。项目解决方案见图7-6。

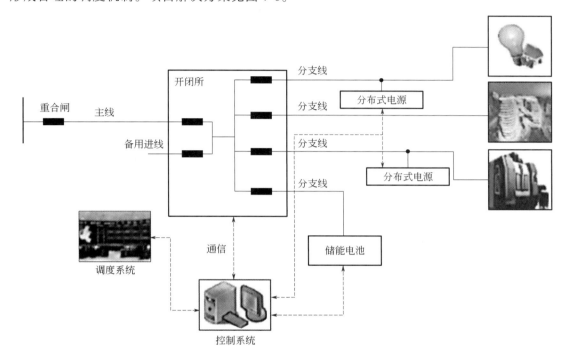

图 7-6　AI POWER 储能+虚拟变电站项目解决方案

7.3.3　项目投资及收益情况

项目总投资 1000 万元（含线路改造、新建开闭所等费用），项目成本回收期预计 4.5 年。项目兼具经济效益、生产效益和社会效益。

（1）经济效益方面

项目有效增加革命老区人民收入，助力政府打赢脱贫攻坚战，有效降低电网投资成本，改善电能质量。

（2）生产效益方面

项目有效改善配电网运行状况，在原有线路不改造的前提下实现供电能力翻番，实现配电网末端供电"即断即愈"，将末端配电网改造为"可并网、可离网、运行方式灵活、供电能力强、可靠性高"的"有源自治自愈配电网"，提高了公司对配电网末端供电管理水平。

(3) 社会效益方面

提升用户体验，保证可靠用电，提高新能源消纳，促进绿色用能。

7.3.4 项目经验启示

通过基于云边协同控制架构的虚拟变电站，可以降低电网电压过高风险，电能质量显著提高，用能质量得到保障。所提供的"即断即愈"服务也可以大大缩短故障时的停电时间，保证用户尽可能地可靠安全用电。将来可以逐步成为电网解决配电网末梢供电问题的有效手段，具有一定的市场推广价值，所形成的产品可以逐步形成标准化、模块化设计，具备大规模推广潜力。

7.4 冬奥会延庆赛区10kV可靠性提升工程

7.4.1 项目背景及简介

2019年中国北京世界园艺博览会在北京市延庆区举办。依据《国网北京市电力公司用电客户重要性等级审批单》，该项目用电等级为一级重要电力客户。为保障世园村的用电需求及供电可靠，计划建设储能电站，通过储能电站为世园村提供应急电源，提升世园村供电可靠性。

2022年冬奥会在北京举办，为提高延庆赛区冬奥会供电可靠性，同样计划建设储能电站为冬奥会场馆提供应急电源支撑。东杏园储能电站作为"冷、热、电、储"综合能源供应模式的一部分，使冬奥会场馆具备"多能互补、智慧高效"的供能形态。东杏园储能电站接入电网公司"大云物移智"能源互联网，构建全息数据信息网，实现冬奥会场馆能源信息的立体化，为能源系统态势感知分析、协同优化调控、多维度保障冬奥会电力供应发挥作用。

综上所述，为了提升延庆地区电网的供电安全可靠性，有效保障世园村、冬奥会场馆等重要用户的可靠用电，项目配置了14MW/14MW·h储能系统（现场见图7-7），自2019年10月投运以来，为提升变电站供电安全可靠性、世园村等重要用户的可靠用电提供了保障。

图7-7 北京延庆**14MW/14MW·h**储能系统现场

7.4.2 项目运行及功能实现

项目为单母线分段，每段 10kV 母线系统内包含 3 个固定式储能集装箱和 1 个移动式储能舱，共 2 组，分别接入 10kV 4 号和 10kV 5 号段母线。本项目采用 1 套能量管理系统，实现对储能电站信息的采集和监控，智能化采取策略优化电池充放电，同时接受调度下发的计划曲线、AGC/AVC 指令、策略转换指令等并下发储能电站内部进行执行。项目除了为重要用户提供供电安全保障外，还可实现一次调频、孤网运行、调压调峰、跟踪计划曲线、备用容量等功能。

7.4.3 项目投资及收益情况

项目的收益主要来自保电服务、电网调峰、新能源消纳和创造的社会效益。按照每天一个充放电循环，每年可增加 $350\times10^4 kW\cdot h$ 新能源消纳，减少碳排放约 $952\times10^4 t$。

7.4.4 项目经验启示

本项目实现了紧急功率支撑，延缓局部电网扩容改造，减少投资；减小电网峰谷差，提高设备利用率；实现无功调压、一次调频，提高地区电网的稳定性。平滑北京地区风光电厂电力输出，减少对北京电网的冲击，减少弃光、弃风，提高经济性；提高跟踪计划出力能力；提高发电预测精度，提升并网友好性，改善电能质量。该储能系统能够瞬时调节，实现毫秒级响应；可双向调节、快速折返。项目为其他重要场所的保电服务类项目的开展提供经验借鉴。

7.5 孟家共享储能电站示范工程

7.5.1 项目背景及简介

项目位于济南市莱芜区，紧邻孟家 220kV 变电站，占地约 58 亩（1 亩=666.67m²），储能装机容量 100MW/200MW·h，采用模块化预制舱技术方案。该项目是 2021 年山东省首批 5 个百兆瓦级调峰类储能试点示范项目，也是国网系统单体容量最大、并网电压等级最高、完全市场化运营的独立储能电站，示范意义重大，对提升莱芜地区电网新能源发电消纳和灵活调节能力，保障电网安全稳定运行具有重要作用。储能电站现场见图 7-8。

山东电网电源结构单一，电网主要依靠燃煤机组调峰。随着电网最大峰谷差逐年加大，电网调峰手段不足的矛盾日益突出。目前，山东统调电网主要采用大容量机组低出力运行来进行调峰。统调公用电厂每台机组运行均需调节 45%～50%以满足电网的调峰要求。莱芜电网电力系统负荷较小，新能源出力较高，电网调峰困难。综合考虑各类电源调峰能力下，2021 年系统调峰容量缺少约 2197MW；随着新能源的不断发展，2025 年，系统调峰容量将缺少约 2564MW；2030 年系统调峰容量将缺少约 2637MW。本项目接入莱芜孟家 220kV 变电站，通过莱芜电网 220kV 主网架接入山东电网，对缓解山东电网、莱芜电网调峰压力，减轻煤电机组损耗具有重要作用。

图 7-8　孟家共享储能电站现场

7.5.2　项目运行及功能实现

项目设计年可运行时间不少于 360 天，年调度容量可用率不小于 90%。具备响应调峰、一次调频、自动发电控制（AGC）和自动电压控制（AVC）功能。储能电站充/放电响应时间不大于 200ms，充/放电调节时间不大于 300ms，充电到放电转换时间、放电到充电转换时间不大于 200ms。储能电站具备一次调频能力，可通过储能变流器实现，并具备一次调频投入/退出功能。储能电站在充电、放电、零功率运行状态时均具备 AGC 功能，具备对调度下发 AGC 指令的校验功能。

此外，电站作为独立市场主体参与山东电力辅助服务市场及现货市场交易，目前按照接受省调及地调指令参与山东电网调峰，计划每日分别在中午和傍晚放电，半夜和早间充电，每天两充两放，具备 $20×10^4$ kW 调峰能力。

7.5.3　项目投资及收益情况

项目总投资约 4 亿元，收益来源主要包括以下方面。①储能租赁收益。省内新能源企业每年向储能电站按租赁容量支付租赁费，价格按 330 元/(kW·a) 考虑。②容量补偿收益。2022 年 3 月，山东省发展改革委印发《关于电力现货市场容量补偿电价有关事项的通知》，提出在容量市场运行前，参与电力现货市场的发电机组容量补偿费用从用户侧收取，电价标准暂定为 0.0991 元/(kW·h)（含税），形成资金池，发电机组可按容量进行分配，独立储能示范项目可获得容量补偿费用。③现货市场差价套利。2023 年现货市场差价 0.35～0.40/(kW·h)，储能电站在充电过程中不需要缴纳输配电价和政府性基金及附加。

7.5.4　项目经验启示

该项目以独立市场主体身份参与山东电力现货市场交易，成为全国储能电站的市场化运营样板，对破解当前储能产业发展收益难落地等瓶颈发挥了引领作用。

此外，项目采用国网公司、民营企业组建项目公司的形式独立承担项目的建设运营，符合政策导向和市场导向，既减轻了项目业主方成本投入压力，又实现了发挥各业主方自身优势，互利共赢，实现了最大化项目收益。本项目商业模式可借鉴性强，参与主体多样化，对储能项目尤其是共享储能项目的建设运营提供了可行的商业路线，具有参考价值。

第8章 用户侧储能项目案例解析

8.1 无锡新加坡工业园区智能配网储能电站

8.1.1 项目背景及简介

近年来,江苏地区火电机组发展受限、外来电不确定性因素增加,分布式光伏等新能源出力间歇性、不稳定性影响电能品质,同时电网负荷峰谷差大,现有峰谷电价政策难以进一步发挥价格杠杆作用,急需新的快速调峰措施。电化学储能电站具有双向调节能力,可通过削峰填谷的功能应用达到快速调峰的目的,削峰填谷是指将高峰负荷的用户需求转移到低谷负荷时段。通过削峰填谷,可以改变电力系统的即发即用模式,有效降低发电机组调峰容量,提高发电设备的利用率,既达到了节约能源的目的,又有利于电网的安全运行,提高了用户的经济效益。

本项目储能容量为 20MW/160MW·h(现场见图 8-1),集先进的储能电池技术、可靠的储能换流技术、智能化的电池管理技术、精细化的热管理技术、自动化的能量管理系统、监控及远程信息控制平台于一体,总投资 24000 万元。储能系统设计方案见图 8-2。

图 8-1 无锡新加坡工业园 20MW/160MW·h 储能电站现场

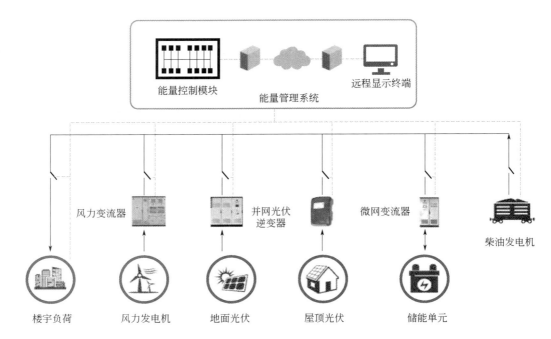

图 8-2　无锡新加坡工业园 20MW/160MW·h 储能电站设计方案

8.1.2　项目运行及功能实现

本项目实现了园区的配售电一体化运营服务，实现的主要功能包括：

① 园区级削峰填谷节能应用。不但能够通过节约峰谷电费差价，为园区带来可观的经济收益，还能够进行负荷与发电预测、能量调度，使园区的用电负荷趋于均衡，实现电能的精细化管理与优化。

② 后备电源功能。参与江苏省源、网、荷、储友好互动平台的应急备用调度，为园区提供供电保障，提高用电可靠性。

③ 可参与江苏省电力需求侧响应。根据当地不同时间段的峰谷电价，设置不同时间段的充放电策略，达到需量电费管理的目的。

8.1.3　项目投资及收益情况

本项目中的储能系统实现了园区级削峰填谷节能应用，通过需量电费管理，达到节约用电成本的目的，年峰电发电量为 $5376×10^4$kW·h，节约电费约 3564.3 万元，同时可参与江苏省电力需求侧响应，获取政府补贴，亦可作为紧急后备电源。

8.1.4　项目经验启示

该项目安装了江苏省第一只储能用峰谷分时电价计量电表，并成为首个接入国网江苏省电力公司客户侧储能互动调度平台的大规模储能电站，是首个依照江苏省电力公司《客户侧储能系统并网管理规定》并网验收的项目。该项目实现了园区级削峰填谷节能应用，可按照此电站的建设模式进行大力推广，为园区企业带来可观经济效益的同时，提高发电设备的利用率，有利于电网的安全运行。同时该项目可与风电、光伏等分布式可再生能源并网运行，增加可再生能源的利用率，很大程度上改善可再生能源整合的接受能力。总的来说，该电站通过产业园区增量配网结合储能实现配售电一体化服务，符合电改大方向，可在用户侧、园区、增量配网等方面进行复制，因此该模式具备一定的商业推广价值。

8.2 北京某物流园光储项目

8.2.1 项目背景及简介

本项目将光伏发电和储能相结合，根据物流园区历年负荷用量，合理配置光伏系统规模及储能容量，最终选配了 545.6kW 屋顶光伏系统，240kW/630kW·h 室外磷酸铁锂电池系统。以物流园负荷数据为依据，具体调配、具体分析，以运行收益最大化为目标，对光伏储能系统进行智能调度，实现系统运行收益最大化。与传统能源电站相比，本项目完全实现无人值守，打通了本地控制与云端优化，实现运行策略不断迭代优化。项目现场见图 8-3。

图 8-3 北京某物流园光储项目现场

8.2.2 项目运行及功能实现

项目根据园区近 3 年实际用电负荷、天气历史数据，经过数据仿真分析，结合运营商与物流园收益分成方式、负荷电价信息、上网信息，以经济收益最大化为目标，将储能 PCS 系统"谷充峰放"模式，优化为"谷、平时段充，峰段跟踪负荷与光伏发电功率差额"的控制策略，实现智能调度，提高售电收益。

8.2.3 项目投资及收益情况

项目总投资 465 万元，收益主要来自光伏售电收益和储能削峰填谷收益，其中，光伏收益按照实时电价给用户折扣，储能通过低电价时充电，高电价时放电，在放电时给用户一定的优惠，进而通过购售电价差获取收益。据项目可研规划，项目投资收益率可达 11.96%，全投资回收期 6.43 年。

8.2.4 项目经验启示

随着可再生能源的发展由集中转向分散，如何依据当地的用户电价合理配置储能配合可再生能源消纳，并帮助用户节省用电成本，成为探索供能清洁化、用能智能化的重要方向。本项目因地制宜利用当地自然资源，合理设计系统容量配置，采用高效智能的控制手段，为用户和投资方创造价值，具有较强的借鉴意义。

8.3 深圳某工业园区动力电池梯次利用储能电站项目

8.3.1 项目背景及简介

本项目利用某厂区空闲场地建设并网型储能电站，利用电动车退役电池构建电力储能系统，实现削峰填谷的功能，既可充分发挥锂电池的梯次利用容量价值，又可为企业带来电费节约，同时为区域电网带来分布式调控资源，为国家探索动力电池梯次利用提供有效的探索性解决方案。储能总规模 2.15MW/7.2MW·h，分为 3 个子系统，分别采用三元锂电池和磷酸铁锂电池两种不同类别电池，储能系统以户外集装箱形式安装布置，占地约 600m²。项目采用 10kV 电压等级，分为 3 个并网点接入厂内原有配电系统，按每日两充两放运行，通过基于人工智能的管理系统进行系统综合调控管理。项目现场见图 8-4。

图 8-4　深圳某工业园区梯次利用动力电池储能电站项目现场

8.3.2 项目运行及功能实现

本项目就地配置能量管理系统，融合人工智能算法，控制管理整个系统的安全高效运行。能量管理系统采集工厂进线负荷、变流器的功率、电池 SOC 和端电压、分时段电价等参数，结合精准的负荷预测和实时负荷跟踪，通过优化算法，制定每天两充两放运行策略，同时可根据区域电力市场的运行情况以及系统本体的工况针对性自适应调整运行策略，保证项目收益最大化。

8.3.3 项目投资及收益情况

该项目总投资 1455 万元，项目目前主要收益点为需量电费管理和峰谷电价差，具备提供电力辅助服务的能力，后期可增加辅助服务补偿金作为收益点。项目运营期 15 年，按照峰谷价差为主要收益计算回收期为 7.27 年，全投资收益率为 8.02%。

8.3.4 项目经验启示

退役动力电池在电力系统规模化二次利用，既可充分发挥退役动力电池的剩余容量价值，延长电池的全周期寿命，也间接降低动力电池及电池储能系统的初始成本，对于推动电动汽车行业的健康发展、储能系统在电力系统领域的推广应用以及节能环保均具有重要意义。

项目针对动力电池梯次利用的难点提出了多个创新性解决方案，经工程试运行验证有效，可在后续的梯次利用项目推广应用。电力市场逐步成熟，用户侧的负荷管理市场容量巨大，低成本的梯次利用储能系统为用户侧综合能源管理服务提供很好的细分解决方案，有利于从电力用户角度降低其运行成本，从电网调峰角度有利于降低电网削峰填谷需求，推广空间较大。

8.4 北京某商业区配套锂电池储能项目

8.4.1 项目背景及简介

本项目布置在商业区外地面，土建设施包括站区总平、集装箱基础、电缆通道、配电室改造，项目总占地约 350m^2。该商业区用电峰谷特征明显，可以充分利用北京市峰谷电价政策，给企业负载设备供电，实现电力削峰填谷。

储能电站系统的设计容量为 2MW/8MW·h，以 500kW/2MW·h 为 1 个储能单元，每个储能单元由 1 台 PCS 带隔离变装置和 1 套 500kW/2MW·h 的储能子系统组成，共 4 个储能单元。储能项目现场见图 8-5，储能管理系统见图 8-6。

图 8-5 北京某商业区配套锂电池储能项目现场

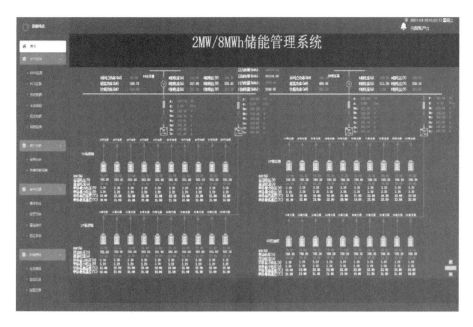

图 8-6　北京某商业区配套锂电池储能项目储能管理系统

8.4.2　项目运行及功能实现

能量管理系统（EMS）实时监测和远程控制储能系统的运行，可灵活设置系统运行策略。接入储能系统后，其整体配电网络主要由电网、储能系统和负荷组成。为了确保储能电站安全稳定运行，在储能系统单元进线处加负荷跟踪装置，信号传输到 EMS 做负荷跟踪控制。在平、谷电时段本储能系统提供最大 2MW 功率给电池组充电；在峰电时段本储能系统以不大于 2MW 的功率对外供电。B 区从某商业体入驻后，在节假日用电高峰时段，变压器容量不足，储能系统作为备用电源配合放电，进行削峰。除了利用晚上低谷时段进行充电，同时需要中午平段进行补充电。

8.4.3　项目投资及收益情况

项目总投资 1861 万元，设计寿命主要受储能电池循环寿命的制约，电池生命周期约为 7.5 年，第 8 年考虑更换一次电池。项目实施后，根据实际用能曲线优化充放电策略。

项目主要的获利模式为电价低谷期间充电，高峰期间放电，获得盈利，按照本项目设定的运行方式，非 7、8 月份，每天两充两放；7、8 月份，每天分时充放。据测算，该项目成本回收期为 8 年。

8.4.4　项目经验启示

本项目借鉴国内外发生过的电储能火灾事件，首次提出采用预制分隔舱式磷酸铁锂电池储能解决方案，并成功应用在项目上，首次创新性地采用浸没式水冷却系统和气体消防系统相结合的方式作为电池热失控的保护措施，解决了电池热失控带来的安全隐患。浸没式水冷却系统、可燃气体检测、危险气体报警与排除系统、电池物理隔离、电气隔离系统等安全措施，均为国内电储能项目首次应用。

8.5 酒泉肃州区新能源微电网示范项目

8.5.1 项目背景及简介

本项目是全国 28 个新能源微电网示范项目之一。示范项目由 60MW 分布式光伏电源、10MW/20MW·h 储能系统、一座 35kV 变电站、两座 10kV 开闭所、微电网控制系统及部分直供负荷组成可独立运营的微电网系统。项目于 2019 年 6 月开工建设，于 2020 年 1 月 16 日投运，至今运行稳定。项目供电范围 5.5km^2，区域用电负荷类型包括商业、工业、物流、交通、公共等。区域年常规电力负荷及热负荷合计约 20MW，年总用电量约 1.723×10^{8}kW·h。根据园区建设进度和产业发展规划，园区远期高峰负荷水平可达 800MW。本项目微电网中可再生能源电力渗透率高达 300%，清洁能源电量自给率为 51.89%。不仅实现了光伏发电的高效利用，为用户提供更加清洁、可靠的电力供应，还对创新储能应用模式、探索电力商业运营新业态起到示范作用。

8.5.2 项目运行及功能实现

甘肃酒泉肃州区新能源微电网示范项目建成后实现 30MW 光伏清洁电力送入主电网，剩余 30MW 用于储能充放电及保证周边企业可靠供电，可实现削峰填谷、跟踪计划出力、辅助调频、无功支持、黑启动等功能，工程采用微网能量管理系统，当微网孤岛运行时，将储能的控制策略从 P/O 控制切换为 V/F 控制支撑系统的频率和电压。当并网运行时将储能的控制策略从 V/F 控制切换为 P/Q 控制，与 AGC 或储能协调控制器相配合，实现电网一次、二次调频。与调度 AVC 配合可实现电网稳态无功控制。与储能协调器配合可实现电网暂态电压控制。

8.5.3 项目投资及收益情况

本项目工程总投资额为 4.1 亿元，若按电价 0.6278 元/（kW·h）测算，投资回收期为 11.25 年（所得税后），总投资收益率为 4.34%。

8.5.4 项目经验启示

新能源微电网示范项目可以为解决甘肃省酒泉市肃州区东洞滩光伏基地弃电问题作出进一步探索，微电网除了消纳配套建设的光伏发电站发出的电能外，还可以通过市场交易购进酒泉地区消纳不了的新能源电能，在国内特别是"三北"等新能源过剩地区，具有广泛的示范意义。按国家发展改革委、国家能源局项目一次性整体备案，微电网项目建成后按程序纳入国家可再生能源发展基金补贴范围，执行分布式可再生能源发电补贴政策。

8.6 某公司园区"光储充"智慧能源综合利用项目

8.6.1 项目背景及简介

随着产业发展，该公司园区用电负荷逐步增加，运行用电费用日益增加。为解决园区的用电容量限制，同时提高用电可靠性，降低用电成本，项目利用公司新建厂房屋顶建设屋顶光伏，同时建设光伏车棚、充电桩设备及储能系统，采用装配式多功能一体化储能舱配置，系统以 0.4kV 低压并入该公司低压配电段，通过 EMS 实现光储充智慧能源联动。项目整体示意图见图 8-7，一体化装配式舱体见图 8-8，现场电气集成装配方案见图 8-9。

图 8-7 "光储充"智慧能源综合利用项目整体示意图

 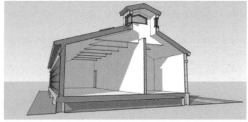

图 8-8 "光储充"智慧能源综合利用项目一体化装配式舱体

8.6.2 项目运行及功能实现

项目利用峰谷时差定时充放电，根据光伏、网电及用户的负荷变动，智能协调光伏、储能、充电及生产负荷单元处于最佳经济运行模式，实现分布式发电的就地消纳，也能有效减少电动汽车充电站的负荷峰谷差，提高系统运行效率和梯次电池的使用效率，为企业带来可观的绿色经济效益。本项目具有较高的社会效益，每年可减少碳排放 275t，实现在"减碳模式"下的能源高效利用。

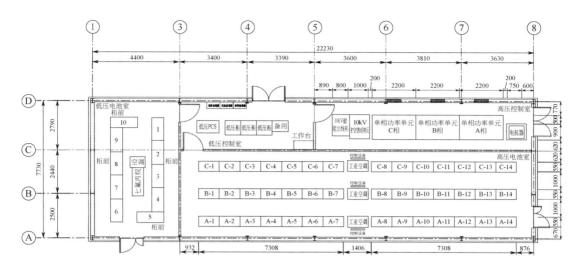

图 8-9 "光储充"智慧能源综合利用项目现场电气集成装配方案

8.6.3 项目投资及收益情况

项目总投资 396.66 万元,通过梯次电池峰谷套利、降低用户容量费等收益点,实现年收益 85.5 万元,预计成本回收期约为 5 年。

8.6.4 项目经验启示

本项目通过光伏发电和梯次电池储能系统优化能源配置,减少用电成本和投资成本,增加了光伏的自发自用,利用储能缓解了电网基础设施的扩容投资,是一种绿色、经济的可持续发展模式。

8.7 上海市某数据中心 UPS 储能项目

8.7.1 项目背景及简介

由于目前数据中心备用电源储能化的实际案例较少,鲜有实际运行数据,因此本场景采用假设测算。假设一套安装在上海某数据中心的 $500kV·A/384kW·h$ 的储能系统,采用铅炭电池为数据中心提供 UPS 和储能服务。该储能系统包含每组电池数量为 40 支,并联数目为 4 组,使用寿命按照 10 年计。

8.7.2 项目运行及功能实现

在数据中心的储能项目主要的收益点有 3 个,即备用电源、峰谷价差套利以及需求响应。

本项目位于上海市,大工业电价峰谷价差较大。UPS 储能系统采取夜间充电、平段补电、白天高峰时段放电的策略。电池系统全年按运行 350 天计,其中非夏季运营天数 270 天,夏季运营天数 90 天，系统充放电效率为 80%。

由于需要优先保证备电服务，因此，在功能设计和充放电策略方面，与传统用户侧用于峰谷价差套利的储能系统不同。该项目的主要策略是：在新建的系统中，采用优化后适合经常放电的 UPS 系列，UPS 配置满负载功率 15min 电池备电容量，不采用铅酸电池而改用铅炭电池，利用峰谷电价充放电，每天放出部分电池电量（50%+30%或40%+20%）进行套利，上海市大工业电价及 UPS 储能充放电策略见表 8-1。

表 8-1 上海市大工业电价及 UPS 储能充放电策略

用电分类		电价/[元/(kW·h)]	策略（SOC）
非夏季 （按 270 天计）	峰时段 （8:00~11:00、18:00~21:00）	1.076	两个峰段，分别放电 40%和 20%
	平时段 （6:00~8:00、11:00~18:00、21:00~22:00）	0.648	补电
	谷时段 （22:00~次日 6:00）	0.310	充电
夏季 （按 90 天计）	峰时段 （8:00~11:00、13:00~15:00、18:00~21:00）	1.118	三个峰段，分别放电 40%、20%和 20%
	平时段 （6:00~8:00、11:00~13:00、15:00~18:00、21:00~22:00）	0.690	补电
	谷时段 （22:00~次日 6:00）	0.245	充电

8.7.3 项目投资及收益情况

本 UPS 型储能项目初始投资为 448000 元，考虑电池系统充放电效率、充放电深度、电价和总需求容量等要素，计算夏季电价周期和非夏季周期每年的充放电收益，故每年非夏季收益约为 3 万元，每年夏季尖峰周期收益约为 1.5 万元，不考虑电池衰减情况下，年峰谷电价差收益约为 4.7 万元。

8.7.4 项目经验启示

UPS 型储能的系统成本主要包括充放电设备（优化后的 UPS）、电池和 BMS（电池管理系统）的成本。在系统成本方面，UPS 储能系统远比采用 PCS 双向变流器的纯储能系统便宜；在初始投资成本方面，与纯储能系统相比，UPS 型储能省去了集装箱和空调的投资成本，只增加了铅炭电池与传统铅酸备用电池的差价成本以及 UPS 优化费用，投资比纯储能系统少；在运维成本方面，由于系统位于室内，环境温度比较稳定，省去了空调耗电的成本。将储能系统于数据中心领域进行应用，发挥备用电源、削峰填谷、需求响应等作用，具有非常好的推广价值。

8.8 山东省某电信基站备用电源储能项目

8.8.1 项目背景及简介

该项目位于山东省枣庄市，系统主要包括通信基站能效管理系统、48kW·h 铅炭电池储能、基站负载等。其中，通信基站能效管理系统是应用于基站开关电源、蓄电池组和负载之间的管理系统。系统由信息采集单元、电能控制单元和远程监控单元组成。该项目的结构见图 8-10。

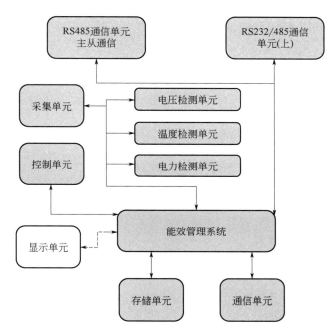

图 8-10　山东省某电信基站备用电源储能项目结构图

8.8.2 项目运行及功能实现

该项目利用铅炭电池的循环性能，智能化升级备用电源，在保证蓄电池组安全备电的情况下，执行电力备用和削峰填谷两项应用，且由于电力备用的优先级要高于削峰填谷，因此，该项目中的电池系统需要预留出一部分备用容量（比如 30%～40%的电量，而铅炭电池恰好在 60%～70%的放电深度情形下，寿命最长）用于紧急备用，剩余的容量可以进行削峰填谷，峰谷分时计价，实现"零成本"备电。

根据枣庄市峰、谷、平时段的设定，储能系统采取夜间充电、平段补电、白天高峰时段（夏季时尖峰时段和高峰时段）放电的策略。电池系统全年按运行 350d 计，其中非夏季运营天数 260d，夏季运营天数 90d，系统充放电效率为 80%。山东省 1～10kV 单一制电价及储能充放电策略见表 8-2。

表 8-2　山东省 1~10kV 单一制电价及储能充放电策略

用电分类		电价/[元/(kW·h)]	储能充放电策略
夏季	尖峰时段 (10:30~11:30、19:00~21:00)	1.0161	放电
	高峰时段 (8:30~10:30、16:00~19:00)	0.8998	放电
	平时段 (7:00~8:30、11:30~16:00、21:00~23:00)	0.6089	补电
	低谷时段 (23:00~次日 7:00)	0.3180	充电
非夏季	高峰时段 (8:30~11:30、16:00~21:00)	0.8998	放电
	平时段 (7:00~8:30、11:30~16:00、21:00~23:00)	0.6089	补电
	低谷时段 (23:00~次日 7:00)	0.3180	充电

8.8.3　项目投资及收益情况

由于本项目的初始投资成本信息缺失，这里按照上文数据中心 UPS 储能的投资单价 1167 元/(kW·h)，对初始投资成本进行估算，为 56016 元。原有备电电池成本占基站储能系统投资成本的 45%，即 25207 元。假设运维费用约为投资成本的 1.5%，即 840 元/年。因铅炭电池可回收再利用，取电池残值比例为电池本体投资的 30%，电池残值 1.68 万元。

考虑电池系统充放电效率、充放电深度、电价和总需求容量等要素，计算夏季电价周期和非夏季电价周期每年的充放电收益，故每年非夏季收益为 3016 元，每年夏季尖峰周期收益为 1247 元，不考虑电池衰减情况下，年峰谷电价差收益为 4263 元。

8.8.4　项目经验启示

由于这类项目尚处于先期示范阶段，开发及运作模式主要基于以下方面：
① 通信基站的备用电源是用户的刚需设备，且耗电量大、用电成本高。
② 电池在基站中作为后备电源，在一般情况下长期处于浮充状态，电池原本的循环能力被浪费。
③ 基站需 24h 不间断运行，电费却是峰谷电价，造成电费较高。

因此，对备用电源进行改造和管理，利用峰谷价差，实现用户用电成本削减的模式，不仅可以满足用户削减电费的需求，还能盘活已有储能资产，提高资产利用率。另外，对储能项目开发商来说，这类项目能够引入用户的部分资金投入，项目投资压力相对较小，且由于相当规模的基站采用工商业电价，峰谷价差较大，相较于大工业领域储能项目，这类项目对政策补贴的需求较小，盈利性更高。

参考文献

[1] 宁娜, 岳芬. 2021国际储能市场回顾: 后疫情时代的机遇与挑战 [J]. 储能科学与技术, 2022, 11 (1): 405-407.

[2] 裴哲义, 黄春雷, 马珂, 等. 清洁能源发展与挑战 [J]. 水电与抽水蓄能, 2021, 7 (5): 1-3, 46.

[3] 夏清, 武丹琛, 陈雨果. 储能产业政策要做到连贯融合 [N]. 中国能源报, 2021-09-13.

[4] 朱寰, 徐健翔, 刘国静, 等. 英国储能相关政策机制与商业模式及对我国的启示 [J]. 储能科学与技术, 2022, 11 (1): 370-378.

[5] 陈海生, 刘畅, 徐玉杰, 等. 储能在碳达峰碳中和目标下的战略地位和作用 [J]. 储能科学与技术, 2021, 10 (5): 1477-1485.

[6] 陈海生. "双碳"目标下的储能发展 [J]. 中国电力企业管理, 2021 (22): 23-24.

[7] 刘英军, 刘亚奇, 张华良, 等. 我国储能政策分析与建议 [J]. 储能科学与技术, 2021, 10 (4): 1463-1473.

[8] 陈启鑫, 房曦晨, 郭鸿业, 等. 储能参与电力市场机制: 现状与展望 [J]. 电力系统自动化, 2021, 45 (16): 14-28.

[9] 王剑晓, 夏清, 李庚银, 等. 基于多市场均衡的综合能源市场机制设计 [J]. 中国电机工程学报, 2021, 41 (17): 5789-5803.

[10] 陈启鑫, 房曦晨, 郭鸿业, 等. 电力现货市场建设进展与关键问题 [J]. 电力系统自动化, 2021, 45 (6): 3-15.

[11] 曹文炅, 雷博, 史尤杰, 等. 韩国锂离子电池储能电站安全事故的分析及思考 [J]. 储能科学与技术, 2020, 9 (5): 1539-1547.

[12] 刘坚, 王思. 电化学储能参与电力辅助服务市场的潜力与障碍 [J]. 中国电力企业管理, 2020 (22): 29-31.

[13] 张强, 韩晓刚, 李泓. 储能科学与技术专业本科生培养计划的建议 [J]. 储能科学与技术, 2020, 9 (4): 1220-1224.

[14] 李臻. "十四五"时期我国储能产业发展方向 [J]. 电力设备管理, 2020 (5): 27, 67.

[15] 俞振华, 宁娜. 中国光储产业发展现状及趋势 [J]. 中外能源, 2020, 25 (4): 89-92.

[16] 李臻, 陈欢欢. "十四五"储能或不再"夹缝中求生存" [N]. 中国科学报, 2020-04-15.

[17] 郭凡. 储能仍需调整顶层设计和市场规则 [J]. 能源, 2020 (1): 32-35.

[18] 岳芬. 全视角解读分布式储能全球发展现状, 研判未来趋势 [J]. 电器工业, 2019 (12): 38-43.

[19] 曾鸣. 推进我国储能商业化的难点与建议 [J]. 中国电力企业管理, 2019 (31): 28-31.

[20] 宁娜. 2019上半年中国储能十大事件回顾 [J]. 能源, 2019 (9): 28-32.

[21] 王思. 储能产业"繁荣"下的隐忧 [J]. 能源, 2019 (8): 34-36.

[22] 俞振华, 李惠钰. 储能成本将持续下降 [N]. 中国科学报, 2019-05-20.

[23] 张静. 浅谈储能发展的今昔与未来 [J]. 电器工业, 2019 (1): 48-49.

[24] 张静. 未来十年是储能的快速发展期 [J]. 能源, 2018 (增刊1): 146-147.

[25] 俞振华. 储能产业发展现状及趋势分析 [C]. 第五届全国储能科学与技术大会摘要集, 2018: 120.

[26] 宁娜. 2018上半年储能行业发展回顾 [J]. 能源, 2018 (9): 26-27.

[27] 宁娜. 多地布局大规模储能项目 国内储能市场规模有望年内激增 [J]. 电器工业, 2018 (8): 42-43.

[28] 李岱昕. 从CAISO和PJM区域电力市场, 看储能的能量型和功率型应用状况 [J]. 电器工业, 2018 (7): 41.

[29] 张静. 政策助力储能实现商业化发展 [J]. 中外能源, 2018, 23 (4): 80-85.

［30］李泓. 我国电能存储技术研发现状和未来展望［J］. 高科技与产业化, 2018（4）: 42-47.

［31］张明霞, 闫涛, 来小康, 等. 电网新功能形态下储能技术的发展愿景和技术路径［J］. 电网技术, 2018, 42（5）: 1370-1377.

［32］陈海生. 储能产业发展进入快车道［J］. 国企管理, 2017（增刊7）: 20-21.

［33］牟峰. 辅助服务新政发布 储能显现应用优势——完善电力辅助服务补偿（市场）机制工作方案解读［J］. 电器工业, 2017（12）: 49-50.

［34］李岱昕, 张静. 首个产业政策发布 助推中国储能迈向商业化［J］. 电器工业, 2017（11）: 42-44.

［35］马子明, 钟海旺, 李竹, 等. 美国电力市场信息披露体系及其对中国的启示［J］. 电力系统自动化, 2017, 41（24）: 49-57.

［36］刘畅, 徐玉杰, 张静, 等. 储能经济性研究进展［J］. 储能科学与技术, 2017, 6（5）: 1084-1093.

［37］刘冰, 张静, 李岱昕, 等. 储能在发电侧调峰调频服务中的应用现状和前景分析［J］. 储能科学与技术, 2016, 5（6）: 909-914.

［38］陈海生, 刘畅, 齐智平. 分布式储能的发展现状与趋势［J］. 中国科学院院刊, 2016, 31（2）: 224-231.

［39］Christopher A. Study on Energy Storage: Contribution to the Security of the Electricity Supply in Europe［R］. Publications Office of the European Union, 2020.

［40］国家发展改革委. 国家发展改革委有关负责同志就《关于进一步完善分时电价机制的通知》答记者问.［2021-08-03］. http://www.gov.cn/zhengce/2021/08/03/content_5629171.htm.

图 1-11　电池储能在澳大利亚电力市场中的收益情况（2018—2020）

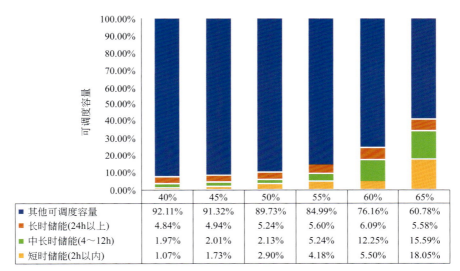

图 1-12　不同可再生能源比例下电力系统对可调度容量的需求

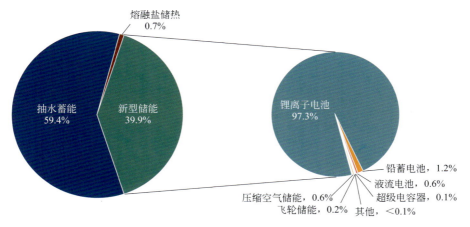

图 1-13　中国电力储能市场累计装机分布（截至 2023 年底）

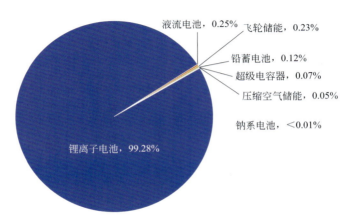

图 1-18　2023 年中国新增投运新型储能项目的技术分布

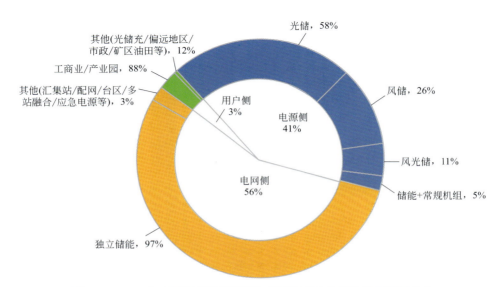

图 1-23　2023 年中国新增投运新型储能项目接入位置和应用场景分布

应用领域	大容量能源服务	支持可再生能源并网	辅助服务	输电基础设施服务	配电基础设施服务	用户能源管理服务
电源侧	99.1	8377.7	363.6	246.0	—	80.0
电网侧	4174.3	3115.5	504.8	1338.4	44.8	147.0
用户侧	2.5	—	—	—	32.1	1406.2

图 1-24　2022 年中国新增投运新型储能项目主要服务类型分布

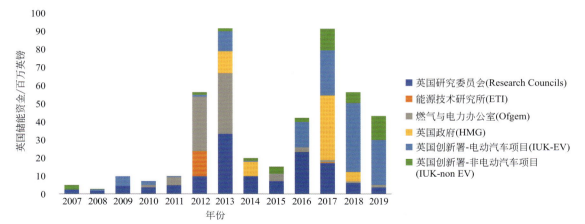

图 4-2　2007—2019 年英国不同部门的储能支持公共资金

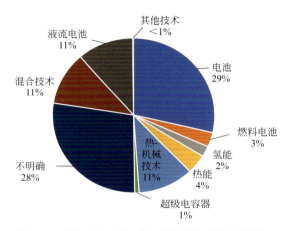

图 4-3　英国公共资金对各类储能技术的支持情况

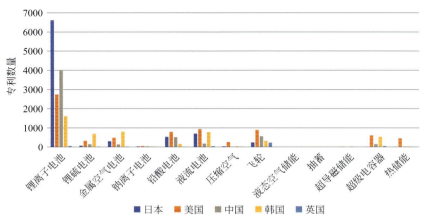

图 4-4　不同国家提交的储能专利数量（2000—2020 年）

资料来源：欧洲专利局

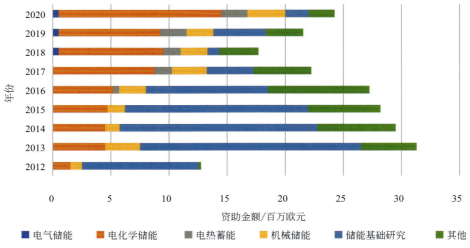

图 4-5 德国储能年度支持资金（2012—2020 年）

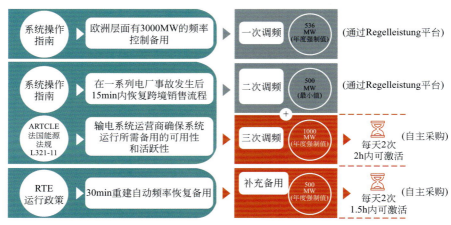

图 4-11 法国输电运营商 RTE 的平衡服务

图片来源：RTE

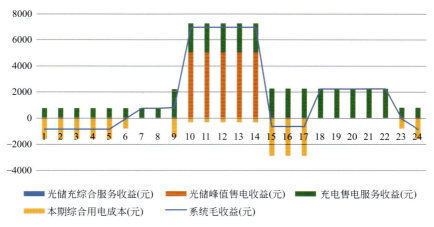

图 5-7 直流光储充电站投资收益

图 5-8 某离网型微电网系统拓扑图

图 6-1 英吉沙光伏储能项目现场

图 6-2 安徽蒙城风电储能项目现场

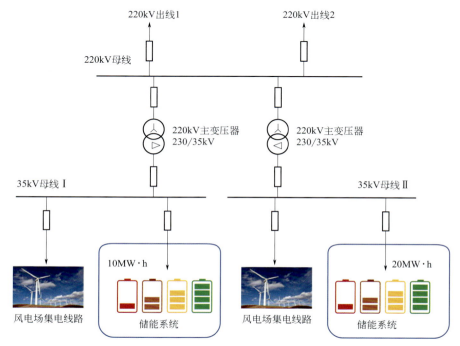

图 6-3 风场升压站电气主接线示意图

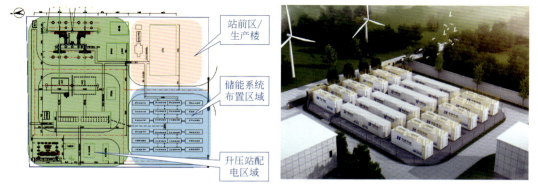

图 6-4 小涧升压站 30MW/30WM·h 系统电气布置及现场

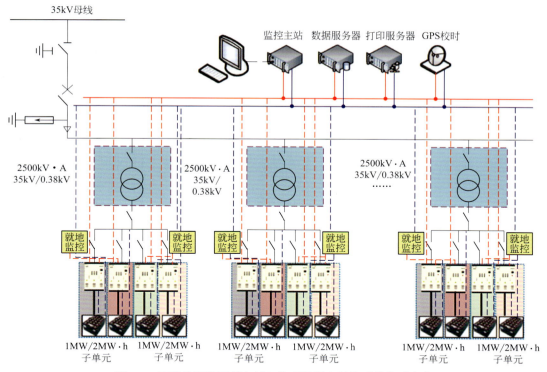

图 6-7 青海鲁能海西州多能互补项目混合储能系统集成方案

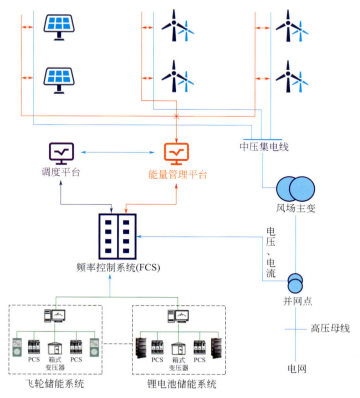

图 6-8 混合储能风电一次调频项目实施方案

图 6-11 珠海横琴储能调频黑启动项目现场

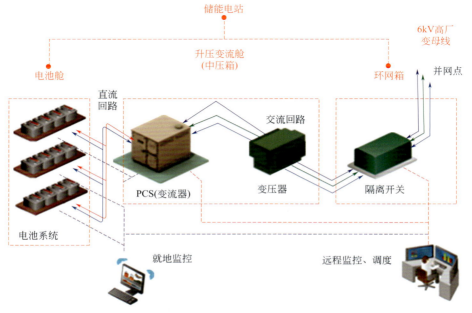

图 6-12 储能系统一次系统拓扑结构

(a) 三跃10MW/20MW·h储能电站

(b) 五峰山24MW/48MW·h储能电站

图 7-1 镇江电网侧储能电站示范工程现场

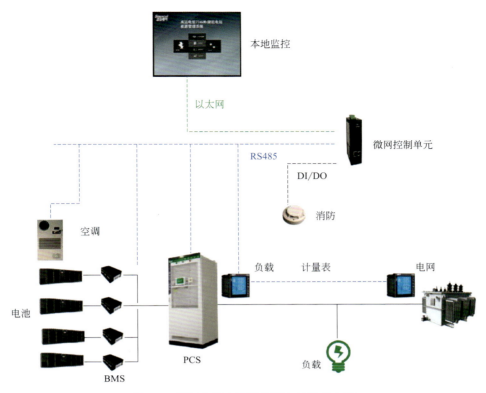

图 7-2 镇江东部电网侧储能电站技术方案

图 7-3 南澳州霍恩斯代尔电力备用项目现场

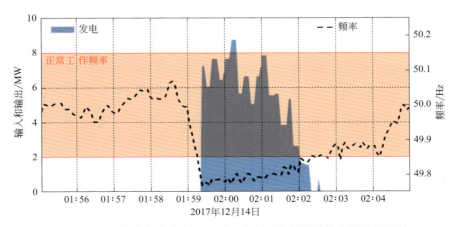

图 7-4 霍恩斯代尔电力备用项目响应电网跳闸事故的实际运行情况

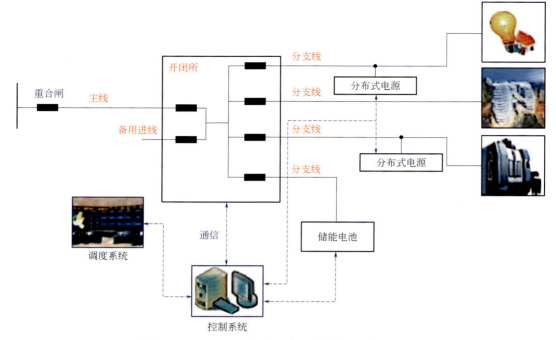

图 7-6 AI POWER 储能 + 虚拟变电站项目解决方案

图 7-7 北京延庆 14MW/14MW·h 储能系统现场

图 7-8 孟家共享储能电站现场

图 8-1　无锡新加坡工业园 20MW/160MW·h 储能电站现场

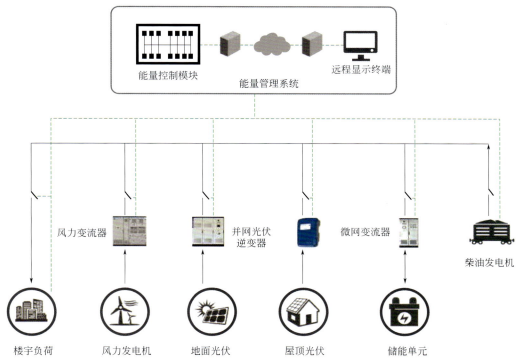

图 8-2　无锡新加坡工业园 20MW/160MW·h 储能电站设计方案

图 8-3　北京某物流园光储项目现场

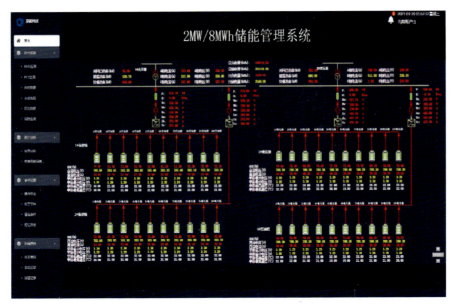

图 8-6 北京某商业区配套锂电池储能项目储能管理系统

图 8-7 "光储充"智慧能源综合利用项目整体示意图

图 8-8 "光储充"智慧能源综合利用项目一体化装配式舱体